中国传媒大学广播电视新闻系列教材

中国广播电视史教程

第三版

赵玉明
艾红红/著

中国广播影视出版社

图书在版编目（CIP）数据

中国广播电视史教程 / 赵玉明，艾红红著. -- 3版
. --北京 ：中国广播影视出版社，2018.11
中国传媒大学广播电视新闻系列教材
ISBN 978-7-5043-8182-8

Ⅰ. ①中… Ⅱ. ①赵… ②艾… Ⅲ. ①广播事业－新闻事业史－中国－高等学校－教材 Ⅳ. ①G229.29

中国版本图书馆CIP数据核字(2018)第213202号

中国广播电视史教程（第三版）
赵玉明　艾红红　著

责任编辑　贺　明　周　玲
封面设计　嘉信一丁
责任校对　张　哲

出版发行　中国广播影视出版社
电　　话　010－86093580　010－86093583
社　　址　北京市西城区真武庙二条9号
邮　　编　100045
网　　址　www.crtp.com.cn
电子信箱　crtp8@sina.com

经　　销　全国各地新华书店
印　　刷　三河市人民印务有限公司

开　　本　787毫米×1092毫米　1/16
字　　数　255(千)字
印　　张　17
版　　次　2018年11月第3版　2018年11月第1次印刷

书　　号　ISBN 978-7-5043-8182-8
定　　价　46.00元

目录

第一章 中国早期的广播事业

（1923—1928）

广播和电视是诞生于20世纪的两种大众传媒。只播送声音的，称为“声音广播”，简称“广播”；播出图像、声音的，称为“电视广播”，简称“电视”[①]。广播的出现早于电视。广播可分为有线广播和无线广播两种，有线广播的诞生早于无线广播。据现有的材料，中国在20世纪30年代虽然在一些中小城市出现了有线广播，但没有形成全国性的规模。但在20年代初，中国就已经有了外国人建立的无线广播电台。可见，中国的广播事业的历史是从无线广播开始的。

第一节 早期外商在华的广播实验

无线广播的技术基础是无线电技术。人类对于无线电技术的科学探索，可追溯到19世纪中叶。1862年，英国物理学家麦克斯韦提出电磁理论，并预言了电磁波的存在。这一理论被德国物理学家赫兹在不久后通过实验证实。1895年，俄国科学家波波夫和意大利科学家马可尼在继承前人研究成果的基础上，分别经过独立的研究，制成了最初的无线电接收装置。1899年，从欧洲大陆飞越英吉利海峡的无线电报试验成功。1901年，无线电报横跨大西洋从欧洲传到了美洲。无线电通信技术的优越性很快显示出来，它被迅速、广泛地利用在军事联络、商业信息的传递和新闻发布等方面。

在无线电技术广泛用于通信联络的同时，利用无线电传送语言和音乐的试验也在欧美一些国家陆续展开。有记载的首次成功的无线电广播是在1906年圣诞

① 赵玉明、王福顺主编：《中外广播电视百科全书》，中国广播电视出版社1995年版，第3页。

节之夜，美国匹兹堡大学教授费森登通过马萨诸塞州布朗特岩国家电器公司的无线电塔，使用功率为1千瓦、频率为50赫兹的交流发电机，借助麦克风进行调制、播发讲话和音乐，许多地区，包括海上的船只都可清楚地收听到。第一次世界大战前，许多国家进行了无线电广播试验；大战期间，比利时、荷兰和德国出现了一些地区性广播节目。一般认为，1920年11月2日美国匹茨堡市第一家领取政府营业执照的KDKA电台正式开播是世界广播事业的开端。两年后，美国的广播电台就发展到约600家，听众约100万。

据有关史料记载，我国使用无线电报始于清朝末年。1905年（光绪三十一年）秋，北洋大臣袁世凯在天津开办无线电训练班，聘请意大利海军军官葛拉斯任教，培养无线电报务人员，并购置无线电收发报机，用来传递军事情报。次年，清政府设邮传部，内有电政司掌管电报电话事宜。1908年，上海与崇明岛之间的海底电缆毁损，江苏省用公款购买无线电收发报机代替之，这是我国民用无线电报的开始。同年，上海英商汇中旅馆私设无线电报机，开外国人在中国私设无线电台之先河。此后，西方国家的使馆、商人、殖民者为了通信联络上的便利，竞相在中国境内私自安装无线电收发报机。清政府邮传部虽曾多方交涉拟于取缔，但收效不大。

中华民国成立后，政府设交通部，内置电政司，掌管包括有线电报和无线电报在内的电政事宜。1915年，中华民国《电信条例》颁布，规定有线无线电报电话统称电信，“由国家经营”。1920年，中国加入国际无线电报公约。1922年召开的华盛顿会议决议案规定，各国在华无线电台，如未经中国政府许可安设者，无论外国政府或其人民所设，均由中国政府收回，其设备公允作价，给予补偿。但是，在华的各帝国主义列强根本无视中国主权，私自输入无线电器材和私设无线电台的事时有发生。当时，“在华外人，深觉中国人之易欺，乃各自装设电台……或以军用为名，或借报告气象为辞，擅收电报，扰乱空间秩序，无所忌惮。其间迭经交涉，或则顽抗，或则狡赖，卒无结果。”① 正是在这样的背景下，外国人私设的第一座无线广播电台在上海出现了。

上海作为中国开埠最早的城市，在各种新技术、新思想的抢滩、引进和交流方面都一路领先。早在1920年8月世界正式的广播电台出现前，上海的《东方杂志》就发表《用无线电传达音乐及新闻》的文章，介绍这种最新发明和即将

① 王崇植、恽震：《无线电与中国》，文瑞印书馆1931年版，第91页。

出现的新事业。文章谈到，用于接收广播信号的受音器（即今收音机）“极便携带，无论何地，均可放置”；“因有此种发明，故将来可有许多之新用途”。“又于晨间，由中央无线电局将是日所得新闻，发出报告，则家家仅需开动受音机，即可亲聆新闻”；“虽无机器知识者，亦可应用自如”①。另外，该文还描述了广播在传递新闻及音乐方面的诸多优点，算是国内最早介绍广播功用与特点的文章了。

两年之后的1922年12月，美国商人奥斯邦（E. G. Osborn）在上海成立中国无线电公司（Radio Corporation of China），主营无线电器材。为了打开其无线电产品主要是收音机的销路，他决定与当时在上海租界内的英文报纸《大陆报》（*The China Press*）报馆合作，开办“大陆报—中国无线电公司广播电台”（习惯上简称奥斯邦电台），呼号XRO，发射功率50瓦特，于1923年1月23日在广东路三号大来洋行屋顶正式广播新闻和音乐节目，取得成功。开播当天，租界内的500多架私人接收机和远至天津的许多接收机都清楚地接收到了该台的节目。“一时上海居民为之耳目一新，影响所致，宁、杭、甬各地均有人购去私装收听。”② 奥斯邦电台的开播，开中国境内外人办台的先河。

起初，奥斯邦电台每天播音约一小时，内容主要是《大陆报》提供的国内外新闻和上海新闻，还有大量的娱乐节目，星期日则有《布道》《祈祷》等宗教性节目。为了推销其无线电产品，奥斯邦电台还曾举办无线电常识讲座节目。

值得一提的是，在奥斯邦电台开播的第三天（1923年1月26日），电台播出了当日孙中山先生在上海发表的《和平统一宣言》，受到孙先生的极力称赞。他说：“余之宣言，亦被宣传。余尤欣慰。余切望中国人人能读或听余之宣言。今得广为传布，被置有无线电话接收器之数百人所听闻，且远达天津及香港。诚可惊可喜之事。吾人以统一中国为职志者，极欢迎如无线电话之大进步。此物不但可于言语上使全中国与全世界密切联络，并联络国内之各省、各镇，使益加团结也。”③

由于条件所限，开播之初的奥斯邦电台不时受到恶劣气候和散落各地的无线电收发报台干扰，音质很不稳定，但听众却对这一新兴事物表现出极大的热情。

---

① 载《东方杂志》第17卷第15号，1920年8月10日出版。

② 《上海广播电视志》编辑委员会编：《上海广播电视志》，上海社会科学院出版社1999年版，第107页。

③ 《孙中山选集》，人民出版社1981年版，第519~522页。

奥斯邦电台的积极支持者，是一批上海租界内钻研无线电技术的外国人，他们在南京路50号新孚洋行内组织成立了上海国际无线电学会。电台开播初期，这些业余爱好者从节目安排、听众反馈，到电台的故障排除等方面都发挥了积极作用。奥斯邦电台的中文节目也吸引了许多中国的听众参与收听，1923年3月，上海第一家成立的中国人收听组织——俭德储蓄会无线电俱乐部起用新装置的收音机时，奥斯邦电台还特地为他们播放了中国音乐。

虽然奥斯邦电台的听众越来越多，但这种私自设立电台的行为却显然违反了北洋政府的有关法令，因而政府交通部明令禁止其广播。同时，由于公司内部发生内讧，以致电台无法继续维持，最后不得不于当年4月停止播音。

在奥斯邦私设电台不久，美国的新孚洋行（Electric Equipment Co.）又在上海南京路50号设立了一座广播电台，功率50瓦，于1923年5月30日开始不定期播音，主要播出新闻及音乐节目，同时演讲《近世无线电之发达史》。通过电台播音，一方面向顾客推销该公司的收音机，另一方面也想利用广播媒体为组织和团体做广告，一时营业非常兴盛。但其后终因财力不支，加上政府严厉取缔，上海海关又几次没收其进口的无线电话机，半年后即告停办。

政府的严厉取缔似乎并未遏止外商办广播电台的热情。1924年5月14日，上海的美商开洛公司与《申报》馆合作办的开洛公司广播电台开始实验播音。该台设在法租界的福开森路，呼号KRC，发射功率起初为100瓦，不久扩充至250瓦，由《申报》馆供给每天的广播新闻稿两次，每天上午和晚上各按时播音一次，一般上午为汇兑市价、钱庄兑现价格、小菜上市等，晚间为重要新闻及百代公司留声机新片、音乐、名人演说等。每日所播节目由《申报》先期登载预告。7月18日暂停播音，8月4日恢复播音，此后又增加了播出次数和时间，还在市内各繁华处所分设了一些播音室，“报告商情时事，以灵通内地华人之商情，并多播中国唱片，添播弹词节目”，“凡京剧、苏滩、三弦、拉戏等，应有尽有”①。

就像早期外国人在华办报时为迎合中国人的口味而聘请中国人主持报务一样，以牟利为主要指向的开洛电台也聘请中国人分任正副主任。该台播音持续五年多，一直到1929年10月才停办。

---

① 上海市档案馆、北京广播学院、上海市广播电视局合编：《旧中国的上海广播事业》，档案出版社、中国广播电视出版社1985年版，第27页。

开洛电台的成功，吸引了许多在华外国商行的关注，其招徕顾客的做法和实际效果让他们大受鼓舞，外商广播电台在各地租界逐步创办起来。1925 年，天津一家经营无线电器材的日本商号义昌洋行在日租界旭街四面钟处该行（现和平路 251 号）的楼下，设立了天津第一座广播电台，目的是扩大该行的影响，推销无线电零件。义昌洋行仿效开洛公司的做法，设立了一些播音室，收听电台广播，一时在天津又掀起一股小小的“无线电”热。当时，“北大关处的一家商店在楼上放置了直流的大喇叭收音机，不少行人被其所吸引，交通一时为之所堵塞。”[①] 但由于日商的无线电零件无论在货源还是质量上都无法与美商相比，因此，义昌洋行的广播电台并没有给它带来太多商业上的好处，它也就没有发展成为正式的商业电台，播音时间也时断时续。尽管如此，义昌洋行的广播电台还是运行了几年时间。

早期外国人在华的广播活动，是伴随着列强的政治入侵和经济剥削同时进行的，其中不乏经济掠夺的企图。但我们也要看到，外商们虽然是为了自身商业利益而引进广播，但毕竟是对广播事业的经营运作进行了有益的探索，也为中国人自己创办电台提供了借鉴。而早期外国无线电工作人员所做的普及无线电知识的工作，也为中国人掌握和运用这一现代科技做出了一定贡献。

第二节　国人自办广播的发端

20 世纪 20 年代上半叶，中国境内的各派军阀在不同帝国主义国家支持下，拥兵自重，割据称雄，相互之间厮杀不断，北京的政权则频繁更迭，社会动荡不安。在华外国人屡屡无视中国政府规定，私自设立电台。北洋政府则在数次对广播事业的禁止中开始改变态度，认识到这一媒体的独特优势，逐步由排斥到接受这一新兴事物。

1924 年 8 月，北洋政府交通部公布了《装用广播无线电接收机暂行规则》，这是中国历史上第一部专对无线电广播的法规。法令规定，凡装用广播无线电接收机 Receiver 者及装用者，都须依法取得政府执照，“接收机只准供接收音乐、

① 天津市地方志编委会办公室编：《天津通志・广播电视电影志（1923—2003）》，天津社会科学院出版社 2004 年版，第 3 页。

新闻与气象时刻、汇兑之报告以及演说、试验之用，不得借以牟利，并不得将所收任何电信私自泄露”①。另外，该规则还对设立广播电台、装设和收听广播等具体事项作了一系列的限制和规定。根据规定，装用广播无线电接收机只要符合《暂行规则》，即会得到政府许可。这一法令的出台，实际上为中国人自办广播电台提供了政治和法律的保障。

北洋政府利用广播的最早记录是在1925年。这年3月12日，孙中山先生在北平去世，全国同胞十分哀痛。为纪念孙先生，政府把他的灵柩停放在中央公园内，让人民瞻仰遗容；与此同时，治丧委员会还借用了交通部北京电话东分局内500瓦的无线电话机，播放孙中山生前录制的演讲留声片；3月26日，又向中国电器公司借得高三尺的巨型扩音器一具，用木杆架设于中央公园，连续播放，听到的民众无不痛哭失声。② 这是北京第一次利用广播扩音设备。但由于此次广播为临时开设，后来也没有连续播出，更没有系统和定时定量的节目，因此还算不上真正意义上的广播事业。

最早由国人创办的正式电台广播出现于哈尔滨，时间是1926年。

辛亥革命后，奉系军阀很快成为全东北的地方军政统治者。他们创办军事工业，采用新式练兵方法，并注意网罗现代通讯人才，积极为在东北地区使用现代先进通讯技术创造条件。1922年，在有中国参加的华盛顿会议上，确定将各国在华广播电台全部设备移归中国接管，东三省保安军陆军整理处代表中国政府接管了坐落在哈尔滨市马家沟中东铁路局原属苏俄建造的无线电台，改名为东三省无线电台，台长吴梯青，副台长刘瀚。③

从1923年2月起，哈尔滨电台开始试办无线电新闻通讯业务。1926年10月1日，哈尔滨无线电台宣布成立，并开始正式广播，呼号XOH，发射功率100

---

① 上海市档案馆、北京广播学院、上海市广播电视局合编：《旧中国的上海广播事业》，档案出版社、中国广播电视出版社1985年版，第47页。

② 1949年南京国民党政府迁台后，为纪念此事，于1952年确定3月26日为广播节。

③ 刘瀚（1891—1941），字东樵，河北通县（今北京通州）人，1912年在上海、北京等地从事无线电报业务。1914年毕业于交通部交通传习所无线电科。毕业后在交通部无线电台任报务员。1919年在陆军无线通信教练所任教。1922年9月与吴梯青、耿季和等被东三省陆军整理处派往哈尔滨，接收苏俄交还中国的无线电台。1926年4月直奉战争后，奉军大败，6月撤出关外，开始励精图治，企图东山再起，他们一方面加强实力，另一方面也注意发展科学，加强外交。10月，由奉系当局支持、刘瀚主持设立的哈尔滨广播无线电台播音。1930年，日本人无理指责刘瀚支持共产党，迫使他离开电台。九一八事变后，他辗转流亡关内各地。1941年病逝于陕西。关于刘瀚及其广播活动，本节主要参考了陈尔泰著：《中国广播发轫史稿》，中国广播电视出版社2008年版。

瓦，每天播音两小时，主要播出内容有钱粮行市、新闻、音乐、演讲及报告等。这是中国政府设立的第一座无线广播电台。1928 年 1 月 1 日，新建的哈尔滨广播无线电台开始启用，发射功率增加为 1 千瓦，呼号更改为 COHB。广播节目则有三种：汉语节目、俄语节目和日语节目，内容主要是钱粮行情、新闻、戏曲、音乐、气象等，每天播音 6 小时。3 月 14 日，刘瀚呈文东省特别区行政长官公署“拟请签署转饬所辖各机关及地方商会一体装用（收音机）”，各县都买了一台至三台收音机。是年年底，哈尔滨有收音机 1200 多台。1931 年九一八事变后，哈尔滨沦陷，哈尔滨电台也因被日本侵略者占据而停播。

在哈尔滨广播电台正式播音的同一天，奉天广播无线电台正式开播，发射功率 2 千瓦，相当于当时全国广播电台总功率的一半，是全国功率最大的广播电台，呼号 COMK。1929 年，奉天广播电台改称辽宁广播电台，后来又改称沈阳广播电台，与哈尔滨广播电台均由东北无线电监督处负责管理。

东北无线电监督处始建于 1923 年，设在奉天（今沈阳市），是我国早期的广播管理机构。负责筹建官方电台以及管理电台、制定政策等业务。

张作霖主掌北京政府的实际权力后，1927 年 3 月，东北无线电监督处开始在北京、天津设立广播无线电办事处，在京、津两地筹建广播电台。同年 5 月 15 日，天津无线电广播电台开播，发射功率 500 瓦，呼号 XOL，每日播音 7 小时，主要播出娱乐节目。除播音外，还可拍发电报。9 月 1 日，北京广播无线电台开播，发射功率起初为 20 瓦，后增至 100 瓦，呼号 COPK，节目内容与天津电台相仿。两座电台还曾互相转播过对方的戏曲节目。

20 世纪 20 年代后期，中国开始出现由私人创办的民营广播电台：1927 年 3 月，上海新新公司为推销自己制造的矿石收音机，开办了一座相当简陋的广播电台，发射功率只有 50 瓦，呼号为 XHHC，每日间歇播音 4 小时，主要播送新闻、市价、音乐、歌曲等。这是中国人自主创设且正式持续播音的第一家民营广播电台。

新新公司为澳大利亚悉尼侨商刘锡基和李敏周于 1926 年创立，位于上海市最繁华的南京路中段，是民国时期上海著名的四大侨商百货公司[①]之一，也是四家中唯一向中国政府注册的百货公司，经营的主打产品都是国货精品。[②] 之所以

---

① 四大百货公司按照开业的先后顺序依次为先施公司、永安公司、新新公司和大新公司。

② 四大百货公司的创办者皆为澳大利亚华侨，且都是广东香山人，但先施、永安、大新公司都是在香港向英国殖民当局注册，永安公司后又改向美国注册。

产生创办广播电台的念头，主要是为了推销本公司经营的无线电器材，同时也是为了与其他百货公司竞争采取的创新手段。在此之前，开洛电台已开播近三年，“无线电话播音消息、音乐、歌曲等，颇为社会人士所欢迎。”新新公司的无线电工程师邝赞[1]有鉴于此，“独出心裁，创制特式无线电发音机”[2]，用于公司的广播实验。广播机是邝赞用公司经营的无线电器材和开洛公司提供的无线电线路图，用 211 式真空管装置的，一时在上海商界传为佳话。

新新电台一开播，就对节目的安排有通盘考虑：[3]

时间		节目内容	备注
上午	9：30—10：30	新友社各种杂调	
	10：30—11：00	国内外重要新闻	
	11：00—12：00	著名粤调西调	
	12：00—12：30	新新公司商业特别行情	
下午	14：30—16：00	张素兰特别苏滩	
	16：15—17：00	范少山男女苏滩	
	18：00—18：30	周筱红女子杂调	
	21：00—22：00	范少山男女苏滩	
星期日	10：00—11：00，新新公司德育演讲；下午照常		注：每月初一更换一次

同年年底，北京也出现了一家民营的广播实验电台，即由燕声无线电业社开设的燕声广播电台。该台呼号为 XGKD，电力起初仅 15 瓦（1936 年加大到 150 瓦），主要靠广告收入维持营业，日播音 12 小时，除了 80 分钟的政治教育、新闻和宗教节目外，其余均为娱乐节目，中间还插播大量广告。[4]

---

① 邝赞（1892—1958），广东台山人，中国著名电影技术家，电影事业家，天才的发明家。他不仅精通广播技术，还醉心于电影技术研究，曾成功试制电影录音机“邝赞通”，同时还发明了“镜神经”等一系列方便电影拍摄的小装置。

② 《新新公司无线电话今日播音》，载《申报》1927 年 3 月 19 日。

③ 《新新公司无线电话今日播音》，载《申报》1927 年 3 月 19 日。

④ 北京市地方志编纂委员会编：《北京志 · 新闻出版广播电视卷 · 广播电视志》，北京出版社 2006 年版，第 22 页。

起步于北洋军阀统治时期的无线电广播事业，虽经几年的发展，却由于各种原因而一直规模不大，广播电台也只有大约十来座。这些电台的发射功率一般比较小，收听范围仅限于广播电台所在城市及其周围地区。当时还没有一个全国性的中央台。

但早期广播人筚路蓝缕的实验与探索，却为广播这一新兴媒体培养了最早的听众。

思考题：

1. 简述早期的外商广播电台及中国政府的应对措施。
2. 东北为什么会成为国人自办广播的发源地？

第二章 十年内战时期的广播事业

（1927—1937）

1927年4月，国民党蒋介石在帝国主义和国内大资产阶级的支持下，发动了震惊中外的“四一二”反革命政变，大肆屠杀共产党人和进步人士，随即在南京成立了大地主大资产阶级专政的“国民政府”。7月15日，汪精卫又在武汉举行反共政变，最终导致了宁汉合流。此后经过一年多的军阀混战，南京国民政府在名义上统一了中国。

基于巩固政权的需要，蒋介石政府对无线电广播这一现代化的传播工具相当重视，为此设立专门的管理机构，一方面筹划建设覆盖全国的党营广播事业网；另一方面则积极制定政策，着力规范和管理民营电台的发展，力图借此统一全国民众的意志。尽管如此，到抗日战争全面爆发、国民党中央政府撤出南京前，民营广播电台和党营广播电台还是在定位、功能及内容等方面呈现出各自不同的特点。

第一节 占主导地位的国民党广播

南京国民政府成立初期，国民党的高层深感除了政治韬略和军事斗争之外，“主义急于灌输，宣传刻不容缓”，而“目前广播为宣传最迅速最有效的工具”，因此决定筹建党营广播事业，作为“党国喉舌”。在国民党中央监察委员、组织部代部长陈果夫的呼吁下，国民党的中央广播电台于1928年在南京建成。此后，国民党政府又在全国主要城市相继建立起一批地方性广播电台，逐渐形成遍布全国的党营广播事业网。

一、国民党中央广播电台的宣传

1928年2月，在国民党二届四中全会上，陈果夫联合叶楚伧、戴季陶等中央委员，提出设立广播电台的议案，获得一致通过。在蒋介石支持下，陈果夫多方筹款，又广泛搜寻无线电专家，终于在1928年春向美商开洛公司订购了一座500瓦的播音机。不久，由中宣部部长叶楚伧委任徐恩曾为电台主任，负责筹办电台。经过几个月紧锣密鼓的筹备，中央台终于建成。当年8月1日，国民党的中央广播电台在南京开始播音。首任台长为徐恩曾。① 徐不久即调离，由吴道一② 任台长。

中央广播电台的全称为“中国国民党中央执行委员会广播无线电台”，简称“中央广播电台”（以下简称“中央台”），呼号XKM③，发射功率500瓦。

中央台担负着国民党中央政府的主要宣传任务。当时《中央日报》曾刊登的《国民党中央宣传部中央广播无线电台通告第一号》宣称：“嗣后所有中央一切重要决议、宣传大纲以及通令通告等，通由本电台传播。”其强烈的政治色彩由此可见一斑。

开播初期，考虑到工作人员少，播出节目不易罗致，民间的收音机也不多，所以每天暂定下午、晚间各播音一次，共两小时，所播新闻稿件均由中央通讯社提供。以后又逐渐增加播出时间，节目内容主要有新闻、通告、宣传大纲、广播演讲等。但由于电波覆盖区域小，且用中波广播，电波所及，主要在东南一隅，其他许多地方很难听到，因此开播初期收听效果欠佳。“为了广阐党义，训导国民”，国民党政府决定再次扩充电力，于1929年从德国购进全套广播设备，同时

---

① 徐恩曾（1896—1985），字可均，浙江吴兴人。早年毕业于南洋大学，后去美国留学，习电机工程。1927年“四一二”反革命政变后，参加陈果夫、陈立夫组织的中央俱乐部（即CC）。1931年，任中国国民党中央组织部党务调查科科长，扩充机构，训练特务。1935年升任处长。1938年8月，中国国民党中央执行委员会调查统计局（简称中统局）成立，任副局长、局长。抗日战争期间，曾任中国工程学会负责人。后因参与中印缅边境交通线走私案，被戴笠向蒋介石告密，从此一蹶不振。此后做过贸易和运输生意，办过农场、打捞公司。1949年后去台湾。

② 吴道一（1893—2004），江苏嘉定人，上海交通大学电机系毕业，自1928年参加筹建国民党中央台，后历任主任、台长，1936年起任国民党中央广播事业管理处副处长、处长，1948年冬离南京去台湾，1949年11月起任台湾“中国广播公司”副总经理，1974年退休。2004年在台湾去世。

③ X为当时国际有关条例规定的中国无线电台呼号的第一个字母，KM为国民党的英文缩写。后由于全国统一无线电台呼号，中央台呼号又改为XGZ。

另选台址重建。新台址定于南京江东门外，于 1932 年 5 月完工。

1932 年 11 月 12 日，是孙中山先生诞辰纪念日。这天，中央广播电台 75 千瓦的强功率电台正式启用，呼号更改为 XGOA（一直使用到 1948 年）。这是当时亚洲发射功率最强的广播电台，号称“东亚第一，世界第三”。其“音波所达，环京万里，不但弥漫了全中国，且东至西美，南及澳洲，西届印度，北达西伯利亚”。国民党的中央广播盛极一时。“此后，中央广播消息，不特遍及边陲，抑且远被全球，既便发施政令，又利阐扬主义。”① 从陈果夫在新台开幕典礼上的讲话，足见国民党当局对广播事业的重视。

中央台设立之初，隶属于国民党中央宣传部，后一度改隶中央书记处。1931 年，根据国民党中央常务委员会决议进行改组，于次年成立中央广播无线电台管理处，隶属于国民党中央执行委员会，负责人吴保丰②、吴道一。为了扩大收听效果，中央广播无线电台管理处先后举办了三期收音员培训班，培训收音人员 440 名。③ 这些人返回各地后，对于改善当地新闻通讯事业的落后状况发挥了重要作用。他们不仅天天抄收中央广播电台和中央通讯社的新闻广播，供给各地报社，还直接创办专载广播新闻的报纸。这一在广播收音机不足条件下而采取的补救办法，事实证明还是很有效的。此后因各地不少省市广播电台出现，为加强统一管理，于 1936 年 1 月，中央广播无线电台管理处改制为中央广播事业管理处（以下简称“中广处”），“中央广播电台”呼号不变，实际是处与台合一。这种体制一直维系到 1949 年国民党逃离南京为止。

中央台成立时，员工仅十余人，到 1932 年大台开播，增加到 70 人。大量专业人员来台工作，广播节目也随之丰富起来。自 1932 年起，中央台全面革新节目编排，每天播音时间增加到 11 个多小时，以政治宣传、新闻节目为主体，其中新闻约占 1/3，辅以教育节目、杂谈节目、文艺节目和社会服务等多种类型的节目。此外，广播剧、现场实况转播等一些新的节目形态也在尝试和探索之中。

---

① 载《广播周报》1934 年 10 月 20 日第 6 期。

② 吴保丰（1899—1963），字嘉谷，江苏昆山人。1921 年毕业于交通大学电机科。1924 年获美国密歇根大学电机硕士学位。1936 年 1 月，出任国民党中央广播电视业管理处处长，同年任国民党中央广播事业指导委员会副主任委员。中华人民共和国成立后曾任华东、上海人民广播电台顾问、上海市政协委员等职。

③ 吴保丰：《十年来的中国广播事业》（1937 年 6 月），转引自赵玉明主编：《中国现代广播史料选编》，汕头大学出版社 2007 年版，第 126 页。

到1937年撤出南京前，中央台已发展成为一个机构庞大的宣传部门，人员达136人。

名人演讲，也即“要人广播”，是当时颇有影响的一个节目。蒋介石、冯玉祥、汪精卫、罗家伦等各界名流都曾是这一节目的常客。在这座声播寰宇的广播“舞台”上，他们在麦克风前或慷慨陈词，或悲愤难抑，或讲经说法，颇受听众欢迎。广播剧也被引入了中央台播音室。这应归功于播音科科长范本中。他从美国留学归来，了解广播剧在美国的巨大影响力和受欢迎程度，因此积极推进这一形式在中国的发展。而为了弘扬中华民族的国乐文化，中央台还曾组织“国乐团”，吸引了大批国内一流的民族器乐家加盟。他们定期在节目中演播民族音乐，对推动民族传统音乐与现代传媒的结合做出了有益探索。

从总的政治基调来看，“中央台”无疑是死心塌地为维护国民党蒋介石统治而效力的舆论机关，是国民党政府“阐扬党义，宣传政令，及促进文化，传递消息”的有力工具。在“国家统一，民主建国”口号的掩盖下，进行了大量积极反共、消极抗日的政治宣传，有时甚至不惜为此目的而造谣惑众。为树立蒋介石的绝对权威，该台还长期进行“一个国家、一个主义、一个领袖”的露骨捧蒋宣传，尤其是在国共矛盾尖锐的时候，中央台的一些宣传甚至违背新闻的真实性原则，影响恶劣。但1931年后，随着民族危机不断加深，抗日救亡的呼声响彻四方，中央台的节目也发生了重大变化。新闻节目中原来“剿共”内容占重要份额，这时则主要报道抗日政局和前方战况，并增加关于日军侵华的特种报道；还开始增设日语广播，一面揭露日寇的阴谋，一面安定人心，鼓励士气，唤醒民众。电台一度停止音乐节目，平时那种轻敲细打、喜庆升平的音乐节目，这时则被铿锵激越的军乐所代替，充满了战斗的气氛。[①] 尤其是在国内矛盾、民族矛盾空前激烈的特殊时期，国民党内部的有识之士也曾利用广播讲坛，发出过民族自强、抗敌御侮的呐喊，一些爱国志士、富有良心和正义感的知识分子还曾被邀请进入中央台进行抗日救国的宣传动员。每年的9月18日这一天则被电台定为国耻纪念日，每逢“九一八”，电台的文艺广播全部停止，表现了可贵的爱国主义精神。

但是不久，这种抗日救亡宣传的势头发生了微妙的变化。在日本方面“取缔

① 转引自汪学起、是翰生编著：《第四战线——国民党中央广播电台掇实》，中国文史出版社1988年版，第20页。

排日”的强大压力下，中央广播电台中开始只提救亡而不言抗日，又重弹“剿共”老调，并把“剿共”纳入救亡的范畴，宣传“攘外必先安内”的“救国方针”。

当然，国难当头，稍具爱国意识的人都不能无视日本侵略这一事实，更何况是国家的宣传机构。这一时期的中央台同仁，大都表现了可贵的爱国主义与民族自强自立的意识，在条件允许的范围内，电台在激发国人抗敌救国的热情方面进行了不遗余力的宣传。

二、国民党广播事业网在全国的建立和政府管理方式的变迁

在重点建设和扩充中央台的同时，国民党政府还借助其执政党的优势地位和手中掌握的经济大权，加紧在全国各大中城市设立由政府统一领导掌控的党营广播事业网。

在各省市地方政府和国民党地方党部开办的广播电台中，建台最早的是1928年10月开播的浙江省政府广播电台，呼号XGY，功率250瓦，也是国民党当局开办的第一座地方广播电台。每天从早9点到晚8点30分，除特别节目外，间歇播音3小时30分，播音内容主要是省府的决议案及通告、通令等。1932年，在中央台扩充电力之时，浙江台也把功率扩充为1千瓦，呼号改为XGOD。以后为适应省内山地各县的收听需要，该台又进行过一次功率扩充。

1929年5月6日，广州市政府无线电播音电台成立，功率1千瓦，呼号XC-MB，每日间歇播音5小时，节目内容以粤曲与方言报告为主。

到1937年全民抗战爆发前，国民党政府已建成福州广播电台、河北广播电台、西安广播电台、南昌广播电台、汉口广播电台、南京广播电台、北平广播电台、上海广播电台、成都广播电台、太原广播电台、云南无线电局广播电台、重庆广播电台、山东省会广播电台、南宁广播电台、湖南省广播无线电台、河南广播电台、江苏镇江广播电台、上海市政府广播电台、新疆有线广播电台等共20余座。在这些地方电台中，归中广处管辖的有福州广播电台、河北广播电台、西安广播电台、南昌广播电台、汉口广播电台、南京广播电台；由交通部管辖的是北平广播电台、上海广播电台和成都广播电台。其余各电台分别由各省市地方政府和国民党地方党部管辖。

上述电台除转播中央台节目外，还八仙过海，各显神通，纷纷开办富有特色

的节目，配合政府进行各项宣传。如西安广播电台开办的《剿匪消息》节目，就是为了配合国民党政府对革命根据地的军事“围剿”而特设的。

国民党政府一贯重视广播的宣传和教化作用，因此对全国广播事业的管理和控制也极为严格，自1927年定都南京后，相继发布了一系列的政策法规。1928年7月，建设委员会设立无线电管理处，管辖中国国内及国际包括广播电台在内的全部无线电事业。12月，建设委员会公布了管理无线电台的《广播无线电台条例》，规定设立广播电台事先须经无线电管理处之特许，违者由当地负责机关制止其设立。随后，该管理处又公布了《无线电收音机登记暂行规则》，规定在中国境内设置收音机者，需随时向无线电管理处指定的地点按照《暂行规则》登记领取执照。20世纪30年代初，交通部依据《电信条例》的有关规定，开始颁布有关广播的法令，进一步加强对广播事业的控制和管理。1930年7月，交通部公布《装设广播无线电收音机登记暂行办法》，1932年11月又公布《民营广播无线电台暂行取缔规则》。在此期间，交通部曾在登记和取缔民营台、收回外商设立的广播电台、统计收音机和审查广播节目等方面初步做了一些整顿工作，但由于缺乏具体措施，收效不大。

为进一步加强对广播事业的管理和控制，1936年2月，国民党中央执行委员会广播事业指导委员会（以下简称中央广播事业指导委员会）成立。该委员会由中广处、中央文化事业计划委员会、军事委员会、交通部、教育部、内政部、外交部各推代表一人组成，并指定由陈果夫担任主任委员。中央广播事业指导委员会为国民党管理广播事业的决策机关，指导监督全国所有官办和民营广播电台。按照该会组织大纲规定，其职责范围为：（一）广播网之计划与统治事项；（二）广播电台之筹设与取缔事项；（三）广播事业法规之规定事项；（四）广播电台波长之分配与呼号之规定事项；（五）广播电台机械测验与程式之规定事项；（六）广播电台播音节目之事项与支配事项；（七）收音机之调查与登记事项；（八）国内外广播电台播音节目之侦察与交换转播之事项；（九）广播机件材料自给之计划事项；（十）国际广播会议之参加事项。到抗战爆发前，中央广播事业指导委员会共召开过5次会议，其主要议题有规划全国广播电台系统及设计办法，征收全国收音机执照费方案等。

1936年4月13日，国民党政府行政院颁布规定，自4月20日起，每日（星期日除外）20：00—21：05，全国应一律转播中央台之节目，“如无转播设备者应于此节时间，暂行停播，以免分歧……”①

从 1928 年国民党建立起中央台，到 1937 年七七事变抗战全面爆发的近十年间，国民党的党营广播业获得了较快发展。据 1937 年 6 月统计，国统区共有官办、民营广播电台 78 座，总发射功率近 123 千瓦；从数量上看，民营台虽然有 55 座，占半数以上，但发射电力有限，仅占总发射电力的 54%。由于私营台大多以营利为目的，并且主要集中于上海、北京等几个大城市，功率小，覆盖面小，因此影响范围有限。而国民党的官办电台却以大功率、大范围覆盖和影响广泛而处于绝对优势地位。有人曾经这样评述当时的国民党政府对广播事业的重视程度：被人视为“党之骄子”的广播事业，“一向过着娇生惯养的生活”，国民党政府在创建全国广播事业网上是不惜花大钱投资的。②

三、西安事变中的“广播战”

当蒋介石政府的大政方针不得人心时，即使是其苦心经营的党营广播，有时也会发出与中央意志截然相反的声音。西安事变时的广播宣传即为典型案例之一。

1936 年，日军侵略日深，中国外患日亟，但蒋介石却一意孤行，积极打内战，却消极应付日本的侵略，幻想通过国际外交途径解决中日“纠纷”。在中国共产党的抗日民族统一战线政策和全国抗日高潮的影响下，1936 年 12 月 12 日，国民党驻西北的爱国将领张学良、杨虎城两将军为了逼蒋抗日，毅然发动了震惊中外的“西安事变”，扣留了蒋介石，同时宣布取消“西北剿匪总部”，成立抗日联军西北临时军事委员会，由张、杨分任正副委员长，并通电全国，提出了抗日救国的“八项主张”。

西安事变第二天，中央台即播出了国民党中央的严厉反应：撤销张学良本兼各职，交军委会严办；所部军队归军委会直接指挥；充实军委常委，由军委常委、军政部长何应钦负责指挥、调动军队。但不久，电台即降低了宣传调子，同西安方面开始了一系列接触。与此同时，张、杨两将军下令接管了当时西安的报社和中广处、中央台下属的西安广播电台，创办了《解放日报》和《西北文化

① 载《广播周报》第 68 期，1936 年 1 月 1 日出版。

② 麦克疯：《崩溃前夕的党营广播事业》（1948 年 9 月），载《新闻天地》第 47 期，1948 年版。

日报》，并利用广播电台反复宣传西安事变真相和抗日救亡的主张。接管该台后，12月14日和15日，张学良、杨虎城分别到电台发表演讲，报告了西安事变的原委，阐明了抗日救国的主张，并且揭露了国民党亲日派造谣污蔑的可耻伎俩。

张学良在广播讲演中指出："现在南京方面把我们的电讯隔断，并且给我们造了许多谣言。他们不愿意国人知道我们在这里做些什么，真是一件不幸的事。我们希望国人明了真相。我们不愿意任何人利用机会制造内乱，给侵略我们的帝国主义制造机会，我们只求有利于国家民族，至于个人的毁誉生死，早置之度外。"[①] 16日，张学良又指派秘书长吴家象代表他发表广播演说，再次向全国民众报告西安事变真相。

17日晚7点，国民党要人孔祥熙在南京中央台发表演讲，鼓吹"无论如何，中央必能于最短时间，消弭陕变；望我国同胞，一致奋起，声罪致讨，拥护政府，迅速削平叛乱"[②]。同日，应张、杨两将军的电邀，中共代表周恩来等到达西安。周恩来在与各方紧张协商解决西安事变的繁忙工作中，十分注意做好宣传工作。当时由东北军、十七路军和红军方面组成的联合办公厅下设的宣传委员会中成员大都是中共党员和进步人士。周恩来亲自审阅每周宣传纲要，并指示中共地下党员协助办好广播宣传。当时的西安台除办有汉语节目外，还用英、俄、德、日语播报新闻，其英语节目由美国著名进步记者史沫特莱主持。

当时的西安台功率只有500瓦，可机器的性能极佳，传播很远，特别是到深夜的时候，连南京、上海一带都能收听得到，因此西安台的广播对民众了解事变真相起了很大作用。针对西安台夜以继日的广播宣传，南京国民党政府采取了种种对策，如临时变动南京、河南、山东三台的频率，延长中央台的播音时间，甚至将南京台的设备运往洛阳，扩大装置，和西安电台同一频率，专司干扰西安方面的广播。南京和西安之间的这场广播战，一直持续到西安事变和平解决才告中止。

西安事变的和平解决，广播的作用功不可没。西安电台冲破国民党中央的新闻封锁，真实向世界报道了事变的真相，给欲盖弥彰的南京中央一个沉重打击，最终对促成国共的第二次合作发挥了不可替代的作用。

---

① 原载西安《解放日报》，1936年12月15日。

② 汪学起、是翰生编著：《第四战线——国民党中央广播电台掇实》，中国文史出版社1988年版，第60页。

第二节　多向发展的民营广播

从上海最早的民营新新广播电台开播，到抗日战争爆发前的这一段时间里，民营广播事业获得了长足发展。这一方面是由于政策的允许：国民党政府于1928年7月颁布《中华民国无线电台管理条例》，12月又公布《中华民国广播无线电台条例》，除规定政府机关可设立广播电台外，允许公私团体和个人经营广播电台，从而使私营电台的存在获得了法律保障，刺激了业余无线电和实验广播电台的发展；另一方面，国民党新政权建立以后，社会相对稳定，而国民党内部的派系斗争和不断加深的中日矛盾所带来的局势震荡，又刺激了民众的新闻欲求，尤其是1931年九一八事变爆发，东北沦陷，空前的民族危机使民众比过去任何时候都关心时局的变化。广播节目由于能迅速及时地传达信息，满足听众的新闻欲求，因此民营电台蓬勃兴起。20世纪20年代末30年代初，我国上海、天津等大中城市相继出现了一批民营广播电台。据1936年6月统计，全国有民营电台55座，其中江苏9座，浙江6座，安徽2座，江西1座，福建1座，山东2座，天津4座，北平2座，广东1座，而仅上海一地就有27座，约占全国民营电台总数的一半。广播听众数量也日见增长，逐步由上等人家的稀罕物品，变为市井街头的消遣娱乐工具。20世纪30年代中期，上海“中等以上的人家以及商店，哪一家不备无线电机”①。

一、上海民营广播渐趋繁荣

上海是中国广播事业的发祥地，也是中国民营电台的大本营。除了外国人在华经营的电台外，自1927年新新公司广播电台开播到1937年抗日战争全面爆发前，上海又出现了许多新开办的私营电台。

1929年10月，新新广播电台停播。12月，上海亚美公司设立的广播电台开播，时称“上海广播电台”，呼号AMA，功率50瓦。亚美电台以“学术为主、

① 孙光第编：《友联二周纪念播音特刊》，友联电器公司发行，汉文正楷印书局印刷，上海生生美术公司经销，1944年版，第4页。

娱乐为辅，并努力于公众事业”，除新闻、文娱、气象节目外，还举办无线电技术讲座，积极在听众中开展无线电传播实验，吸引社会对这一新兴科技的兴趣和支持。不仅如此，亚美公司还自行编印和出版系列的无线电普及丛书和广播业余电台收听制作丛书，出版《无线电问答汇刊》，提倡采用国货，挽回国家利权等。亚美的主持人苏祖国、苏祖圭兄弟同心协力，把电台经营得有声有色。

苏氏兄弟祖籍福建永定县，生于上海，是中国民用无线电事业的开创者和爱国实业家。其亚美无线电公司是全国最早的无线电工厂之一，亚美广播电台也是旧中国上海民营电台中历史最长、影响较大的一家。苏氏兄弟痛感当时国家科学技术之落后，因此在研制生产无线电零件到组装收音机、扩音机的同时，十分注意新兴技术无线电的传播和普及。公司取名“亚美”，取自悬示于门市部大门上方的英译文字“AMATEURS HOME”的谐音，即中文“无线电业余之家”之意。门市部兼售无线电原理书刊，并热忱指导和免费校验广大业余爱好者组装矿石机、电子管收音机，还多次在沪、杭等地组织群众性无线电展览会，普及无线电知识，培养无线电爱好者。

1931 年，日本帝国主义为了实现侵占中国的野心，利用国民党对江西中央革命根据地多次发动“围剿”的时机，发动了九一八事变，激起全国人民的抗日热情。但由于蒋介石对外奉行不抵抗政策，东北国土在百余日内全部沦为日本的殖民地。1932 年年初，日本帝国主义又把侵略的矛头指向中国最大的城市上海，制造了一·二八事变，妄图夺取上海。当时驻上海的十九路军将士激于民族义愤，在爱国将领蒋光鼐、蔡廷锴等的带领下，不顾南京政府的撤退命令，毅然奋起抗击，给日寇多次沉重打击。十九路军的淞沪抗战，振奋了上海各界人民的抗日斗志，上海市民纷纷组织义勇军、敢死队、救护队奔赴前线。上海的各广播电台，尤其是私营电台，在这一国难当头的关口，表现出强烈的爱国热情，各台及时播送前线抗日消息，鼓励国民抗战。广播的影响深入民间，收音机销数骤然增加。苏祖圭、苏祖国兄弟还利用亚美电台的广播，积极组织募捐衣物、医药、款项和交通工具。上海及其周围的广大爱国听众积极响应，踊跃捐赠。从 1932 年 2 月 17 日到 3 月 17 日，仅仅一个月的时间，亚美公司就收到群众捐款两万多元，救济物品无数。大批慰问品及时被送到了前线，激励了抗日将士的斗志，为此，坚持指挥淞沪抗战的蒋光鼐等人曾致函该台表示感谢。一个月的战争使广播的积极作用得到了社会的普遍承认和赞赏，民营电台大受尊敬。“一·二八”之后，上海的民营电台出现了雨后春笋般的大繁荣。此前，包括实验电台在内不过

10座左右，到1932年年底却一下增加到40多座，并且新的电台还在继续涌现。

次年元旦，该台邀请著名爱国人士马相伯、梅兰芳、杜重远发表广播讲演，宣传使用国货，呼吁抵制日货。随后，为纪念“一·二八”一周年，亚美台播出了苏祖圭编写的广播剧《恐怖的回忆》，提醒市民不忘国耻，对日本保持警惕。

饶有趣味的是，亚美电台在进行慷慨激昂的抗日救国宣传的同时，也不忘它的老本行——赚钱营利，例如3月20日，亚美公司对外宣布：“为酬谢热心人士起见，凡有捐款捐助物品之本公司经收回单者，凭单向门市部购买一切机器材料一律照码九折。”① 这种既有爱国热情又刺激市民收音机消费的做法，可谓一石二鸟，名利兼收。

由于要赚钱牟利，许多民营台时常播送一些低级趣味的节目，以迎合市民口味，广播节目也常常表现出与政治疏离的态度，以单纯的娱乐或制造噱头招徕听众和广告商，以致节目出现庸俗化倾向。除亚美台等少数电台的节目偏重于科学知识的传播外，大多数依靠广告收入维持经营的商业台所播出的戏曲、音乐、弹词等娱乐节目多数低级庸俗、荒诞不经，与同期泛滥一时的黄色音乐沆瀣一气，社会影响极坏。但在1935年“一二·九”爱国运动爆发前后，著名音乐家聂耳、冼星海、吕骥和任光等分别和诗人田汉、塞克和安娥等合作创作了《义勇军进行曲》《毕业歌》《战歌》《热血》《打回老家去》等一批振奋民族精神的抗日救亡歌曲，许多民营电台反复播出这批歌曲的唱片，从此，“起来，不愿做奴隶的人们，把我们的血肉，筑成我们新的长城”的歌声通过无线电波，响遍中华大地，鼓舞着爱国的广大同胞起来同日本帝国主义作英勇艰苦的战斗。抗日救亡歌曲的大量播出，也沉重地打击了过去广播中一度泛滥的黄色音乐。

在当时的大上海，也有不以营利为目的，而是有其他传播意图和经济来源的民营电台。其中最有代表性的就是宗教性电台，如福音广播电台和佛音广播电台。这种电台一般依靠外国宗教势力，在中国进行教义宣传，还不时受到国民党政府的特殊优待。福音广播电台，由福音广播社主办，并得到外国宗教势力的支持，同时与国民党当权派的关系也很密切。该台的宗旨是“辅助造就基督人格”，于1933年12月开始广播，起初功率为150瓦，1936年年初扩大为1千瓦，为全国民营台中发射功率最大者。为了宣扬基督教义，该台使用汉语及广州话、英语播音，每天8小时，办有《晨祷》《布道》《礼拜》《晚祷》等节目，也有

① 郭镇之：《民营广播电台的商业性质》，载《现代传播》1982年第4期。

西方古典音乐节目，并专门办有儿童妇女等节目。该台主持人曾公开宣称：“本电台素以提倡基督教之信仰与实行为职志，与蒋委员长（即蒋介石）之主张如出一辙。”同时还声称要针对唯物论、自然科学来讲圣经，在当时的上海基督教教友中影响较大。佛音广播电台成立于 1934 年 4 月，发射功率 500 瓦，广播内容为宣扬封建伦理道德，讲授佛经和佛学，劝谕人们“不修今生修来世”，教育人们要安于现状。“为使电台播诵佛经正常化、制度化，上海佛学书局于 1936 年，在门市部二楼专门开辟了一个佛化播音会电台，取名上海华光电台，每天从早到晚，全天播讲佛法。利用广播电台播送佛经和佛学讲演，使得广大佛教徒和善男信女可以在家利用收音机接受佛化教育，有力地推动了近代佛教在上海的进一步发展。”①

上海一地几十座的电台，使空中电波分配极乱，“听众苦之，舆论病之”，国民党政府不得不出面干预。1932 年 1 月 22 日，交通部公布了《限制私营电台暂行办法》修正案，规定设台团体或个人以中华民国国籍及完全华人资产为限，最大发射功率暂定为 50 瓦。11 月，又公布《民营广播电台暂行取缔规则》，对广播内容进行了明文限制。1933 年国际电信局开始登记全市广播电台，同时指拨呼号、频率。1935 年至 1937 年，国民党当局又取缔了机件和节目都粗制滥造的电台共 23 座，上海民营电台的混乱状况才有所好转。

二、其他地区民营台的发展

20 世纪 30 年代，在中国一些工商业发达的大中城市，营利性的民办电台纷纷涌现。如仅天津就有仁昌电台（呼号 XLKB，1934 年年初正式播音）、中华电台（呼号 XHKA，发射功率 100 瓦，1934 年夏正式播音）、东方电台（呼号 XQ-KA，发射功率 150 瓦，1935 年春开播）等。仁昌电台为天津仁昌绸缎庄所办，最初电力只有 7.5 瓦，在播音一年后，扩充为 50 瓦，1935 年年底，又引进新机器，电力增大为 200 瓦，进一步扩大了影响。天津被日军侵占后，该台不久停播。中华电台是上海的中华无线电研究社天津分社所办，最初发射功率 50 瓦。设立广播电台的目的，也是为了扩大该社的影响，促进无线电零件的销售。该台

① 觉醒：《旧上海佛教文化发达史》，载《香港佛教》第 473 期，香港佛教联合会《香港佛教》编辑委员会 1999 年 10 月版。

在节目编排上注意花样翻新，迎合听众心理，因而在一段时间内很受听众欢迎。另外，在杭州、北平、无锡、苏州、芜湖、宁波、绍兴、嘉兴、青岛等地均设立了私人广播电台。这些电台的发射功率一般在50瓦至500瓦，也有小至7.5瓦的。各台的经营目的和方式与上海和天津大同小异。

由于各私营台基本都是以广告收入作为主要经济来源，为了吸引更多听众，竞相播出受当地人欢迎的各种曲艺节目，如天津的相声、京剧、口技、话剧、西河大鼓、京东大鼓、唱片以及流行音乐、连续节目等，都各有特色，丰富了中国广播的节目类型。

在对广播多向功能的探索中，一些规模较小的公营电台办得颇有特色。如教育电台，这类电台一般由各大中学校或者地方民众教育团体创办，目的则主要是为了满足某种教育需要，提供学习的园地或扩大影响。如成立于1934年的天津青年会广播电台，其设立目的就是宣传青年会的宗旨，扩大它的影响。同年成立的天津南开大学广播电台，则主要是一方面供学生实验用；另一方面也是为了给南大的各种学术活动提供一个阵地，扩大南开大学的影响。另外如北平、青岛、厦门、无锡等地也都开办了这类性质的电台。

值得一提的还有中华平民教育促进会在河北定县乡村实验中所创办的电台。到抗日战争爆发前夕，定县实验电台在推广平民教育、普及科学知识方面已经取得了显著成绩。①

第三节　禁而不止的外商广播

南京国民政府成立后，中国境内依然存在外商所办的广播电台。在20世纪30年代初，国民党政府对这些电台一方面在法令规定上采取了内外有别的做法，从严审批。如1932年11月交通部公布《民营广播无线电台暂行取缔规则》中规定："凡中华民国之公民，完全华商之公司，经在国民政府立案之学校团体或其他合法之组织，得在中国境内设立广播电台，但须呈由交通部领得许可证后始得装置；而非完全华商之公司及非完全华人国籍之团体，须经在国民政府注册领有注册证书者始得请领许可证，在中国境内设立广播电台。"另一方面，对现存外

① 参见吴相湘著：《晏阳初传：为全球乡村改造奋斗六十年》，岳麓书社2001年版。

商所办广播电台又采取逐步取缔的做法。当时外国人所办广播电台主要集中在上海，据1932年10月统计共6座，其中一座在北平。1935年3月，设在上海的交通部国际电信局收购了路透社和美灵登广告公司合办的美灵登广播电台（1933年春开办），利用其设备建立了交通部上海广播电台。这是上海市第一座官办广播电台。在北平，1935年4月，交通部将英商增茂广播电台“收归部办”，建立了交通部北平广播无线电分台。

20世纪30年代中期以后，随着日本帝国主义对中国侵略的加深，列强各国对在华利益愈加关注。在此背景下，国民党政府对于外商开办广播电台引发的政治性问题也不得不予以考虑。1936年9月，中广处在报告中指出：“据报上海大东电台，业已售于日人。查近日我国境内，如沪津汉等埠外人在租界内擅自设立广播电台，在平时固仅以牟利，非常时期则阴为间谍，不仅妨碍我国播音领空之主权而已，若不从速由本处先行收回或撤销国境内外人所设之电台，恐将接踵设台，以巨大电力扰乱我中央台与公营民营电台之播音，并以之作不利我之宣传，势将无法制止或干涉。”① 报告最后说，现有外人广播电台大都规模简陋，收回自办尚非难事，可由本处拟具计划及预算，由交通部办理。根据上述报告，中央广播事业指导委员会于9月3日召开的第四次会议上，通过了收回或撤销外国人在中国境内所设广播电台以杜隐患的决议案。1937年春，国民党中央常务委员会第39次会议通过的《广播教育实施办法》明文规定：“绝对禁止外国人在中国境内设立广播电台。”② 但此时已是七七事变前夕，国难日深，加以外商广播电台都办在租界地区，它们依仗帝国主义的势力，对国民党当局的规定置若罔闻，所以实际上国民党政府收回广播主权的进展并无多大成效。

到抗日战争爆发前夕，据1937年6月统计，上海仍有美商华美、其美（XQHE），英商奇开（HQHB，又名劳勃生电台）和法商法人等4座外商办的广播电台。其中既有经交通部登记注册者，也有未经登记注册者。美商华美广播电台，又名西华美广播电台，1933年6月21日在交通部上海国际电信局登记，呼号XMHA，发射功率500瓦。1941年12月8日太平洋战争爆发后，被侵华日军以“敌性”电台为名接管。1945年8月日本投降后，该台被美国接管，为美军导航。1946年10月，该台曾以美商东方电台名义向电信局登记，因属外商经营

① 据中央广播事业指导委员会第四次会议档案材料，原件存于原国家广播电影电视总局档案室。
② 载《广播周报》第134期，1937年4月24日出版。

未被获准。法商法人广播电台，1932 年 8 月 19 日开播，呼号 FFZ，发射功率 250 瓦。该台初为法租界当局为驻沪法军娱乐而设，后为法国侨商接办。据《申报》1939 年 4 月 20 日报道，该台经扩充设备后，播音范围已遍达远东各地，并开设短波广播（频率 12458 千赫）。直到 1947 年 1 月 6 日，该台才被国民政府淞沪警备司令部与上海市警察局会同外交部驻沪办事处封闭。

思考题：

1. 简述国民党中央广播电台的创办与发展。
2. 西安事变中，无线电广播发挥了怎样的作用？
3. 简析国民政府的广播规制与民营电台发展之间的关系。

第三章 全民抗战时期的广播事业

（1937—1945）

1937 年 7 月卢沟桥事变的爆发，无情地粉碎了国民党政府以妥协求自保的幻想，国共两党重新携手，共同抗击日本侵略者，社会的方方面面都进入了战争状态。

在中国共产党正确主张和政策的推动下，国民党当局慑于全国日益高涨的抗日救亡运动压力，同时也是为维护其自身的政治利益，在初期被迫同意联共抗日。然而，国民党当局实行片面抗战路线，使大片国土沦丧，政权偏居西南。中国共产党领导的人民武装力量积极开展游击战争，建立和发展了敌后根据地。国民党、共产党和日本侵略者三种不同政治势力，在中国广大领土上形成了三种不同性质的政权，即国民党统治下的大后方、共产党领导下的抗日根据地和日伪占领下的沦陷区。基于上述原因，在三种不同性质的政权下，存在着五种不同类型的广播事业，即大后方的国民党广播事业，沦陷区的日伪法西斯广播事业，沦陷区的民营广播事业、抗日根据地的人民广播事业以及苏联广播电台和美军广播电台。

第一节　国统区的广播事业

抗战爆发后，当阶级矛盾与民族矛盾交织、并呈时，秉承国民党政府意旨的各党营电台时而呼吁联合抗日，一致御侮；时而内部阋墙，狂飙突起。民营电台则表现了可贵的爱国精神和民族气节，在抗战初期进行了大量的宣传和鼓动工作。

一、国民党中央台的抗日宣传

由于广播在时间和空间上不受限制，特别适于战争时期的宣传，因此抗战爆发后，国民党政府对广播事业的重视程度更加提高。

抗战一爆发，中央台就由平时状态转入战时体制，作为宣传的有力武器。电台停播了平剧（京剧）和歌曲两项节目，增加了军乐军歌和战争新闻的报道，同时注意增建江东门的防空工程，保护广播设备，以防敌机轰炸。由于目标显著，中央台台址屡遭日机轰炸，虽然略有损失，但并未中断播音。11 月初，日军进逼南京，中广处人员一部分开始疏散，一部分留守人员继续坚持播音。20 日，国民党政府对外宣布迁都重庆。23 日午夜起，中央台停止在南京的播音，随后破坏了部分笨重的广播机件，重要的可以搬移者则拆卸西迁运往重庆。12 月 3 日，南京守卫战失败，日军占领南京。

1938 年 3 月 10 日，中央台在重庆牛角沱恢复播音，但发射功率却由原来的 75 千瓦锐减为 10 千瓦，呼号依旧。

为配合前线抗战，重庆时期的中央台举办了不少广播讲演节目，邀请共产党的代表、抗日将领、国民党内的抗战派、爱国人士和国际友人如周恩来、冯玉祥、李济深、郭沫若、沈钧儒、黄炎培、爱德华（印度援华医疗队队长）等向国内外发表广播讲演，号召国内广大同胞团结起来共同抗日，呼吁国内外反法西斯力量团结起来，打败德、意、日侵略者，争取世界和平。1939 年 5 月 31 日，周恩来应邀在中央台发表了题为《二期抗战的重心》的广播讲演。他告诫人们要提高警惕，努力发展生产，深入敌后，建立投日根据地，广泛开展游击战争，争取最后胜利的到来。在汪精卫公开投敌之后，中央台又举办了讨伐汪逆的广播节目，并由各地方台同时转播。以中央台为代表的国民党电台进行的爱国抗日广播，在大后方和沦陷区的广大爱国同胞中有着相当的影响。

但是，在中日战争进入相持阶段后，由于日本对中国政策的调整，国民党当局的抗日宣传也发生了微妙的变化。1938—1943 年间，国民党顽固派曾发动三次反共高潮，以大汉奸汪精卫为代表的一批亲日派甚至公开叛变投敌。在这样错综复杂的政治、军事斗争形势下，重庆时期的国民党广播宣传既有主张团结抗日、共御外侮的积极内容，也有鼓吹“曲线救国”，反共反人民的消极内容。两方面内容的比重随着国内外政治、军事斗争形势的发展而各有侧重。因此在战争时期，国民党政府并没有根本改变过去压制和摧残抗日进步舆论的做法，电台中的抗日广播宣传也存在很大的片面性，人们无法从他们的广播中了解到中国共产党领导下的八路军、新四军等人民武装部队英勇杀敌的真实情况，特别是自1940年4月以后，中央台取消了原来的《抗战教育》《抗战讲座》《抗战歌曲》等节目，停止播出之前一直作为开始曲的《义勇军进行曲》，与此同时，广播中的反共反人民，颠倒是非，混淆黑白，颂扬国民党法西斯统治的消息、讲演和文章等却越来越多。另外，国民党当局还借口抗日战争是“非常时期”，禁止开设民营广播电台。因此，国民党广播垄断了大后方的广大地区。

但是，大敌当前，在八年艰苦卓绝的战争中，虽然国共冲突和摩擦不断，但双方依然是一种基于爱国主义、强调“整个民族利害将超出一切个人一切团体利害之上”① 的合作关系，国民党中央台抗日救国的宣传也是积极有效的。

在国际宣传方面，抗战爆发前，国民党政府就有设立强力短波电台、定向对欧美广播的计划，认为平时需要，本已迫切，战时尤赖以为国际宣传之喉舌。政府还曾经专门就此一事召集专家讨论。岂料国际广播电台在进行未半的时候，由于战争的爆发，只好改变原定计划。此后，经过多方论证，最终采纳了国内专家意见，利用英国提供的广播设备，在重庆建设中央短波广播电台，并于1939年2月6日开播，发射功率为35千瓦，为当时中国最大之短波广播电台，呼号为XGOX、XGOY。1940年1月，该台定名为国际广播电台（英文名称“Voice of China”，简称VOC，意为“中国之声”，以下简称“国际台”），呼号依旧。到1945年8月抗战结束的时候，国际台的电力已加强为45千瓦。

这座功率强大的短波电台弥补了以前中波广播的不足，使国民党政府的国际宣传局面顿时改观。借助强大的电波，国际台的节目传向四面八方，音质清晰。该台办有对欧洲、对北美、对苏联东部及我国东北部、对日本、对华南和东南亚以及对苏联6套广播节目，分别使用英语、德语、法语、荷兰语、西班牙语、俄语、日语、马来语、泰语、缅甸语以及普通话和厦门话、广州话等语种播音，最多时达20多个语种。播音内容则暂时以新闻报告、时事论述、演讲为主。为吸引听众，该台还时常配以国乐、西乐及各国文艺节目。

国际台采用多种形式，加强与外部世界的合作，以增进世界对中国的了解。

① 蒋介石：《对中共中央公布国共合作宣言的谈话》（1937年9月23日），选自中国现代史资料编辑委员会编：《“九一八”以来国内政治形势的演变》，1957年6月翻印。

1939—1940年，经过中苏文化协会的安排，国际台曾与莫斯科广播电台互相举办多次专题音乐节目，加深了中苏两国人民之间的友好关系。此外，国际台还同美国、英国的广播电台互相转播部分节目，驻重庆的英美广播公司记者还自行编排节目，利用国际台向本国播出，从而扩大了中国抗日斗争在国际上的影响。尤其是宋霭龄、宋庆龄、宋美龄三姐妹的对美广播讲话，对于促进美国朝野了解中国，援助中国的抗日斗争，起了积极的作用。而针对日本广播对中国的造谣和污蔑，国际台又以名人演讲、新闻报道等多种形式，进行了有力的驳斥和揭露。日本反战同盟的有关人士也曾在该台发表讲演，劝告日本人民勿受军阀欺骗，呼吁他们一致反抗侵略战争。

除国际台办有对外广播外，在中广处所辖的较大电台中，也都采用多种语言，如昆明广播电台、贵阳广播电台就分别使用英语、日语、马来语、法语、越南语和缅甸语对外广播。

中央及昆明等地对国外广播后，收到了来自欧洲、北美洲、澳洲等地大量的听众来信，反映收听电台广播的情况。一位英国听众来信说："听得报告日军兽行，不胜愤慨，祝中国早获胜利。"挪威的一名听众也来信祝愿中国"早日驱逐日寇"。澳洲听众则表示：澳洲人民同情中国，希望中国抗战早获胜利。① 中国人民艰苦卓绝的抗日战争，通过电波传向世界，赢得了广泛的国际同情和支持。日军则在沦陷区采取严厉的政治措施和技术措施，禁止民众收听短波广播。

为防御敌机轰炸，中央、国际两台都建筑了地下防空设施，1938年又开始在重庆建设广播大厦，在敌人的狂轰滥炸中，边毁边建，最终于1940年年底完成，电台迁入新建的广播大厦内继续播音。在1939年至1941年间，日本军用飞机曾多次对重庆实施轰炸，广播电台为其最大目标之一。由于事先做了充分准备，室外播音线随毁随修，或在机房里的预备播音室工作，因此播音一直没有中断。日本人对此甚为惊奇，东京报告说："我皇军飞机大炸重庆，那里的青蛙都炸死无声，为什么那个扰人心绪的中央台，还是叫个不停?"② 敌人的愤恨与恐惧之情从一个侧面反映了电台抗日传播的巨大威力。

---

① 载《广播周报》第170期，1939年5月出版。

② 转引自汪学起、是翰生编著：《第四战线——国民党中央广播电台掇实》，中国文史出版社1988年版，第103页。

二、国民党政府其他电台情况

在国民党政府从南京迁出，到1938年10月武汉沦陷的大约一年时间里，国民党军政机关大都暂时迁移到武汉，中共代表团也驻在这里。这时的武汉成为中国抗战的领导中心。汉口广播电台（1934年开办，发射功率5千瓦，仅次于中央台）、汉口短波广播电台（1937年建成，呼号XGX，功率250瓦）和长沙广播电台（1937年5月开始播音，功率10千瓦）三座广播电台联合播音，临时接替中央台，并利用交通部汉口电信局的4千瓦XPJ报话两用机，面向国际播音，成为抗日呐喊的重要喉舌，在抗战初期的高潮中，特别是在“保卫大武汉”的宣传活动中做了大量的工作。1938年春夏，“保卫大武汉”的活动风起云涌，蓬勃发展。冯玉祥、周恩来、彭德怀、郭沫若、邵力子、黄琪翔、张厉生等各方面代表人纷纷到电台发表广播演说，激励民众的抗日斗志。4月7日至13日武汉举行抗战扩大宣传周活动。8日，周恩来在《新华日报》上就如何进行抗战宣传发表专论强调指出，宣传周要扩大到前线，首先利用每天的广播讲演鼓舞前线浴血奋战的战士。并且指出：“这次武汉抗战宣传周，应当成为全国抗战宣传的开始。武汉宣传动员的成绩，将成为全国宣传动员的模范。”11日，周恩来应邀到汉口台发表了题为《争取更大的新的胜利》的广播演讲。郭沫若领导下的军委会政治部第三厅团结了大批文化界的爱国人士，他们利用广播进行了新闻、讲演、戏剧、音乐等多方面的抗日宣传活动，在广大群众中产生了重大影响。在武汉期间，郭沫若曾多次发表广播讲演，揭露日本帝国主义的侵略本质，呼吁全体人民团结起来，奋起抗日，争取民族解放斗争的最后胜利。著名的日本友人绿川英子（长谷川照子）、鹿地亘等人站在反侵略战争的正义立场上，积极参加了反对日本侵略的广播宣传活动，表现了崇高的国际主义精神。作为一名汉口广播电台的日本播音员，绿川英子为她的母国发动的这场不义战争断言：“这场侵略战争必将以日本帝国主义的失败而告终。”她温柔的嗓音发出的真理预言，引起日本侵略军极大的恐慌和不安。

上海、广州沦陷后，国民党的广播电台设备先后都被日军攫取，被改建为日伪广播电台。另外一部分地方广播电台则由城市迁往相对偏远的地区。如广西南宁台迁往桂林，改名广西广播电台；福州台迁往永安，改名为福建广播电台；西安台迁往南郑，改名为陕西广播电台；长沙台迁往沅陵，改名为湖南广播电台；

江西广播电台由南昌迁往吉安，浙江广播电台则由杭州迁往丽水，呼号依旧，功率却减少为500瓦。在坚持播音、拆迁转移的过程中，中央台的工程师蒋德彰、江西台的工程师侯恩铭、福建台的台长钟震等先后以身殉职。据1938年年底统计，国民党广播电台仅余六七座，总发射功率不到11千瓦，和抗战爆发前夕的规模相比，国民党的广播事业损失惨重。

国民党政治中心西迁重庆后，为适应战时宣传的需要，又相继在贵阳、西昌、兰州等地筹办起新的广播电台，使西南、西北地区的广播事业获得了较快发展。战前，在辽阔的西部大地仅有寥寥5座广播电台，总发射功率不过十几千瓦。其中，以昆明广播电台发射功率为最大，有50千瓦，1940年8月开始播音。配合前线作战宣传的需要，国民党当局又于1940年创办战地流动广播电台，1943年起又筹办军中播音总队，并在各战区建立分队。流动电台和军中播音总队均担负对前线部队和对敌广播的任务。

经过多年的恢复和重建，据1944年统计，国民党所办的广播电台已达23座，发射功率为154千瓦，略超过战前的规模。

三、民营电台的抗日宣传

1937年8月13日，日军进攻上海，淞沪抗战爆发。上海军民英勇抗战，到11月12日中国军队撤退，上海抗战历时三个月。

上海是旧中国广播事业的集中地，也是民营台最多的地方。抗战爆发后，各民营台表现出可贵的爱国精神，二三十座广播电台以极大的热情投入到抗日宣传中，与上海广大群众的救亡运动汇成一股洪流。

1937年8月，上海市各界抗敌后援会宣传委员会拟订战时广播电台统一宣传办法，规定，在战时各广播电台应一律以下列各项为播音主要节目：

1. 时事报告（取材申、新、时事、大公、时事午刊、新闻夜、大公晚、申晚①）；

2. 劝募救国公债；

3. 劝募慰劳物品及其他征集事项；

---

① 指《申报》《新闻报》《时事新报》《大公报》《时事午刊》《新闻夜报》《大公晚报》和《申报》“夕刊”。

4. 各类常识指导；
5. 外国语言演讲及时事杂评；
6. 抗战歌曲演唱；
7. 名人演讲；
8. 游艺劝募或宣传。①

为了筹募款项，上海市各界抗敌后援会宣传委员会邀请社会名流，于8月10日起在民营电台开播“名人演讲”节目。截至8月29日，包括吴蕴斋、严独鹤、潘公展等近80位著名人士，轮流在大中华、华美、上海等私营电台发表演讲。在外国语演讲方面，也制定了详细的宣传大纲，针对日本、英美、苏法等不同国家制定不同的内容，分英语、日语、德语、韩语、法语演讲，并聘请了著名记者王安娜等人连续宣讲数月，揭露日本侵华的反动本质，表明中国人民的抗战决心，争取国际上的同情和支持。

上海文化界救亡协会多次组织音乐、戏曲、文学节目到电台播出，著名剧作家洪深、夏衍、孙瑜、于伶等创作的揭露汉奸卖国、配合抗日斗争的广播剧《开船锣》《“七二八”那一天》《最后一课》《以身许国》和田汉等人发表的一批短剧本，都曾由救亡演剧队第12、13队等在电台广播过，取得了很好的宣传效果。

11月12日，中国军队撤出上海，上海的租界地区旋即成为“孤岛”。在租界，中国人民的抗日救亡运动受到了种种限制。到年底，上海的民营电台有的停播，有的转向，抗日救亡的广播之声，不得不暂时归于沉寂。②

第二节　日伪沦陷区广播

抗日战争时期，日军一路南下，攻占了中国的许多地区，亿万同胞遭受着日本法西斯的蹂躏。日本侵略者在实施武力征讨的同时，又对被奴役的中国人民实施殖民思想文化统治，在各沦陷区相继建立广播电台，日夜进行反动的奴化宣传。据现有材料，抗日战争时期，日本帝国主义在中国境内先后建立起来的广播

① 上海市档案馆、北京广播学院、上海市广播电视局合编：《旧中国的上海广播事业》，档案出版社、中国广播电视出版社1985年版，第265页。

② 《上海广播电视志》编辑委员会编：《上海广播电视志》，上海社会科学院出版社1999年版，第178页。

电台大约有五六十座。这些电台都是在侵华日军控制之下，对沦陷区的中国居民进行欺骗宣传，为日本帝国主义灭亡中国的目的服务的。日伪广播的主要内容，一是配合日寇的军事政治形势，宣扬所谓“东亚圣战”，鼓吹建立“东亚新秩序”；二是极力贩卖封建法西斯文化思想，以所谓“大和精神”毒害听众；三是大量播出诸如《支那之夜》《满洲姑娘》《蔷薇处处开》之类的靡靡之音，腐蚀人们的精神，粉饰日本帝国主义的血腥统治。

一、东北的伪满广播事业

东北的伪满广播事业可以追溯到日本20世纪20年代在大连建立的放送局（日语“广播电台”）。大连是一座工业、港口和旅游城市，工业门类齐全，港口四通八达，自然风光秀丽。自1840年鸦片战争后，帝国主义列强就觊觎大连的战略地位，曾数度入侵大连沿海。1895年中日甲午之战后，沙皇俄国以“租借地”名义霸占了辽东半岛。1905年，日俄战争以俄国战败告终，日本竟强迫清政府把辽东半岛的租借权让与日本，同时又强迫清政府开放长春、吉林、哈尔滨、满洲里等十几个城市作为日人通商、居住之地。日本帝国主义的势力逐步渗入东北地区。当时，日本把辽东半岛改称为“关东州”，设立殖民机构，作为进一步侵吞东北，进而灭亡中国的前哨阵地。

为实现永久霸占大连的目的，从1924年起，日本政府就着手运用无线电广播这一现代化宣传工具，强化对华的思想文化侵略和统治，颁布了《放送用私设无线电话规则》。1925年8月9日，由关东递信局管辖的大连放送局开始播音。该台呼号为JQAK（第一个英文字母J，按当时国际有关条例规定为日本无线电台的标志），发射功率为500瓦。这是日本帝国主义在中国设立的第一座广播电台，也是我国东北境内的第一座广播电台。而这座广播电台的建立，距离日本国内开办广播事业仅仅四个月。当时即使在日本本土，也只有东京和名古屋两座广播电台，而大连放送局的设施完全不亚于其国内的电台。

大连放送局从成立到1933年，只有一套日语广播，节目采取了和日本国内各放送局基本相同的方针，主要有新闻、音乐、演讲、气象、行情及教育性节目，对象主要是日本人。后来为了麻痹和毒害中国听众，又办起了汉语节目。1936年12月1日，大连放送局又开办发射功率为10千瓦的“海外短波放送”。七七事变后，为配合日本的侵华战争，从1937年7月起，日本利用大连的10千瓦短波发射机，对华中、华南及海峡殖民地一带广播。以英语及汉语新闻、音乐为内容，“对外阐明日满两国在国际上正义的严正立场”，“集中力量对蒋政权的反动宣传广播进行抵制”，如进行了对重庆的广播宣传周等。①

1931 年 9 月 18 日，日本帝国主义发动了武装侵略东北三省的九一八事变，全面占领了沈阳，沈阳广播电台被日本关东军侵占。1931 年 10 月 26 日，在日军控制下，由原沈阳广播电台更名的奉天放送局开始播音，12 月起正式播音；1932 年 2 月，哈尔滨广播电台也被日军抢占，改称哈尔滨放送局，在停播六个月后，恢复播音。

1932 年 3 月，由日本帝国主义一手炮制的“伪满洲国”在“新京”（即长春）宣告成立。同年 10 月，日本关东军司令部由沈阳迁来长春。当时主管通信、广播事务的关东军特殊通信部也迁来长春，同时在“新京电话局”内设立演播室，以“奉天放送局新京演奏所”的名义开始播音。第二年 4 月，在演奏所的基础上，成立了伪“新京放送局”，呼号 MTAY，发射功率为 1 千瓦。该台完全由关东军司令部控制，后又移交伪“满洲国”交通部管辖。

为严格控制东北地区的无线电广播，以便于“对各民族有关国策渗透、治安的维持、生产与开发，以及文化的提高等一系列教育工作”，日本帝国主义把控制通信、广播作为侵略中国的一个重要步骤，在其内部机密材料中认为“把握满洲国的通信权在推行我国的国策上是绝对必要的”②。关东军司令部直接炮制的所谓《满洲电信及广播业统制方案》规定了包括广播事业在内的伪满通信事业的原则和办法。1933 年 9 月，以“民族协和”与“日满一德一心”为“理想”，日本帝国主义在东北建立起“满洲电信电话株式会社”（简称“电电”），接管了新京、奉天、哈尔滨和大连四个放送局。伪“电电”的成立，目的就是要“使日本人、特别是帝国将校参与满洲国电信电话公司的创设与经营，以贯彻（日本）帝国的政策和军事上的要求”，“并加以指导，使公司的实权把握在日本方面的手中”。伪“电电”名为日满合办，实则是日本帝国主义一手包办的垄断东北地区的电报、电话、广播三大事业的殖民奴化宣传机关。

此后随着对中国侵略的加紧和对东北统治的强化，日本帝国主义不断扩充和

① 参见大连市地方志办公室编：《大连市志·广播电视志》，大连出版社 1996 年版，第 2~4 页。

② 满铁经调会：《满洲通信事业方案》（极密）第 1 页，转引自姜念东等：《伪满洲国史》，吉林人民出版社 1980 年版，第 258 页。

发展广播事业。1934 年 7 月至 11 月，日本殖民当局先后在新京—哈尔滨、大连—奉天、奉天—新京之间，分别建起了载波广播用电话线路（即广播专用线），使广播由一个局为单位编排节目，改为各局相互交换进行的综合组成方式，地方自办节目每天只有 15 分钟。[①] 11 月，伪“新京放送局”又启用 100 千瓦的大功率发射机广播，可覆盖东北大部分地区。七七事变后，日本开始执行扩充广播事业的五年计划，把上述 4 座广播电台升格为“中央放送局”，并开始在延吉、通化、黑河、佳木斯、海拉尔、营口、安东等地建立小型广播电台。1941 年太平洋战争爆发后，日本又把伪“新京中央放送局”进一步升格为“新京放送总局”。与此同时，伪满当局极力推销只能收听到当地日伪广播的廉价收音机，强制中国居民购买，同时严厉取缔 6 灯以上的收音机，借以限制收听重庆和苏联、欧美的广播。

为控制宣传内容，在伪满政权机构中设有一个叫“弘报处”的部门，作为日伪殖民地文化思想统治的中枢，其任务之一即管理和控制广播、通信机关。日伪电台一般都办有日语、汉语和俄语三种语言节目。在广播内容方面，则极力“宣传（伪满）建国并施政之精神”，为伪“满洲国”的傀儡政权涂脂抹粉，把它说成是“独立的新国家”，妄图把东北地区从整个中国分割出去，纳入日本军国主义的“大东亚共荣圈”之内。抗日战争初期，主要宣传伪“满洲国”的“王道乐土”“日满一德一心”“共存共荣”等；抗日战争期间，重点宣传“日满互相提携，建设东亚新秩序”“大东亚共荣圈”“共同防共”等；太平洋战争爆发后，则以“大东亚的光辉战果”“圣战必胜”“昂扬战争意识”为主。

日军妄图通过“电电”将伪满广播事业垄断起来，使伪满广播之声弥漫东北上空。对来自苏联的广播，则极力加以干扰。发现收听外台者，则予以镇压。据有关材料记载，1940 年，日军曾以收听外台为由，一次逮捕 19 名外国人士。

在东北大地抗日烽火的影响下，在日伪电台工作的富有民族意识的中国人员曾以怠工等方式，做了一定程度的反抗。例如，1935 年 9 月在敌人严密控制下的哈尔滨放送局曾先后播出过哈尔滨口琴社演奏的表现九一八事变中人们的爱国恋乡之情的大型口琴曲《沈阳月》（原名《战场月》）。1938 年 5 月王钧鼎主持的《音乐欣赏》讲座，介绍了法国大革命时期的作品，借以影射日本帝国主义的侵略行径。1940 年 7 月，哈尔滨放送话剧团在洪徽善主持下，拒演“日满亲善”

① 参见大连市地方志办公室编：《大连市志 · 广播电视志》，大连出版社 1996 年版，第 3 页。

“共存共荣”的“国策”剧，演出了《日出》《晦明风雨》等进步剧目，社会影响很大。1944年7月25日，在伪哈尔滨协和会成立12周年纪念日之际，播出了赵乃禾编写的用影射手法揭露伪“满洲国”“新天地”黑暗残暴现象的广播剧《新天地》，表现了沦陷区人民不屈不挠的斗争精神。

二、华北的日伪广播事业

七七事变后，北平、天津、太原、青岛等地相继沦陷，广播电台也沦入日军之手。1937年12月，日寇在北平拉拢一伙汉奸拼凑成立了所谓“中华民国临时政府”，不久，又将“北平”改称“北京”，电台名称也改为“北京中央广播电台”，并于1938年1月1日，伪“临时政府”举行所谓“就职典礼”之日开始用日语、汉语广播。在日本广播协会插手之下，北平、天津等地的广播电台恢复播音。1938年12月29日，大汉奸汪精卫发表“艳电”，叛国投敌。1940年3月，在日本侵略者的策划之下，南京汪精卫伪“国民政府”成立。此后，北平伪“临时政府”改称“华北政务委员会”。同年7月，该会控制下的“华北广播协会”成立。日本广播协会名义上把华北地区的广播电台交“华北广播协会”“专营统制”，但真正掌握实权的仍是日本人。当时该会管辖的广播电台有8座，分布在北平、天津、济南、青岛、石家庄、太原、唐山和徐州等地，总发射功率为100多千瓦，其中以北平伪台作为日伪华北广播的中心。

1938年，日本侵略者将绥远和察哈尔省（今河北省和山西省的北部及内蒙古中部地区）称为所谓“蒙疆”地区，并建立了所谓“蒙疆自治政府”，以张家口为其“首府”。随后又成立了控制这个地区广播事业的伪“蒙疆广播协会”，并先后在张家口、大同、厚和（呼和浩特）、包头等城市办起广播电台。

华北地区的日伪广播电台是日本侵略者镇压中国人民的抗日活动、推选所谓“治安强化运动”的工具。自1941年起，日寇在华北地区五次开展“治安强化运动”。日本华北方面军参谋部制定的《“治安强化运动”实施计划》中强调，要利用广播来宣传“东亚新秩序的观念”，并规定“华北广播协会向关内及敌地区进行广播，并由地方各电台作为本地新闻进行广播”。为了所谓“治安肃正”有关的广播宣传，日军还特别支援“华北广播协会”广播发射设备和对重庆广播的定向天线，用来“对重庆进行广播宣传攻势”。[①] 据日军“华北方面军情况报告”，日伪在华北地区也同在东北地区一样，强制推销廉价收音机。据统计，仅北平一地就销售了四万多架。他们还下令登记收音机用户，强令剪去可以收听短波广播的设备，迫使听众只能收听当地的日伪广播，发现收听非日伪广播者则以“国事犯”论处。

三、华东汪伪广播事业和其他地区的日伪广播事业

1937 年 11 月，日本侵略军在占领上海之后，立即“接管”了原国民党的两座广播电台，并利用其设备建起日伪“大上海广播电台”，作为日本占领军的喉舌。1938 年 3 月，日伪“上海市广播无线电台监督处”成立，强令上海各电台进行登记，声称各台均须“重加认可，方准营业”。上海的民营广播电台在日寇的重重压力下，日益趋于分化。

1938 年间，日本在南京设立伪“南京广播电台”，用来宣扬日本侵略军的“战绩”，并对江苏及其附近的中国居民进行“中日亲善”“建立东亚新秩序”的欺骗性宣传。大汉奸汪精卫叛国投敌来到南京之后，伪“南京台”又成为他鼓吹所谓“和平运动”的工具。1940 年 3 月，在日本侵略者的策划下，在南京成立汪伪“国民政府”，形式上把华北伪“临时政府”、华中伪“维新政府”以及伪“蒙疆自治政府”和汪精卫集团等南北傀儡熔于一炉，由汪自任代理主席，并装模作样地上演了“还都”南京的丑剧，发表了所谓“还都宣言”，与日本首相作了“交换广播”。第二年 2 月，汪伪政权建立伪“中国广播事业建设协会”。在其《组织章程》中宣称：“本会以集中全国官民力量以及联合友邦热心人士，倡导社会协助政府发展广播事业，加强广播宣传，以促进国家建设、东亚复兴为宗旨。”[②] 该协会由汉奸充任理事长，但实际权力仍把握在日本人手中。伪协会声称将“负责接收各地日军电台”。这种所谓“接收”实际上就是说利用汉奸来办广播。这比日军直接出面办广播对中国人民来说具有更大的欺骗性。这个伪组织制定的《广播无线电台计划》还提出要“统一管理”沦陷区的广播电台。3 月 26 日，在南京又上演了一出日本军方将广播事业“交还”汪伪政权的丑剧。汪

---

① 转引自日本防卫厅战史室编：《华北治安战》，天津人民出版社 1982 年版。

② 转引自汤震龙：《中国广播无线电事业概况》，1941 年 4 月油印本。

伪协会在“接收”之后，为了混淆视听、蒙蔽舆论，将伪“南京广播电台”改称“中央广播电台”，呼号也定为 XGOA，与重庆国民党中央台的台号和呼号完全一样。

汪伪“中国广播事业建设协会”控制下的广播电台，根据 1941 年统计，除汪伪“中央台”外，尚有上海、汉口、杭州、苏州和蚌埠等地的广播电台。除日伪广播电台外，汪伪政权规定在其统治范围内“民间不得再有广播电台”，汪伪政权为了推行“反共睦邻”的投敌卖国政策，竟然把日本侵略者称为“友邦”，并鼓吹聘请日本“技术顾问”“技术专员”来发展广播事业。从南京伪“中央台”到伪地方台，都表示“欢迎”日本团体和专家在技术上、经营上参加合作。为了充当日本殖民宣传的喉舌，还设立了所谓“中日广播节目联络委员会”，协调广播内容。

在宣传上，汪伪广播秉承日本帝国主义的旨意，完全为汪伪政府的亲日反共政策效劳。20 世纪 40 年代初，汪伪政权为了巩固其反动统治，一方面频繁地开展所谓“清乡运动”“新国民运动”，另一方面还从政治上、思想上麻痹和毒害中国人民。汪精卫等汉奸头面人物纷纷到广播电台发表广播讲演，鼓吹“中日亲善”“共同反共”“经济提携”“和平、反共、建国”“完成大东亚圣战”等反动卖国谬论。1943 年 6 月，汪伪政府炮制的《战时文化宣传政策基本纲要》中更进一步提出，要“强化中国广播事业建设协会，严厉取缔敌性广播，并谋对外宣传之积极与强化”。同时还要求由有关机构派出检查人员，实施广播节目的“严格审查”，声称要“采积极指导方针，不仅在消极方面删除违反国策之文字，尤应在积极方面指导符合国策之思想”。①

汪伪政权唯恐其统治区的居民收听来自重庆和英美方面的广播，又先后制定和颁布《无线电收音机取缔暂行条例》及其《实施原则》《收听规约》等反动法令，把短波收音机列为“违禁收音机”而严加取缔，勒令持有者限期到指定地点改装，违者将给予严厉惩罚。

此外，台湾自 1895 年《马关条约》后，被腐败卖国的清朝政府“割让”于日本，沦为殖民地。1925 年 6 月，日伪“总督府”在台北曾建立播音室，进行试验性广播，不久即终止。1928 年 11 月，伪“台湾广播电台”在台北开始使用日语播音。在日寇占领下，20 世纪 30 年代，台湾又先后在台南、台中、嘉义、

① 转引自余子道等编：《汪精卫国民政府“清乡运动”》，上海人民出版社 1985 年版，第 392 页。

花莲等地建立了广播电台。这些广播电台均由伪“台湾广播协会”管辖。1938年，该会还在厦门建立了一座日伪广播电台。

1938年10月，日本军在广东惠阳大鹏湾登陆，随即广州沦陷，日军广东放送局即利用原广州市播音台的天线铁塔，重新设立广播电台，台名改为广州市无线电广播电台，节目内容安排全部由日本人控制，极力宣传“东亚共荣圈”。①

四、沦陷区民营电台的挫折

侵华日军除了自己开办电台、进行殖民宣传外，还对其占领地区的国民党广播电台采取“接管”方式，加以霸占。对于其控制区域内的民营广播电台则多方加以迫害，直至使其停止播音，借以达到垄断广播事业的最终目的。

以上海为例。以1941年12月日本偷袭珍珠港、太平洋战争爆发为界，上海民营广播事业经历了两个不同的阶段。在前一阶段，日本侵略军占领了上海租界地区以外的全部地方，对于租界地区，由于尚未与英、美、法等国交战，故暂未实行军事占领。这样，租界地区便形成了一座“孤岛”，这种状态一直维持了四年多的时间。上海租界始于清朝末年，是帝国主义者按照不平等条约强迫清政府从上海划出的作为外侨居留和通商的特定区域，实际上是帝国主义对我国进行侵略活动的据点。抗日战争爆发时，上海的租界分为法租界和公共租界，后者是美、英等几个帝国主义国家共管的租界。日寇占领上海非租界地区以后，中国共产党人和爱国人士凭借租界的特殊地位，利用英、美、法帝国主义者与日本帝国主义者的矛盾，展开了一场特殊形式的斗争。这便是闻名的“孤岛抗战”。在“孤岛抗战”精神的影响下，上海的部分民营台也曾对日本占领当局进行了一场有气无力的抗争。

1937年11月，上海沦陷之际，尚存30多座民营台。当时除亚美、华美等几座广播电台抱定“宁为玉碎，毋作瓦全”的态度，自动拆机停播，以示无声的抗议外，其余大多数民营台仍在继续播音维持营业。第二年3月，日伪“上海市广播无线电台监督处”成立，并宣布“取代”原国民党中央广播事业指导委员会的“全部职权”，勒令民营台限期向该处登记，否则不准继续播音。各民营台经商讨后，一面表示不愿接受日伪当局管理，一面联名致函租界当局要求保护，

① 广东广播电视志编委会编：《广东广播电视志》，广东人民出版社1996年版，第52页。

企图利用“孤岛”的特殊地位与日本占领当局周旋，同时决定在限期截止的4月28日起暂停播音。但此时，李树德堂等三家民营台却因屈服于日本帝国主义的压力仍在照常播音，这三家电台后来均向日伪监督处登记后继续营业。

上海租界的英美当局经与日本占领军当局几度交涉，双方达成一定程度的妥协。一方面，日本同意民营台向租界当局登记；另一方面却需严格遵守日方要求，不得有反日宣传及其他政治内容的广播。当时向租界警务处登记而继续播音的民营台共有13家。其中大多数电台苟且图存，仍然与抗战前那样大量播出醉生梦死、灯红酒绿的庸俗低级的娱乐节目。有些电台甚至堕落为汉奸电台，为虎作伥，成为民族的罪人。只有极少数电台间接地做了一些抗日的广播宣传，播送过一些爱国进步的歌曲，有的电台还募捐衣物支援前线，做了些有益于抗战的事情。例如1939年，中共地下党员茅丽瑛就曾以上海职业妇女会主席的身份在大陆广播电台主持平剧（京剧）大会唱，募捐物品并推销义卖代价券，支援前线抗日将士。不少听众纷纷认购，几天之内，就推销了4000元的代价券。后来，她们还在电台举行过一次粤剧大会唱，也收到了较好的效果。不久，她竟因此遭到日寇的杀害，英勇牺牲。但总的来说，由于缺乏正确有力的指导，又没有得到广大群众的支持，再加上民营台自身软弱妥协的本性，因此，民营广播电台没有也不可能为抗日斗争做出什么成绩来。后来，日寇又进而对租界当局施加压力，并采取干扰、抢劫、破坏甚至投掷炸弹等种种卑劣手段威胁向租界当局登记的民营台。民营台的处境越来越恶劣了。

1941年12月7日，太平洋战争爆发。第二天，日军占领上海租界地区，尚存的民营台一律封闭，同时又“接收”了美国人办的广播电台。至此，上海同其他沦陷地区一样，再也听不到民营广播电台的声音。

第三节　“苏联呼声”和美国军用电台广播

抗日战争时期，在日军占领下的上海，有一座独具特色的反法西斯广播电台，这就是著名的“苏联呼声”广播电台。抗战后期，美国军队进入中国，帮助中国参战，建立了一批专供美军收听的广播电台。

一、苏联呼声广播电台

全民抗战爆发前，苏联在上海设有领事馆，塔斯社在上海设有分社，并出版俄文《时代》杂志。1941 年 6 月，希特勒悍然进攻苏联。苏德战争爆发以后，苏联为加强在上海的宣传工作，以苏商名义创办了中文版《时代》周刊和“苏联呼声”广播电台。

“苏联呼声”广播电台，呼号 XRVN，1941 年 8 月 1 日开始播音，使用汉语（包括上海话和广州话）以及俄、英、德语播送新闻节目。主要内容有报道苏联人民反法西斯斗争的消息和评论、苏德战争公报、苏维埃国家建设和人民生活情况等，每天上午、下午各播音一次，傍晚为特别节目。除新闻节目外，尚有《京剧》《申曲》《越剧》《弹词》《广东音乐》《西洋音乐》以及《艺术节目》《话剧》和《俄文讲座》等。“苏联呼声”电台数量众多的文艺节目，不但与敌伪统治下的广播电台迥然不同，就是与大后方和延安的广播电台相比也别具特色。该台大量介绍了苏联革命文艺作品如高尔基、马雅可夫斯基等人的作品，苏联革命歌曲，西方古典音乐以及中国的京剧、越剧、广东音乐等。1943 年，在高尔基逝世 7 周年之际，该台播出了纪念周特别节目，内容有高尔基的话剧《华莎·席列兹诺娃》、小说《母亲》片断和短篇小说《二十六个和一个》、诗歌《海燕》，同时还播出了曹靖华的演讲词《高尔基的生平和创作》、郭沫若写的挽诗等。

该台极为重视对我国“五四”以来的进步和革命文艺作品的介绍，播出数量之多，内容之丰富，在当时绝无仅有。据不完全统计，该台陆续播出过鲁迅、郭沫若、茅盾、巴金、老舍、张天翼、曹禺、鲁彦、熊佛西、萧乾等人的文艺作品。1943 年 10 月，该台还专门举办了为期两周的《鲁迅逝世 7 周年的纪念节目》，内容有鲁迅生平介绍，鲁迅的小说《阿 Q 正传》《故乡》《风波》，根据鲁迅原作《长明灯》改编的独幕剧，杂文《现在的屠杀者》《聪明人和傻子和奴才》《娜拉走后怎样》等；还有冯雪峰的《鲁迅与中国民族及文学上的鲁迅主义》，罗果夫的《鲁迅与苏联文学》。在毒雾弥漫的上海广播中，“苏联呼声”的宣传内容，使生活在水深火热中的上海市民耳目为之一新。重庆《新华日报》1944 年 1 月曾经载文指出：“从苏联电台传送出来的胜利消息和雄壮的国际歌声永远在人们心中共鸣着。这告诉我们，侵略者的寿命已近黄昏日落的时候了。”

“苏联呼声”电台之所以能在日本侵略者的统治下长期存在，这与当时苏日之间存在着的特殊关系是分不开的。1941 年 4 月，日本与苏联签订了《日苏中立条约》。双方承认，尊重领土完整及不可侵犯；当其一方与第三国交战时，另一方应保持中立。太平洋战争爆发以后，日苏之间也并未宣战，故日本对“苏联呼声”电台的存在也未加干涉，“苏联呼声”台则在播出内容上绝不涉及抗日战争、亚洲问题及太平洋战争等。直到 1945 年 8 月 8 日，苏联对日宣战，出兵东北之际，“苏联呼声”台才遭到日军的查封。但过了几天，日本帝国主义宣布无条件投降，该台随即恢复了播音。

二、美军在华广播电台

抗日战争后期，美国军队进入中国境内。1944 年 10 月，美军在桂林、云南驿（今云南祥云县）、白市驿（在重庆境内）三地各建广播电台 1 座，供美军收听新闻和娱乐节目之用。1945 年 3 月，又在成都、陆良、羊街、沾益、泸县增设 5 座军用广播电台。抗战胜利后，上述电台均随美军撤离而陆续停播。

第四节　延安新华广播电台的创立

抗日战争时期，当国民党政府的广播事业和民营广播事业受到日本帝国主义的重创之际，中国共产党在抗日根据地创办起了人民的广播事业。

一、共产党广播业溯源

中国共产党的广播电台是在其无线电事业基础上建立起来的。20 世纪 20 年代末 30 年代初，周恩来和毛泽东、朱德分别领导创办了中共在国民党统治区和革命根据地的无线电通信事业。

“四一二”反革命政变后，轰轰烈烈的大革命遭到失败，全国处于白色恐怖之中，中国共产党的活动被迫转入地下，革命运动进入低潮。此时中共中央领导机关已由武汉迁至上海，由于全国的无线电通信机关完全控制在国民党当局手中，所以中共中央同几个大城市中党的秘密机关以及一些革命根据地之间的通信联络工作，几乎都要依靠地下交通员往来奔波跋涉。这样的通信方式，既延误时间，又相当危险，不少地下交通员为了严守党的机密甚至付出了宝贵的生命。为了迅速打破这种不利于革命形势发展的落后通讯状态，迫切需要建立起中国共产党自己的无线电通信网。

1928年秋中共六大后，当时担任中共中央政治局常委、组织部长和负责军事部工作的周恩来开始着手筹划在上海建立秘密电台。党组织分别安排李强和张沈川两人，一人负责秘密安装无线电报发报机，一人化名报考国民党办的无线电学校，学习无线电报收发技术。李强以业余无线电爱好者的身份，在上海无线电商店中广泛交友，陆续设法收集、购置了一批无线电技术书刊、图纸和器材，并在绍敦电机公司的掩护下，设立地下工厂，和有关人员秘密制作无线电零部件，练习组装无线电收发报机。在此期间，张沈川在上海无线电学校学习期满毕业，留在国民党的军用电台当实习生。他一面继续钻研业务，一面利用电台的设备秘密为党工作。同时，他俩还采用上门传授的方法，给分散在不同地方的几个年轻党员讲解收发报知识，培训急需的报务人员。

经过几个月的艰苦努力，1929年冬天，李强和张沈川安装成功了一部50瓦的无线电收发报机。党的第一部秘密电台终于在敌人严密封锁下的上海建立起来了。他们利用这部电台，使用业余无线电台呼号练习与其他业余电台互相通报，同时还抄收美国旧金山（英文）、苏联伯力（俄文）等地的新闻电码，以供领导部门参考。1930年1月，上海党中央沟通了与设在香港的南方局之间的无线电通信。6月，党又在上海挂出“上海福利电气工厂”的牌子作为掩护，办起了一个地下无线电训练班。训练班由李强主持并兼机务教员，张沈川负责报务教学，从苏联学习无线电技术归来的方仲如、毛齐华等人也参加了教学工作。这个地下训练班不幸于同年12月遭到敌人破坏，张沈川等人被捕。但上海党中央的秘密电台仍在继续坚持工作。

1930—1931年间，革命呈现新的高涨形势。当时，中国共产党领导下的工农红军已发展到十几个军，建立了遍及11个省的十多个革命根据地。适应红军作战指挥和形势发展的需要，根据各根据地的要求，中共中央从1931年1月开始向各根据地派遣报务人员，先后在洪湖、江西、鄂豫皖等革命根据地建立起无线电通信联络。3月，当伍云甫、曾三等人受命从上海出发，取道香港、汕头，经过闽西，奔赴江西中央革命根据地之际，中央根据地已利用缴获的无线电设备，建立起中央红军中最早的无线电台。

江西中央革命根据地（以下简称中央根据地）始建于1928年春天。当时，毛泽东领导的工农武装与朱德、陈毅率领的南昌起义后保存下来的队伍在井冈山胜利会师，建立起中国工农红军第四军，朱德任军长，毛泽东任党代表。1929年12月，红四军召开了第九次代表大会，即著名的古田会议。毛泽东为会议起草的决议案中指出，无线电是一种进步的通信方法。他还注意到了红军缺乏无线电通信工具这件事。1930年8月，在红军攻打文家市（在湘赣边境）的作战命令中，毛泽东专门写了注意事项，要求保护好缴获的无线电台。但由于当时部队中的游击主义习气作怪，在清查战果时才发现电台已被破坏。文家市战斗后，成立了中国工农红军第一方面军即中央红军，朱德任总司令，毛泽东任总政治委员。这时候，包括赣南、闽西在内的中央革命根据地已经形成，共有21个县城，250万人口。

1930年年底至1931年年初，中央红军在毛泽东的领导下，取得了第一次反“围剿”斗争的胜利。在战斗期间，王诤、刘寅等报务人员脱离白军，参加了红军，成为工农革命队伍中最早的无线电人员。

鉴于文家市战斗中无线电台被毁的教训，1930年10月3日，红军总攻吉安的命令中指出：“进城后，对于城中留下的无线电机、电话等交通工具，一律不准毁掉。”① 在12月29日部署第一次反“围剿”战斗的命令中又一次规定了注意事项，并且发出了有关通报。1930年12月30日龙冈战役中，缴获了敌人的半部电台（即收报部分，发报部分被毁）。为此，毛泽东再次发出指示：今后各部队打扫战场时，必须十分重视新的装备和器材。对于不懂的物品，不得自行拆毁，必须妥交总部。红军总部也发出通知：今后凡是缴获的一切战利品，一律保护好，尽快上交；被我军解放过来的电务人员等专业人才，也要清查出来，予以优待，量才录用。这两次指示得到很好的贯彻执行。1931年1月3日，红军在东韶战役中，终于完整地缴获一部15瓦无线电台。这样，一部半无线电台（包括两部收报机、一部发报机）和两套电源设备就成了红军无线电事业创办的物质基础。利用这先后缴获的一部半无线电台，王诤等人建立起了红军中最早的无线电通信事业。

1月6日，中央红军无线电队在江西宁都的小布正式成立，王诤任队长、冯文彬任政委。由于设备有限，当时只能利用仅有的电台抄收国民党中央社的新闻

① 转引自通信兵编审委员会：《红军无线电通信的创建、发展及其历史作用》，载《中共党史资料》第30辑，中共党史资料出版社1989年版。

电讯，截抄国民党军队的内部通报和军事情报，供领导机关参阅。不久，红军中的第一个无线电训练班办起来了，共有学员16人，学习期限三个月。毛泽东、朱德给训练班讲政治课，鼓励学员们克服困难，掌握无线电技术，努力建立红军的无线电事业。1月28日，毛泽东在起草的红一方面军命令中指出："我们成立无线电队已有半个月了。在这半个月的考察中，无线电收音机收听敌人的电报，确使我们在对敌人的位置和行动的侦察方面得到不少的帮助。我们现在（要）更积极地准备扩大无线电队的组织，使军团都有。"命令还要求各单位选派人员来总部学习无线电技术。2月初，红军中的第一个无线电训练班开学，共有学员15人，学习期限四个月。从第三期起，训练班改称"军委无线电学校"，第五期起又改称"中国工农红军通信学校"，为红军培养了早期的无线电技术人员。

1931年5月，粉碎国民党军队的第二次"围剿"首战告捷，中央红军缴获了公秉藩师的一部100瓦的无线电台。6月初，无线电队扩充为无线电总队，王诤任总队长，伍云甫任政委，下属5个无线电分队。无线电总队注意吸取敌方无线电通信保密极差的教训，开始制定电台呼号、通信密码等一系列有关措施，建立起红军中特有的无线电通信制度，以确保无线电联络的畅通。9月下旬，中央根据地利用缴获的100瓦无线电台终于沟通了和上海党中央的无线电联络。当时在上海方面担任译报的是周恩来和邓颖超，在江西担任译报的是任弼时。

除了担负通信、侦听任务外，1931年11月，中央根据地无线电台还办起了党的第一个播发文字广播的通讯社——红色中华通讯社（简称"红中社"，即新华通讯社的前身）。11月7日，红中社首次对外广播，呼号CSR，内容是报道当天中华苏维埃第一次全国代表大会在江西瑞金开幕，此后又陆续播发了有关大会的动态、报告、决议案以及中华苏维埃共和国成立，毛泽东当选为临时中央政府主席等重要消息。当时，湘鄂赣、鄂豫皖、湘鄂西、川陕等革命根据地和上海、天津等地的党的领导机关都曾抄收过红中社的电讯。到1931年年底，红军已有无线电台16部，电务人员80多人。

为了适应无线电器材逐步增加的情况，1932年年初，将原来不定期的无线电训练班扩充为红军通信学校，其中无线电队学员有几十名之多。另外，又建立了通信材料厂，利用缴获的小引擎、车床和无线电器材以及从敌占区秘密采购来的真空管、收发报机零部件，因陋就简，克服困难，维修无线电设备，基本上保证了中央根据地和红军通信工作的需要。

为了加强对这一工作的领导，长征以前，中央军委设立了三局即通信联络局，由王诤任局长，伍云甫任政委。当时，中央军委在有关文件中指出，无线电已成为红军的主要通信工具了。

在长征途中，红军通信战士为确保联络畅通，不辞劳苦，不怕牺牲，为长征的最后胜利做出了重要的贡献。但由于斗争形势的艰苦，在历时一年的长征中，红军的无线电器材和设备大约损失了1/3。

1935年12月，中共中央在陕北瓦窑堡召开的重要会议上决定建立抗日民族统一战线。为了实现这一战略转变，周恩来日夜操劳，筹划重建上海、天津等地的秘密电台，恢复无线电通信，以便把中央的方针、政策及时传达给国统区的地下党组织。他还通过和张学良、杨虎城两位将军的秘密接触，从友军那里获得一批无线电物资。抗日战争爆发前，陕北的无线电事业恢复工作已取得了初步成效。当年访问陕北的第一个著名的外国记者斯诺在他的《西行漫记》一书中曾写到，当时陕北的红军同中国所有的重要城市如上海、武汉、南京和天津等地都有着无线电联系，尽管这些地方的秘密电台常常遭到破坏，但国民党当局却无法长期切断红军同这些城市的无线电通信。

抗日战争爆发前后，陕北又重建了通信学校和通信材料厂。在国共合作、共同抗日的形势下，尽管国民党当局严密封锁陕甘宁边区，特别禁止无线电器材、药品和工业产品入境，但无法阻止革命根据地无线电事业的进一步发展。陕北迫切需要的无线电器材，主要依靠两个来源：一是靠前线缴获的日伪设备。据统计，1937年至1940年间，八路军缴获的无线电机有81架，收音机56台。二是靠多方秘密采购。当时周恩来作为中共代表团团长先后在武汉、重庆坚持工作。他多次派人去香港采购无线电器材，其中包括多种型号的电子管、手摇发电机、无线电元件以及铜料、铝板、矽钢片、胶木板等。在周恩来、朱德等的亲自关怀下，这些器材通过层层封锁线，被秘密地运到陕北。所有这些，都为在延安建立广播电台准备了必要的物质基础。

二、延安新华广播电台的创建

1940年春天，鉴于形势发展的需要，中共中央决定成立广播委员会，领导筹建广播电台，由周恩来任主任，成员有中央军委三局局长王诤、新华社社长向仲华等。周恩来赴重庆工作以后，由朱德主持筹建工作。承担具体建台任务的是三局九分队。九分队队长傅英豪，政委周浣白，成员有汤翰璋（丁戈）、毛动之、苟在尚、唐旦、徐路等30多人，大部分是八路军战士和知识青年，只有少数无线电技术人员。

广播电台的台址，经过三局多次勘察，确定在延安西北19公里处的王皮湾村。在王皮湾老乡的积极配合下，三局派出阙明等人，组织了一批石匠、瓦工，经过两个多月的日夜奋战，在延河支流西川南岸的半山腰中开凿出两孔石窑洞，准备用作广播电台的机房和动力间。两孔石窑洞各有3米多高，一孔面积约27平方米，一孔面积约16平方米，后部有一条甬道相通，用来敷设电线，连接发电设备和广播发射机。甬道中间还开凿了一孔面积大约5平方米的小窑洞，准备放置器材、零件。另外又在西川北岸沟口打了两孔土窑洞作为播音室，白木楂桌上放着一只旧话筒，用羊毛毡做门帘兼做隔音用。为了防止敌人破坏，在王皮湾村还驻守着30多名武装战士。

当时正是抗日战争最困难的时期。陕甘宁边区的无线电事业虽有一定的基础，但也仅能基本满足无线电通信和新华社文字广播的需要，要创建一座现代式的广播电台，就必须克服许多困难。首先是缺少广播电台的心脏——广播发射机。20世纪30年代末期，党的地下工作人员曾经在香港购买到一架广播发射机，但在秘密运往延安途中，不幸被敌人发现而扣留。这次在王皮湾村建台使用的广播发射机，是共产国际援助的苏联制品。1939年秋，周恩来因右臂受伤去苏联医治。在莫斯科，他和任弼时作为中共驻共产国际的代表，同共产国际领导人季米特洛夫会谈，当研究在延安建立广播电台问题的时候，季米特洛夫将延安缺乏广播器材一事向斯大林做了汇报，决定以共产国际的名义援助一台苏式广播发射机。1940年2月，周恩来等离开苏联回国时，将发射机拆卸装箱空运到新疆，然后用汽车经兰州、西安等地运到延安。九分队的技术人员对这架发射机进行了多次改装，经过反复调试，终于使它能够适合语言广播使用。建台需要的其他零部件，有的是从大后方和敌占区采购来的，有的是缴获的日伪器材，更多的则是由通信材料厂和九分队的人员土法上马，自己制造出来的。其次是供电问题。20世纪40年代初期的延安还没有发电厂，党政机关的无线电报和新华社的文字广播需要的电力较小，使用蓄电池和手摇马达发电，就可以满足需要。语言广播需要的电力至少是几百瓦，手摇马达发电根本不解决问题。九分队和通信材料厂的技术人员经过反复研究，决定利用汽车引擎来带动发电机转动。延安的汽油、柴油奇缺。大家又想出了制作木炭炉利用烧木炭产生煤气的办法来代替汽油做燃料。使用煤气做燃料，引擎的转速不够，广播发射机的功率只达到300瓦左右。

最后是在解决架设发射天线这个难题上，九分队的人员克服了钢材缺乏的困难。他们因陋就简，把几根大木杆子连接起来耸立在山头上，用“木塔”代替铁塔架设天线，使无线电能够传送出去。

经过将近一年时间的艰苦奋战，九分队的人员初步完成了建台任务，并且开始了试验播音。广播稿是由新华社广播科编写的。广播科科长是李伍，编辑有陈笑雨、王唯真等人。女播音员是由新华社选派的，20 世纪 40 年代初期的女播音员，先后有徐瑞璋（麦风）、姚雯、肖岩和孙茜等。新华社在延安城东的清凉山上（曾一度在杨家岭），与王皮湾相距 20 公里左右。每天由通信员骑马将广播稿送到王皮湾，供播出使用。

1940 年 12 月 30 日，中国共产党领导下的第一座广播电台——延安新华广播电台开播，呼号 XNCR（当时按照国际有关规定，我国无线电台的呼号第一字母为 X，NCR 系英文 New Chinese Radio 的缩写，意即新中华广播），发射电力 300 瓦，使用短波广播，所用稿件由新华社供给。中共山东地区出版的党报《大众日报》于 1941 年 1 月 16 日报道了该台于 1940 年 12 月 30 日开始播音的消息，并要求“山东各军政机关，民众团体，备有收音机者，可赶快按时收听，借以收罗一切正确真实之新闻材料，并可粉碎投降派所进行之欺瞒国人之一切虚妄宣传”。随后，中共中央机关报《新中华报》《新华日报》（华北版）等都先后报道了延安台的波长、播音时间和主要广播节目。当时，延安台的播音次数和时间，屡有更改。刚开始时每天一次 2 小时，后增加到两次 3 小时和三次 4 小时。播音内容有：中共中央重要文件、《新中华报》《解放》周刊及《解放日报》的重要社论和文章、国际国内的时事新闻、名人讲演、科学常识、革命故事、日语等。此外还有音乐戏曲节目，主要内容是演播抗日歌曲。

三、延安之声传四方

中共中央对于延安台开播一事非常重视，多次在有关文件中要求各地党组织按时收听。1941 年 5 月 15 日，中共中央书记处在关于出版《解放日报》和改进新华社工作的通知中要求“各地应注意接收延安的广播”。5 月 25 日，在关于统一各根据地内外宣传的指示中又强调，“各地应经常接收延安新华社的广播，没有收音机的应不惜代价设立之”。6 月 20 日，中共中央宣传部下发的《关于党的宣传鼓动工作提纲》中提出，“必须善于使用一切宣传鼓动工具，熟知它们的一切的性能”。此提纲特别指出，在中国交通工具困难的情形下，发展无线电广播事业是非常重要的。应当在党的统一的宣传政策之下，改进现有通讯社及广播事业的工作。

在物质条件异常困难的情况下，延安台的编播、技术人员没有辜负中央的期望和信任，以高度的政治热情，刻苦钻研业务，不断改进设备，努力提高宣传质量。延安台不断把全国军民抗战的消息，八路军、新四军英勇杀敌的事迹，世界人民反法西斯战争的情况传送到各地。许多听众从延安的广播中了解到国际国内形势的真实动向，从中受到鼓舞和教育，积极投身到抗日民族解放战争中去。延安台在1941年间广播宣传的主要内容有：

第一，揭露皖南事变真相，反击第二次反共高潮。

1941年1月，国民党亲日派制造了严重破坏国共合作共同抗日的“皖南事变”，发动了第二次反共高潮。事变发生后，他们一方面控制新闻发布大权，严密封锁事实真相；另一方面又百般刁难重庆《新华日报》，不准揭露事变的经过，妄图掩饰他们积极反共、消极抗战的罪行，蒙蔽世人耳目。在争夺新闻发言权的关键时刻，延安台于1月下旬向全国人民反复播出了毛泽东起草的为皖南事变发表的命令和谈话。中共中央军事委员会发言人在谈话中揭露了国民党亲日派配合日寇侵华制造皖南事变的阴谋后，坚决表示：“我们中国共产党和中国人民，不但有责任，而且自问有能力，挺身出来收拾时局，决不让日寇和亲日派横行到底。”谈话最后严正警告国民党亲日派：“我们的让步是有限度的，我们让步的阶段已经完结了——如若他们怙恶不悛，继续胡闹，那时，全国人民忍无可忍，把他们抛到茅厕里去，那就悔之无及了。”① 4月30日，延安台在广播中报道了新四军军长叶挺被俘后严词拒绝反动分子诱胁的消息，他说：“新四军是人民抗日军队，共产党是人民抗日党派。我是新四军军长，我始终负责到底！今日要打，要杀，皆由你们；要我屈服，是不能的！”②

第二，宣传党的抗日民族统一战线政策，推动抗日根据地的政权建设。

1941年5月1日，陕甘宁边区中央局发布了《陕甘宁边区施政纲领》21条。这是在边区贯彻执行抗日民族统一战线的重要文件。延安台立即予以反复广播，供其他解放区抄收。根据延安台的广播，在山西沁县出版的《新华日报》（华北

① 《毛泽东选集》第二卷，人民出版社1991年版，第774~776页。

② 《新华日报》（华北版）1941年5月5日第2版据“新华广播电台（四月）三十日广播”。

版）于5月5日全文刊登了这一重要文件。当时，陕甘宁边区正在进行第二届参议会参议员的选举工作。延安台还专门广播了介绍陕甘宁边区选举经验的文章《选举运动中的宣传工作》，以供其他根据地参考。

和抗日根据地民主建政形成鲜明对照的是在大后方国民党地区的人民仍然生活在黑暗统治下，延安台曾经播出了《政治经济双重压迫下，大后方学生悲惨生活》《大后方工人生活》等文章。

第三，纪念"五一"国际劳动节和中国共产党成立20周年，播出了一批重要文章。

1941年"五一"国际劳动节之际，延安台先后播出了《伟大的国际劳动节》《为加强中国工人阶级统一而斗争》等文章。文章指出，今年的"五一"国际劳动节，正逢帝国主义战争空前激烈和扩大。因此，"五一"节应当成为全世界工人阶级和劳动人民坚决反对战争、力争世界和平的大动员的日子。中国工人阶级和全国人民要动员一切力量，坚持抗战、坚持团结、坚持进步，以求得中华民族的解放。

在中国共产党成立20周年前夕，延安台播出了题为《在毛泽东的旗帜下前进》的重要文章。这篇文章比较系统地总结了毛泽东根据马克思列宁主义理论对于中国社会和革命诸问题所做的深刻论述，强调指出："马克思主义在中国问题上的发展，最主要、最明显的代表，是我们党的领袖毛泽东同志。"同年11月7日，纪念十月社会主义革命24周年的日子里，毛泽东发表了广播讲演，号召全国人民加强团结，驱逐日本强盗出中国；呼吁全世界人民团结起来，把世界反法西斯的斗争推向更高的阶段。延安台播出了毛泽东的广播讲演稿。

此外，延安台的播音员还演播了一些抗日歌曲《五月的鲜花》《游击队歌》《大刀进行曲》等。

延安台的广播，引起了重庆国民党当局的惊恐和不安。从保存下来的国民党广播机构侦测延安台广播的历史档案中可以看到，在国共合作共同抗日的形势下，国民党有关部门在其内部往来函电中，竟然污蔑延安广播是"反动宣传"，并妄图侦查台址"予以取缔"。当时，国民党中宣部曾令中央广播事业管理处"每日指定专员收听，逐日俱报"广播内容。他们还布置河南广播电台"就近干扰"延安广播，甚至策划利用"中统""军统"特务侦察台址，阴谋破坏。但是，国民党当局的阴谋并未得逞。延安的红色电波冲破"新闻封锁"继续传向四方。一些有收音机的抗日根据地的党政军机关，经常收听延安的广播，并且通过各种途径，把收听效果转告给延安台，帮助他们改进节目。在晋东南出版的《新华日报》（华北版）根据抄录的延安台的广播，刊登延安发布的不少重要文件、社论和文章。

延安的广播在大后方和沦陷区也有一定的影响。有的听众在写给延安台的信中说，听了延安的广播，增强了抗战必胜的信心。昆明学联在信中说，昆明的进步青年常常秘密收听延安的广播。许多人通过收听广播，加深了对中国共产党、对革命的了解，向往着奔向延安参加革命队伍。当年，有的青年就是从延安广播中受到教育，提高了觉悟，千里迢迢，越过敌人的封锁线毅然走向抗日斗争的征途的。

延安台环境艰苦，工作紧张。电台的编播、技术人员以革命乐观主义的精神，战胜重重困难，坚持工作。他们在一首为延安台创作的歌曲中，满怀激情地歌颂了人民广播的宗旨，同时也表现出了广播战士艰苦奋斗的情景。歌词中唱道：

“我们是新中华的战士，是共产党的喉舌。

我们工作学习，赤胆忠心，团结一致，不怕困难，用坚强的双手，雄健的呼喊，向全国的人民，向世界的工农，传播党的主张，指导神圣的抗战，粉碎亲日派的阴谋，推动时代向前，驱逐日寇出境，重建祖国河山。我们是新中华的战士，我们的岗位在最前线。

我们是共产党的喉舌，我们的岗位在最前线。”①

延安台的播音，由于设备简陋，机器经常发生故障，有时甚至不得不暂时停止播音。在时断时续一直坚持播音至1943年春天时，终因斗争环境越发艰苦，无线电器材来源不能保证，播出的音质差，收听效果不好，而宣告暂时停止播音。

思考题：

1. 简述全民抗战爆发后国民党国际广播体系的建立。
2. 抗战期间延安新华电台的广播宣传。

① 载延安《通信战士》第2卷第1期，1941年10月出版。

第四章 解放战争时期的广播事业

（1945—1949）

1945年8月，日本宣布无条件投降，中国军民的抗日战争取得了伟大胜利。抗战胜利初期，国民党的广播事业在“接收”日伪广播电台的基础上有了新的发展，但不久即随着人民解放战争的胜利而逐步萎缩，直至全面退出大陆。国统区的民营电台在挣扎中复苏，缓慢地发展起来，但由于时局多变，民营广播日益凋敝。与此同时，在中国共产党领导下，解放区广播随着人民战争的步步胜利而逐步发展壮大。

第一节 从膨胀到崩溃的国民党广播事业

抗战胜利初期，国民党利用其执政党地位，继续以种种手段垄断新闻事业。中央通讯社依靠国民党政府允许其自由架设无线电台的特权，依然控制着新闻采访和发布的大权。形形色色的国民党党报、团报、军报多如牛毛，而民办报刊的创办或复刊却比“骆驼穿针孔”还难。国民党的广播机构又利用“接收”之机，控制了全国绝大多数的广播设备。

1945年8月15日，日本东京广播电台播出了裕仁天皇宣读《终战诏书》的录音，表明了日本军国主义的彻底失败。国民党中央、国际两台随即播出了执政当局给侵华日军总司令官冈村宁次的命令，要他给所属部队下令，按照指定地点向国民党军队投降，并在广播中要求日伪广播电台人员保管好机件器材，听候派员“接收”。同时，应中国战区美国空军总部的要求，国民党中央台通过广播通知南京、上海、汉口、杭州、北平、广州等地广播电台，不断报告广播频率，为美军空运国民党军队到东部“接收区”导航。国民党中广处还拟定《广播复员紧急措施办法》，妄图独占日伪广播事业，排斥八路军、新四军和其他人民武装接收日伪广播电台。9 月，国民党政府行政院公布《管理收复区报纸通讯社杂志电影广播事业暂行办法》的“训令”，规定“敌伪机关或私人经营之报纸、通讯社、杂志及电影制片厂、广播事业一律查封，其财产由宣传部（指国民党的‘中央宣传部’）会同当地政府接收管理。但其中原属未附逆之私人及非敌国人民财产而由敌伪占用者，经查明确实，并经中央核准后得予归还”①。随后该行政院之“收复区全国性事业接收委员会”又拟定了“广播事业接收三原则”，其内容为：“一、凡广播电台原系国营或敌伪设立者，由中央广播事业管理处接管运用；二、凡广播电台原系省（市）经营者，由各该省（市）政府接管运用；三、凡广播电台原系民营者，暂由中广处会同原主接收。”从 8 月下旬开始，中广处派人分赴各地开始“接收”日伪广播电台。

在华东地区，国民党政府先后“接收”了南京、上海、苏州、杭州、厦门和台湾等地的一批日伪电台。其中除上海的黄埔台、东亚台原系美商所办，转交原主处理外，其余大都改建为国民党的官办广播电台。

在华北地区，“接收”了原属日伪华北广播协会所辖之北平、天津、济南、青岛、石家庄、太原、唐山、保定、开封、运城和北戴河等地的广播电台以及日伪“蒙疆广播电台”，除张家口、烟台两处的广播电台为八路军接收外，其余都被国民党当局所攫取。

在华中地区，先后“接收”了广州、汉口两处的日伪广播电台。

在东北地区，伪“满洲国”在覆灭前夕，已有伪广播电台 26 座。1945 年 8 月 9 日，苏联百万红军出兵东北，在我抗日联军的配合下，迅速解放了东北广大地区，同时接管了一批日伪广播电台，使得国民党当局抢夺胜利果实的企图未能得逞。1946 年春天，苏军部队陆续撤出东北以后，国民党当局抢占了锦州、沈阳、鞍山、长春、吉林等地的部分广播设备。

据统计，从 1945 年 8 月到 1946 年 5 月的十个月的时间里，国民党当局一共“接收”日伪广播电台 21 座，大小广播发射机 41 部，总发射功率为 274 千瓦，包括了日伪在南京、上海、北平、台湾和华中地区的全部广播电台以及在东北、华北的大部分广播电台。在“接收”广播电台的过程中，由于政出多门，各行其是，所以也同国民党当局“接收”其他敌伪机构一样，各派系和各官僚机构

① 转引自程季华主编：《中国电影发展史》第 2 卷，中国电影出版社 1963 年版，第 146 页。

之间，演出了分赃不均的“劫收”闹剧。国民党中广处在有关报告中也不得不承认：“每有各地军政当局及有关机关各以立场及观点不同，分竞接管，且有于本处接收后犹请移拨者，函电交驰、案牍盈尺……殊费周折。”

1946年2月，国民党政府交通部公布《广播无线电台设置规则》，规定交通部所办广播电台称为国营广播电台；其他政府机关所办者称为公营广播电台；允许中国公民及完全华人组织的公司、厂商、学校和团体设立广播电台，称为民营广播电台；不准外籍机关、人民及非完全华人组织的公司，厂商、学校和团体在中国境内设立广播电台。

1946年5月5日，国民党政府“还都”南京。同一天，国民党中央台及中央广播事业指导委员会（该委员会不久即结束工作）、中广处也由重庆迁回南京。为进一步扩充广播事业，中广处制订了一个“建立庞大而周密的全国广播网”计划，目标是在10年内建立55座大中型广播电台，总发射功率达到2257千瓦以上，收音机达到200万台，同时国民党当局还成立了“中央广播电台扩充工程处”。经过一年半时间，据1947年12月底统计，中广处所属广播电台增加到42座，总发射功率达到423千瓦多，全国估计收音机大约100万台，比抗战前有了相当大的增长。

国民党反动派挑起全面内战前后，更加紧了对新闻事业的控制，一方面强化国民党官办的新闻事业，另一方面则加紧迫害民办报刊和异己电台。据1946年1月至8月统计，遭到国民党当局查禁和迫害的言论机关达263家之多。更为严重的是，国民党特务还捣毁报馆，逮捕和杀害进步报人、记者的事件也屡屡发生。中国共产党战后在国民党统治区出版的报刊，也一再受到国民党当局的迫害。它们不允许《新华日报》增加上海和南京版；封闭北平《解放报》社和新华社北平分社；强迫重庆《新华日报》和上海《群众》周刊停刊等。

对“苏联呼声”电台的查禁也是战后国民党当局消灭不同声音的一个明证。日本投降后，中国境内仍有多座外人所设广播电台，据1946年统计，除美国军用广播电台外，在上海尚有东方（美籍）、大美（美籍）、国泰（法籍）和“苏联呼声”等4座。根据前述《广播无线电台设置规则》，国民党政府国防部于1946年9月召集有关部门开会，研讨外人在华广播电台问题，并通过《取缔外人在华设立广播电台决议案》，明文规定：“凡外人在沪设立之广播电台，同时一律取缔（美国军用广播电台不在此限）。”从国民党当局实际执行情况来看，该议案的主要矛头是指向苏联广播电台的。这一时期，“苏联呼声”承继传统，主要内容为报道苏联战后的生活、恢复工农业生产的情况，宣传社会主义制度的优越性，通过介绍国际动态，评论和抨击美国的战争和侵略政策；介绍中外优秀文艺作品，宣传革命和进步思想，在国民党统治下的上海市民中起了振聋发聩的作用，受到广大进步听众的欢迎。但这一切却是国民党反动派难以容忍的，他们布置上海军政当局和广播机构侦测收听“苏联呼声”的广播内容，逐日上报。1947 年 1 月 6 日，国民党当局终于下令把该台“封闭”。国民党反动派的这一行径，引起了上海进步舆论和中外听众的震惊和愤慨。苏联莫斯科广播电台发表评论指出，封闭“苏联呼声”广播电台是对中苏友好的打击。这之后，直至 1947 年 12 月底统计，在南京、天津和青岛仍有美国军用广播电台在继续播音。

1946 年 6 月，国民党反动派大举进攻中原解放区，从而挑起全面内战。国民党广播电台充当了鼓吹内战的反动喉舌，宣称要在一年内，半年内，甚至三个月内摧毁解放区和消灭人民解放军。但是，事与愿违，国民党军队的猖狂挑衅，在解放区广大军民的英勇反击下，很快就遭到了惨败。充斥国民党广播中的反共反人民的叫嚣声，同时也遭到了进步舆论和广大群众的鄙弃。国民党中央台于 1946 年 9 月曾做过一次听众调查，一共发出调查信 1 万件，到年底统计，收回的复信不过 100 多件。国民党官办广播在广大听众心目中影响之小，由此可见一斑。

为了挽回败局，在美帝国主义的支持下，国民党反动派在丧失了全面进攻解放区的能力后，从 1947 年春天起又改变方针，对解放区开始重点进攻，兵分两路，一路进攻陕甘宁边区，一路进犯山东解放区。7 月初，配合对解放区的军事进攻，国民党政府又炮制了所谓《国家总动员案》，随即又下达了“戡乱动员令”，对国统区的工人、农民、学生和进步人士展开了新的血腥迫害和镇压。7 月 6 日，蒋介石到中央台发表广播讲演，以纪念七七事变抗战 10 周年为名，诬蔑中国共产党“公开叛变”，要求全国人民“举国一致”，“戡平叛乱”，甚至叫嚷要“以抗日精神‘剿共’”。7 月 18 日，国民党政府又公布《动员戡乱完成宪政实施纲要》十八条，其主要内容是：（一）尽力征发国民党统治区一切人力物力财力，为其血腥的内战服务；（二）对国民党统治区的工矿、金融和商业贸易，尽行加以垄断和管制；（三）对人民的一切基本权利，如罢工、停业、游行、请愿，均严加限制。“戡乱动员令”的颁布和实施，使国民党当局的一切逮捕、监禁和屠杀等暴行得以借“戡乱”之名而“合法”。

为了配合“戡乱动员令”，国民党宣传部又拟定了《“剿匪”总动员宣传计划纲要》。该纲要规定，要以蒋介石的广播讲演和所谓《国家总动员案》为依据，“编制统一材料”，供电台广播使用；同时还要求电台每日邀人讲演，“解释”所谓“总动员法令”；布置电台编写鼓吹“剿共”的话剧，强迫艺人演播所谓“戡乱文艺节目”。一时之间，“戡乱”之声弥漫天空。但是，国民党的广播言者自言，听者寥寥。在人民解放军大反攻的胜利声中，“戡乱”宣传很快烟消云散。

1948 年秋冬，人民解放军相继取得了辽沈、淮海、平津三大战役的胜利，解放了长江以北的大片国土。国民党的统治已陷入了四分五裂、濒于死亡的境地。在这种情况下，国民党的官办广播事业也面临着崩溃的命运。

国民党官办广播事业的主要部分，即中广处所属的广播电台，这批广播电台实际上都是国民党的“党营”广播事业。抗日战争时期，国民党当局继续坚持实行封建法西斯独裁制度，国民党的各部门、各级大小官吏大发国难财，贪污和集聚大量财富，战后的国民党更加腐败不堪。经办广播事业的人员大都是政府官吏，专业人才缺乏，管理不善。“党营”电台的节目充满反动叫嚣，谣言谎话连篇，越来越不得人心。为了摆脱“党营”广播事业的困境，国民党当局早在抗日战争时期就曾多次酝酿另谋出路。1943 年，中广处在拟订战后发展广播事业的方案时，提出要以中广处所辖电台为基础，成立中国广播公司，实行企业化管理。但不久因意见分歧而搁浅。抗日战争胜利后，1946 年 1 月，陈果夫等重提旧议，经政府行政院批准，于同年 12 月召开了中国广播公司成立大会。1947 年 1 月，陈果夫代表中国广播公司与行政院订立合约，由行政院“征用”该公司作为政府的御用宣传工具。这种换汤不换药的做法，并没有改变国民党“党营”广播的腐败状况。由于国统区物价飞涨，货币急遽贬值，中国广播公司每月入不敷出。在被行政院“征用”后，中国广播公司从 1947 年起，每月可以从行政院得到 20 亿法币的拨款。同年 5 月，拨款数额增加为 30 亿元，8 月又增至 80 亿元，到年末竟增加到 240 亿元。1948 年 6 月，中广处以“紧急支付，以资救济，而维广播”为由，一次申请拨款 1500 亿元。但由于 1948 年国统区的物价比抗日战争前涨了几百万倍，所以尽管表面上广播经费像天文数字般不断增加，实际上仍是杯水车薪，无济于事。1934 年创刊、1946 年 9 月在南京恢复出版的《广播周报》，至此已无法维持，1948 年 12 月出版至总 312 期宣告终刊。对于这一点，连当时国统区出版的刊物，也不得不承认“党营”广播事业已经到了“崩溃前夕”。① 而在经营管理上，由于人事问题的纠葛，直到国民党政权撤出大陆之前，中国广播公司实际上并未正式成立，一切业务仍由中央广播事业管理处继续办理，1949 年 11 月，才在台湾宣告正式成立。

1949 年年初淮海战役胜利结束后，国民党政权已面临崩溃的前夕。1 月 21 日，蒋介石宣布“引退”，在幕后操纵政局，指示国民党党政机关迁往广州办公。当时，南京只留下李宗仁的代总统办公室。在此之前，国民党广播事业的首脑人物陈果夫已于 1948 年 11 月赴台湾“养病”。留在南京的中广处处长兼中央台台长吴道一又一次面临拆机搬迁的任务。在他主持下，先后将南京、上海的广播器材约 700 吨装船运往广州，准备在广州重建，后因局势危急，又仓皇转运台湾。吴道一离开南京之前，委任原山东台台长张维和任代理台长，负责收拾残局。此时，国民党中央社早已南迁，中央台的正常新闻来源渠道断绝，只能靠收听美国之音、英国广播公司的新闻加以编排，聊以充数，加以人心涣散、经费匮缺日益严重，张维和被迫拍卖无线电器材，用来发放薪金，以解燃眉之急，此后万般无奈于 4 月 16 日提出了“辞职报告”，称：“奉命留京，代理台务，时值艰危，人财交困，诚属不可为无能为之……矧京局又转紧急，城内隐闻炮声，员工类多携带家属，处以危城，饱受虚惊，物价狂涨，生活极苦，而发微薄之薪饷，赖以养家活口者，始终不能如数支给……呈请准命辞职，另简贤能接替……”② 辞呈虽未获准，张维和也就不辞而别了。国民党中央台至此已是气息奄奄。

在三大战役中，东北和华北地区的十多座国民党管办广播电台先后被人民解放军接管。人民解放军利用接管的广播设备办起了一批人民广播，其中较大的有沈阳、天津和北平等地的广播电台。1949 年春天，人民解放军横渡长江。4 月 23 日，南京解放，国民党的中央台及其广播机构先迁广州，后逃台湾。5 月 3 日，杭州解放；5 月 27 日，上海解放；8 月，长沙、福州解放；10 月，广州解放。长江以南的国民党官办广播电台，也先后被人民解放军接管，改建为人民广播。在此前后，人民解放军于 1949 年秋冬又乘胜前进，解放了西南、西北的广大国土，接管了兰州、西宁、迪化（乌鲁木齐）、贵阳、重庆、成都、桂林、昆明等地的国民党的一批广播电台。为了阻止人民广播事业的建立，国民党反动派对许多广

① 麦克疯：《崩溃前夕的党营广播事业》，载《新闻天地》第 47 期，1948 年 9 月 1 日出版。

② 转引自汪学起、是翰生编著：《第四战线——国民党中央广播电台掇实》，中国文史出版社 1988 年版，第 216~217 页。

播设备蓄意破坏，甚至炸毁了设在重庆的国际广播电台的全部重要设备。尽管这样，国民党也未能阻止人民广播迅速发展。台湾出版的广播史书认为，1949 年是国民党广播事业“最为暗淡的一年”。①

第二节　从复苏到衰落的民营电台

抗日战争期间，中国的民营广播电台除极少数汉奸电台以外，都备受日寇的摧残和蹂躏。加之国民党当局借口抗日战争为“非常”时期，也不准开设民营广播电台，致使中国的民营广播事业陷于山穷水尽的境地。

战后，民营广播满怀希望重整旧业，但在国民党统治下，民族资产阶级的这种愿望很快化为泡影。以民营电台的大本营上海为例，日本投降后，民营电台陆续恢复，1946 年年初即增加到 43 座，而且还有继续发展之势。2 月，《广播无线电台设置规则》公布。该规则虽然同战前的有关法令一样，允许民办广播电台，但是却从电台的设置、分布、数量、发射功率以及广播内容等多方面加以种种限制。凡违反有关规定者，将分别给予警告、停止播音或吊销执照处分。3 月份起，交通部上海电信局奉命开始“整顿”上海民营台。5 月底蒋介石火上浇油，在电令中指责上海的广播电台“任意造谣生事，流弊极大”，“应由中央广播事业管理处会同交通部拟具管制办法，以杜流弊”。6 月，中央广播事业指导委员会召开专门会议，研讨上海广播电台的问题。据上海电信局统计，当时申请登记的中外公私广播电台为 106 座（其中多有虚报，许多台实际上并无设备），另有未登记者 1 座，登记过期者 1 座。会议通过的《管制办法》规定：“由交通部限制上海民营广播电台数目，绝对不得超过 20 座，余由淞沪警备司令部执行封闭”，“由交通部指定 10 个周率（在 700 千周以上）分配以上 20 台轮流使用”②。在执行过程中，上海电信局根据申报者广播设备的优劣程度，将它们分为 A、B、B+、C、D 五级。同年夏天，电信局先后批准 22 家民营电台营业。其中亚美、元昌、福音等 9 家系战前的老民营台。它们在上海沦陷时期，有的不肯附逆，自

① 曾虚白主编：《中国新闻史》，台湾三民书店 1966 年版，第 653 页。

② 上海市档案馆、北京广播学院、上海市广播电视局合编：《旧中国的上海广播事业》，档案出版社、中国广播电视出版社 1985 年版，第 585 页。

动停播；有的被日寇没收了设备。战后，它们多次申请恢复播音，但上海电信局迟迟不予批复。一年之后，虽然准予它们恢复营业，但9家电台却只准使用5个频率播音，除福音台独占一个频率外，其余亚美和元昌等8家则只能两家轮流使用一个频率。与此同时，上海电信局还宣布“封闭”5家民营台。被“封闭”的民营台做了些有气无力的反抗后，只得自谋出路。经过这次沉重的打击之后，中国的民营广播事业一蹶不振，再加上电台本身经营不善，播音内容日趋低级无聊，在挣扎中复苏的民营广播事业走上了每况愈下的道路。

在被上海国民党当局“封闭”的民营台中，需要指出的是，其中的中联广播电台是中国共产党的地下组织秘密创办的，这是中共在国民党统治区唯一的一座广播电台。抗战胜利后，上海的民营台纷纷申请复业或开办。当时上海地下党组织决定趁此时机开设一座广播电台。台址设在一位地下党员的家里，台名叫中联广播电台，呼号XGCA，是以“上海市文化运动促进会”的名义开办的，台长是只拿钱不管事的挂名人物，实际上宣传和技术业务都掌握在地下党组织手里。1946年3月初，中联台开始播音，当天聘请著名演员梅兰芳主持揭幕，并组织播出特别节目，同时在报纸上大做广告，以引起社会上的注意。中联台所办节目，除了戏剧、评弹、歌曲等与其他民营台类似的节目外，还特别组织了少年儿童、文学、学术等节目。这些节目有的是由党的外围组织小学教师联合会、学生团体联合会派人来演播，有的是请进步的文化人士来播讲。新闻节目则采取灵活办法，随时插播，每次三五分钟，把根据党内外进步报刊提供的材料加以改编播出，这样敌人很难抓住把柄。中联台前后共播音五个多月，最终于7月被国民党上海当局借口“整顿”而查封。

第三节　经历挫折、日渐壮大的人民广播

一、延安台的恢复和发展

1943年春天，延安新华广播电台暂行停播以后，九分队和延安通信材料厂合作，对那架苏制广播发射机又进行了改装和调试。1944年，八路军在晋西北的一次战斗中，缴获了日军的一座锅炉和一台直流发电机。这些设备经过长途转

运送到了延安。九分队的人员把锅炉改装成一部 25 马力的蒸汽机，作为发电的动力设备。期间，在国统区和沦陷区工作的地下党的同志多次冒着生命危险，把多方采购到的无线电器材秘密运进了延安。所有这些，都为重新恢复延安台做了必要的准备。

1945 年日本投降前夕，为了揭露国民党当局抢夺抗日战争胜利果实的阴谋，中共中央决定尽快恢复延安台的广播。接到任务后，九分队的技术人员连续奋战了几个昼夜，终于使延安台再次发出了声音。恢复广播之初，延安台反复播出了朱德总司令发布的七次紧急命令、朱德总司令给日本侵华军总司令官冈村宁次发布的命令，以及我军挺进敌占区不断收复失地的消息。同时，还针对国民党当局污蔑我军恢复失地是所谓“唐突和非法之行动”等谬论，及时广播了毛泽东为新华社写的评论《蒋介石在挑动内战》《评蒋介石发言人谈话》，号召全国人民团结起来，壮大自己的力量，制止内战的发生。在试播期间，得知张家口已获解放，经过与张家口新华广播电台通话，了解到该台有条件转播延安台的广播。不久，9 月 11 日，延安《解放日报》宣布：延安广播电台即日起开始“中国国语广播”，呼号仍为 XNCR，波长 40 米，7500 千周。随后，重庆《新华日报》、晋绥《抗战日报》《冀鲁豫日报》等也陆续报道了延安台开始播音的消息。

延安台恢复播音后，广播稿件仍由新华社供给。此时，新华社编辑科专门成立了口播组，负责编写口播稿件。口播组的组长为杨述，成员有张纪明、韦君宜等。陆续调来的女播音员有李慕琳、孟启予等。1946 年 5 月，新华社的组织机构做了一次大的调整，加强和扩充了编辑部门，原属编辑科的口播组扩大为语言广播部（通称“口播部”）。温济泽任语言广播部主任，编辑有韦君宜、苗力沉、刘志云、刘衡、高虹等，陆续参加播音工作的有王恂（男）、钱家楣、于一、杨慧琳和吴作贤等人。不久，原属军委三局负责的延安台播音和机务工作，也划归新成立的新华社电务处统一管理。电务处处长为耿锡祥，副处长李伍。在延安阶段，延安台的编辑部一直和新华总社一起在清凉山上，播音室和发射机房却多次迁移，先后转移到裴庄、大砭沟、北关。1947 年 1 月，又迁回盐店子村的寨子峁山上。从 1940 年年底开始播音，直到 1949 年年底迁到北平的初期，延安新华广播电台（包括改名后的陕北新华广播电台）的编辑工作始终由新华社的有关部门承担。

延安台继承了中国共产党新闻事业的优良传统，在办台方针和路线上体现出鲜明的阶级特点。这些，都集中反映在延安台播出的《介绍 XNCR》《大家办广播》和《庆贺新年——XNCR的自我介绍》三篇文章里面。其要点为：

第一，关于延安台的宣传对象。延安台立足解放区，面向全中国，而以国民党统治区的听众为主要对象。当时，据估计国统区有收音机100万台左右，占全国的绝大多数。收音机的持有者一般都是中上层人士。他们长期受国民党宣传的蒙蔽、欺骗，对中国共产党的主张和政策、解放区的情况知之甚少，甚至还有许多误解。延安台把宣传重点放在他们身上是完全必要的。延安台在播出的文章中说："各位听众：你们有什么话要XNCR替你们说的，有什么新闻要XNCR报告的，请赶快告诉我们，我们就可以很快地播送出去。尤其是大后方和'收复区'的听众，你们心里有很多话没有地方说，有很多新闻，没有地方登，你们想看民主进步的报纸，不容易看到。那么就请你们多多要XNCR为你们服务。"

第二，关于延安台的宣传任务。文章指出："XNCR的宗旨在于使得各位了解人民政党、人民军队和人民自己建立起来的解放区的情形，了解它的主张和事业。"为了担负起上述任务，延安台除了播出国内外时事新闻外，着重以新闻、通讯、言论和专题等不同的节目形式来介绍中国共产党及其共产党领导下的人民军队和解放区情形。通过具体、生动的新闻报道和广播讲话，来驳斥国民党当局的造谣、污蔑。

第三，关于如何办好延安台，文章主张"人民大众的号角要人民大众来鼓吹"，并提出了"大家办广播"的响亮口号。这是中国共产党的全党办报、全党办新闻事业的方针在广播工作中的具体体现和运用，也是人民广播区别于旧中国广播的根本特征。

"大家办广播"包括两个方面的内容，一方面是大家听，另一方面是大家讲，两者相辅相成、缺一不可。延安台希望一切有收音机的单位和个人，每天按时收听延安广播，同时特别希望国统区的听众，把自己在国民党统治下不能说、不敢说、没有地方说的话写给延安台。只有这样，才能把延安广播办成"人民的喉舌，民主的呼声"。延安台还十分注意征求听众意见，根据听众的来信，改进广播宣传工作。

为进一步规范延安台的语言广播工作，1946年6月，温济泽主持制定了《新华社语言广播部暂行工作细则》[①]（以下简称《细则》）。这是解放区广播历史上最早的一份关于宣传工作的规章制度。《细则》规定语言广播部的任务是：

① 参见赵玉明主编：《中国现代广播史料选编》，汕头大学出版社2007年版，第305~310页。

“建设全国性的语言广播机关，宣传党的政策和主张，报道国内外时局的动向；有计划与有系统地宣扬我党我军与解放区的事业和功绩，揭发国民党的腐败黑暗统治并宣传与鼓励其统治区广大人民的民主运动。”根据上述任务，确定语言广播部的具体业务有3项，即研究语言广播的宣传工作、编写语言广播稿件和组织广播节目、指导播音工作。此外，还对编写稿件和节目的要求、稿件处理制度、指导播音方法及会议制度等作了比较详细、具体的规定。《细则》是当时广播宣传经验的总结和概括，其中提出的如下几点意见是值得重视的：

第一，强调研究工作的重要性。《细则》把研究国内主要广播电台的宣传工作和国外的华语广播宣传工作列为语言广播部具体业务的第一项，并提出要抄收上述广播的内容。这样做的用处有三：（一）供与国民党中央台做广播宣传斗争时参考；（二）酌登《参考消息》，供有关方面参考；（三）研究其他电台的语言广播，包括节目配备、编写技术、播音技术，以做改进自己业务的借鉴。同时还提出在《解放日报》上刊登值得用文字发表的广播稿，或编成广播丛书，供以后研究使用。

第二，规定编辑部要在业务上指导播音员的工作。当时受条件限制，播音组与发射机房设在一起，远离编辑部，从行政管理上，先是由军委三局，后又由电务处领导。在这种情况下，《细则》规定应及时将宣传方针和时事报告用书面传达给播音组；编发广播稿时，应将播音时注意之点，在稿件上注明；编辑部应酌量收听自己的广播节目，及时提出改进播音的意见。

第三，提出了广播稿件内容的配备和编写方面需要注意的某些原则。《细则》规定，在一般情况下，每日广播的内容“歌颂光明要多于揭露黑暗”，例如介绍解放区应多于介绍国统区，宣传国统区的民主运动应多于揭露其黑暗统治。在广播稿件的编写上，《细则》提出，要注意“选择场面较大或真正典型的材料”，“力求完整与有系统”，“要生动，有趣味”。在语言的表达上，规定“要用普通话的口语，句子要短，用字用词要力求念起来一听就懂，并要注意音韵优美与响亮”，“电文中有文言或难懂字句，应加注必要的通俗的口语翻译”。

第四，编辑部实行责任制，主编、编辑、助理编辑各司其职。每天的广播稿由主编分配给编辑、助理编辑负责编写；编完的稿件由主编负责初步审阅、修改与调配，主编应负责全部稿件政治上与技术上的责任。主编编好的稿件，由新华社正副总编辑之一审阅后发出。编辑人员实行互相修改、校正稿件的制度，以两人到三人为一组，互相修正校阅。

《细则》的制定和实施，标志着延安台的宣传业务开始趋于成熟。

9月5日，为纪念恢复广播一周年，延安台举办了专题节目，当天播出了中共中央宣传部部长陆定一写的《延安广播电台一周岁》和《大家都来说话——XNCR周年纪念广播》。

陆定一的文章明确指出："我们的广播事业，从它存在的第一天起，就为中国的独立、和平、民主事业服务，就为中国人民的解放事业服务。"同时赞扬人民广播工作同志们"在极困难的条件之下惨淡经营，得到了巨大的成绩。他们对于中国人民，做了极重要的贡献"，并预祝他们"把中国人民的声音，在天空中响得更大、更远"。

在《大家都来说话——XNCR周年纪念广播》一稿中，延安台再次重申："我们创办这个电台，有个真诚的愿望，就是我们说的话，不仅仅要代表人民的利益，而且我们愿意把它变成全国人民说话的地方。"广播稿对比延安广播和国民党广播的区别指出："我们播音的内容，和国民党统治下的电台的播音，根本不同。我们播的，是国内跟国际的最真实的消息和动向；是解放区人民的生活和各种建设的情况；是中国人民的政党中国共产党的政策和时局的主张；是对于国民党当局腐败黑暗统治的无情的揭露；是蒋介石统治地区广大人民的呼声。这些声音，从国民党统治下的电台，是听不到的。"广播稿最后对国民党统治区的广大听众说："XNCR，它是全中国人民的声音。它愿意代你们讲话。你们有什么要说的话呢？你们有什么痛苦要向社会控诉呢？你们有什么话无处可说呢？写信来吧！来信请寄到延安新华社新华广播电台。我们是愿意为你们忠实服务的。我们正在热情地等待着你们的回音哩！"

为了纪念恢复播音一周年，并改进广播宣传工作，延安台于7月向全国各地及东南亚各地听众发出公开信征求意见。尽管在战争年代，交通不便，但据后来统计，仅从国统区就收到20多封听众来信。

延安台注意加强和国民党统治区听众的联系，经常邀请从国民党地区来延安人士发表广播讲演，或者是播出各地民主人士写的文章。例如驾机起义的原国民党空军军官刘善本等人就曾多次在延安台发表广播讲演。另据1946年7月至8月统计，延安台播出的89篇文章，其中就有34篇是上海、重庆、南京、北平、昆明等地以及国外各地的民主人士写的。在此期间，延安台还播出过上海失业青年和国民党军队士兵写的向社会呼吁的公开信。上述讲话、文章和书信，说出了在国民党统治区不能说或者不敢说的话，受到了国民党地区听众的注意和欢迎。

北平十几个青年集体写信给延安台说：“听了你们的播音，就像在黑暗中找到了光明。”另一位北平听众说：“你们多播一点吧！每天最少播 12 个钟头才好。”延安台的记录新闻，经常被上海、南京、重庆、昆明、西安等地的进步报纸采用。远在新加坡、菲律宾出版的爱国华侨办的报纸上，也可以不断地看到根据延安广播刊登的重要消息和评论。

二、延安（陕北）台的三次转移

1946 年内战全面爆发后，国民党军队对苏皖、山东、晋察冀和东北解放区发动了全面进攻，同时继续以大批军队包围陕甘宁解放区。在美帝国主义的直接帮助下，国民党当局依仗自己暂时的军事优势，叫嚣要在一年内、半年内甚至三个月内摧毁解放区和消灭人民解放军。各解放区广大军民，坚决执行中共中央制定的正确的政治和军事方针，经过八个月的军事较量，国民党军队虽然占领了解放区 105 座城市，但其兵力却被消灭了 71 万余人，结果是人民解放军愈战愈强，国民党军队愈打愈弱。到 1947 年 3 月，国民党反动派被迫放弃全面进攻解放区的方针，开始对陕北、山东解放区重点进攻。

1947 年 3 月 13 日起，国民党军队纠集大批兵力进攻陕甘宁边区，并开始对延安狂轰滥炸。盐店子山头上延安台的发射机房和播音室，是国民党军飞机重点轰炸的目标之一。延安台的播音、机务人员在一片轰炸声中坚守岗位直到 14 日中午播音完毕。当天晚上起，延安台即秘密转移到陕北子长县的好坪沟村继续播音。18 日傍晚，人民解放军最后撤出延安。在此前后，毛泽东、周恩来、朱德曾先后和新华社社长廖承志、三局局长王诤谈过关于保障无线电广播不中断的问题。

自 1947 年 3 月中旬至 1948 年 5 月下旬的一年多时间里，延安台随着解放战争形势的发展，曾经做过三次大的战斗转移：

第一次：转移陕北，坚持播音。

陕北的子长县，原名瓦窑堡。1935 年 12 月红军长征到达陕北后，曾在这里召开过著名的瓦窑堡会议。这里位于延安东北 90 公里左右。1946 年冬天，三局的通信战士经过多次认真勘察后，确定把延安台建在子长县好坪沟村的小庙里，使用的广播发射机是利用美军观察组撤退时留下来的无线电通讯机改装而成的。延安台的编辑部与新华社一起设在离好坪沟约 10 公里的史家畔村。几间老乡住的窑洞暂时成为编辑部办公室，编辑人员盘腿坐在老乡的土炕上编写稿件。这大概是世界上最简陋的广播电台了。在子长县坚持工作的编辑有温济泽、张潮、杨兆麟等，女播音员有钱家楣、杨慧琳等，机务人员有刘振中、李志海等。

1947 年 3 月 14 日晚，延安台秘密转移到好坪沟播音。台名未变，只是停止了中午的播音，每天只在晚上播音。19 日，国民党军队占领延安后，国民党的中央台大肆宣传，似乎共产党和人民解放军从此再也不存在了。但次日晚，广大听众却仍能从收音机中听到延安台广播的声音：在给予国民党军队重大杀伤后，人民解放军主动撤离延安，保卫延安的任务已胜利完成。中共中央机关完好无损，仍然留在陕北继续指挥全国的爱国自卫战争。第二天起，延安新华广播电台改名为陕北新华广播电台继续播音。

延安（陕北）台在瓦窑堡前后共坚持播音半个月。期间，周恩来、朱德曾先后到小庙看望广播战士，鼓励他们坚守岗位，确保广播不中断。随着陕北战局形势的变化，战场距离好坪沟越来越近。28 日，陕北台接到了再次准备转移的命令。就在这一天的晚上，陕北台播出了青化砭大捷，歼灭国民党军队 4000 多人的胜利消息。这是人民解放军撤出延安后，在陕北战场取得的第一次大捷。第二天，远在哈尔滨出版的《东北日报》在第一版头条显著位置刊登了上述胜利消息，并且注明是“据新华广播电台 28 日夜口语广播称”。此外，齐齐哈尔《西满日报》、晋冀鲁豫《人民日报》《晋冀察日报》《晋绥日报》和《冀晋日报》等也都根据陕北台的广播刊登了同一消息。这在解放区广播历史上是一件很有意义的事情。青化砭大捷消息播出之后，陕北台的人员立即开始坚壁清野，埋掉机器，准备同新华社人员一起向他处转移。

延安台转移好坪沟继续播音一事，引起了国内外舆论的关注。国民党反动派害怕真理的声音，对延安广播恐惧万分，千方百计地干扰、破坏，妄图削弱其在全国人民心目中的重大影响。国民党军队窜抵延安后，到处搜索延安台。国民党的中央社忽而造谣延安台已被“焚毁”，忽而又胡乱猜测延安台的新台址。对比之下，倒是西方通讯社的报道比较客观、谨慎一些。美联社 3 月 19 日的电讯说：“延安电台……相信已搬到一个秘密地方去，大概是在延安以北的陕北山中。”法新社 20 日报道则说：“据可靠方面探悉，延安电台早已若干时前迁往新地点，唯呼号仍为延安云。”从外电的反映可以看出，延安台的首次转移，无疑是解放区广播在宣传战线上取得的一次胜利。

第二次：太行山麓，再建新台。

在陕北战局日趋紧张之际，1947 年 3 月初，晋冀鲁豫解放区接到中共中央的紧急来电：立即筹建一座新的广播电台，准备必要时立即接替陕北的广播。

晋冀鲁豫解放区地处中原地带，太行山脉纵贯境内。早在抗日战争初期，刘伯承、邓小平率领的八路军就来到这里，建立起抗日根据地。经过十年左右的惨淡经营，晋冀鲁豫解放区日益巩固。1946 年年初，中共中央晋冀鲁豫分局决定：由晋冀鲁豫军区通讯三处将缴获敌军的两部导航机改装为两台广播发射机，并成立“邯郸新华广播电台”，台址设在涉县沙河村。1946 年 9 月 1 日正式播音。当时，邯郸台共使用两部发射机，一部是短波机，一部是中波机。接到筹建新台的通知后，晋冀鲁豫军区三处处长林伟、副处长王士光、邯郸台台长常振玉等商定，把短波机稍加调试，改变波长（延安台波长是 40 米，邯郸台的波长是 49. 2 米），随时做好接替延安广播的准备。同时，为了保证邯郸台播音的需要，把中波机也改装成短波机。在王士光的主持下，无线电技术人员密切配合，很快地完成了改装发射机、加大发射功率、架设天线等一系列任务。

接替陕北广播需要的编播人员是从晋冀鲁豫解放区的一些文教单位迅速调集的。陕北台编辑部与邯郸台编辑部一起设在西戍村。这里距沙河村只有两公里左右。在邯郸台编辑部主任萧风、副主任顾文华的主持下，编播人员开始了紧张的工作。有的根据抄收来的消息练习编写“新华社陕北某某日电”的电讯稿；有的按时收听延安（陕北）台的广播，试着编写口播稿；女播音员则模仿延安（陕北）台播音的声调和语气，认真地反复试播。

3 月 29 日晚上，准备接替陕北广播的人员忽然听不到来自陕北的声音了。为了不中断陕北台的声音，常振玉立即决定播出《兄妹开荒》的唱片，然后反复呼叫“陕北新华广播电台，XNCR……”并且重播了青化砭大捷的消息。第二天起，根据陕北来电，正式接替了陕北广播。

陕北台开始顺利在太行继续播音，使国民党反动派妄图摧毁陕北广播的阴谋再次破产。后来，他们又调派无线电测向队四处侦察陕北台新址所在地，但最终都未能得逞。红色电波从太行山麓不断地传向祖国的四面八方。

原陕北台的编播技术人员分两批和新华社其他部门的人员一起，跋山涉水，辗转千里，分别在 4 月底和 7 月到达涉县，和太行的人员胜利会师，并肩投入了紧张的宣传工作中。新组成的陕北台编辑部由温济泽任主任，胡若木为副主任。陆续参加编辑工作的有左荧、高而公、刘衡、鹿野等，播音队伍中新增加了一名男播音员齐越。新华总社副总编辑梅益分工领导陕北台的工作。

此时，人民解放军已经胜利地粉碎了国民党军队的重点进攻，把战场引向国民党统治区。为了适应大反攻形势的需要，进一步做好广播工作，6月，新华社语言广播部（即陕北台编辑部）写了《XNCR陕北阶段工作的简单总结》和《对改进语言广播的几点意见》两份材料。这两份材料回顾了延安（陕北）台近两年来的发展情况，实事求是地总结了工作中的成绩、经验和缺点，同时着重从宣传对象、宣传内容、播音时间、节目设置、组织机构和干部培养等方面提出了一些具体可行的改进意见，报请新华社社委会决定后贯彻执行。

7月中旬，中共中央宣传部部长陆定一从陕北写信给新华社社长廖承志，希望新华社建立起好的宣传作风，并以此影响整个解放区的新闻工作。信中指出："在新闻工作方面为人民服务的极其负责的态度，就是不马虎、不苟且，拿出精制品来。"为了提高宣传质量，新华总社和陕北台的重要新闻和评论，初稿写出后经常用密电发回太行，然后才广播出去。毛泽东等在转战陕北途中，随军携带有干电池收音机，在繁忙工作之余，经常收听陕北台的广播。对于陕北台女播音员爱憎分明的播音风格，毛泽东曾经给予高度赞扬。

9月5日，为纪念恢复播音两周年，陕北台调整了节目。从这一天起，每天增加播音1小时，改进了新闻、评论节目，同时新办了《对国民党军广播》和《星期文艺》节目。11日起又开办了英语新闻节目。在"二周年告听众"广播稿中，陕北台揭露了国民党军队利用流动广播电台冒充延安台的卑劣伎俩和国民党中央台的造谣行径，最后满怀信心地宣布："今后随着人民解放军反攻的胜利，解放区的播音事业一定会更进一步的发展。代表中国人民的呼声，在祖国乃至全世界的天空，一定会越来越响的。"

陕北台在太行的播音一直持续到1948年5月22日。

第三次：胜利声中，北上平山。

1947年夏初，人民解放军转入了大反攻，相继在中原、西北、华北、华东和东北各战场取得了一系列重大胜利。为了部署新的战备决战，更好地领导和指挥全国的解放战争，中共中央和毛泽东等于1948年3月下旬离开陕北，渡过黄河，经晋绥解放区，于5月下旬来到晋察冀解放区平山县的西柏坡村。

根据中共中央的指示，陕北台也随新华总社一起，由太行北上，并从5月23日起开始在平山播音，到1949年3月25日迁进北平止，陕北台在平山前后工作了十个月的时间。

平山位于晋察冀解放区境内，东面距离石家庄30余公里。晋察冀解放区是抗日战争初期八路军开辟的第一个敌后根据地，也是华北地区最大的抗日根据地。抗战胜利后，晋察冀解放区的军民坚决执行自卫战争的方针，多次打退了国民党军队的进犯。解放战争进入战略反攻后，1947 年 11 月，石家庄解放，晋察冀解放区与南面的晋冀鲁豫解放区连成一片，构成了华北解放区。1948 年 5 月，中共中央由陕北经由晋绥迁至平山。

中共中央领导机关设在平山的西柏坡村，陕北台编辑部迁至平山之初曾一度设在郜家庄，不久即与新华总社一起迁至西柏坡附近，先后设在陈家峪、韩家峪和通家口三处。发射机房和播音室起初在张胡庄，后又迁至窟窿峰。张胡庄距离编辑部约 20 公里，窟窿峰距编辑部则约 40 公里，中间还隔着滹沱河。一般情况下每天的广播稿件于前一天下午编好，当天上午由通信员骑马送到播音室，傍晚首次播出。当解放战争的重大战役紧张进行，战场上人民解放军捷报频传，骑马送稿往往不及于当晚播出。这时候，编辑部就利用电话传稿，由播音员记录，再经核对无误后，立即由陕北台及时播出。1948 年 9 月 24 日晚，在当天节目已全部播出刚刚关机之际，陕北台打破惯例，重新开机，及时播出电话传来的“号外”消息——山东人民解放军于当天下午 5 点全部解放济南。前线人民解放军指战员闻讯后深受鼓舞。

在平山，陕北台的建设有了很大发展，对于确保繁重宣传任务的顺利完成起了积极的作用。主要表现在以下几个方面：

第一，编播队伍逐步充实。除了太行时期的编播人员陆续北上到达平山外，1948 年 7 月，晋察冀新华广播电台撤销，该台负责人黎韦带领柳荫、丁一岚、江炎等从阜平来到平山，参加了陕北台的编播工作。年底，一些新进入解放区的青年人又加入了陕北台编播人员的行列。到 1949 年春天陕北台迁进北平前夕，已有编播人员三四十人。

第二，编播制度日趋完善。陕北台在平山开始播音前夕，编辑部就编播工作中一系列问题做出了决定，以便接替太行的工作，使之有条不紊地进行。决定中除了明确规定每天发稿字数、人员分工、稿件编审时间等外，还特别规定每天要写工作日记，每周要做一次稿件总结，同时编辑要轮流收听每天的播音，并做记录，供改进播音工作参考。在这之后，又陆续制定《播音手续》《编稿发稿工作细则》《口播清样送审办法》等制度。

1948 年 10 月，播音室和发射机房由张胡庄迁至窟窿峰，编辑部与播音室的距离增加了一倍，即由 20 公里左右增至 40 公里左右，为了确保及时传送稿件，廖承志主持召开了发稿联络会议，讨论制定了有关措施。

第三，自力更生建立发射台。1947 年年底开始在窟窿峰西南的天户村，由李强主持动工修建一座短波发射台，参加建台的有军委三局的技术人员。天户发射台共有五副天线，分别向南京、上海、欧洲和美国方向广播。为了防止轰炸，专门修建了地下发射机房。这里离井陉煤矿不远，可以利用煤矿的电力。天户台的发射功率为 3 千瓦，是当时解放区最大的发射台。1949 年 1 月建成后作为陕北台的发射台，后来又成为北平新华广播电台的转播台。

在平山时期，陕北台除了承担起日益繁重的宣传任务外，还在中共中央的关怀和领导下，和新华总社一起，为迎接全国胜利的新局面做了多方面的准备工作。这是解放区广播发展史上的重要阶段，对于进城后人民广播事业的发展具有重大的历史意义。

第一，关于指导思想方面。

1948 年 4 月 2 日，毛泽东从陕北来平山途中，在晋绥解放区发表了《对晋绥日报编辑人员的谈话》。10 月 2 日，刘少奇在平山发表了《对华北记者团的谈话》。这两篇无产阶级新闻工作的纲领性著作，深刻地阐明了党的报刊、通讯社和广播电台宣传工作的基本任务和作用，它们与人民群众的关系，以及新闻宣传的无产阶级风格和特点，新闻工作者的政治修养和业务修养等一系列无产阶级新闻学的基本原理。1949 年 3 月，毛泽东在中共七届二中全会上的报告中又明确指出，在城市工作中，“通讯社报纸广播电台的工作，都是围绕着生产建设这一个中心工作并为这个中心工作服务的”。上述重要讲话以及这个时期中共中央《关于宣传工作中请示与报告制度的决定》等，都是做好迎接新的历史任务的重要指导性文件。

第二，关于培训干部方面。

为了提高新华社的宣传水平，1948 年夏天，中共中央指示新华总社的主要业务干部包括直接负责口播宣传的十几位编辑组成一个工作队，集中住在西柏坡中央负责同志的住地附近，以便于直接听取有关宣传工作的指示和意见。当时，毛泽东、周恩来、刘少奇等都曾经撰写、审阅、修改过许多重要的新闻稿件，并对做好宣传工作发表过许多重要的意见。胡乔木作为新华社总编辑，每天晚上和有关人员一起传阅中央负责同志经手的重要稿件，指导大家如何写好新闻、评论。他十分强调新闻要在政策、观点、事实和文字技术四个方面经得起推敲。与此同时，在周恩来主持下，新闻总社还总结了太行时期宣传工作中出现过的某些

"左"的和右的错误和缺点，进一步培养了实事求是、严肃认真的工作作风，加强了宣传工作的组织性和纪律性。为了提高口播的宣传质量，从1949年元旦起开始编印《新华广播稿》，每日4页至8页不等，大约1万字，凡陕北台每天编发的消息、通讯、评论和专稿（包括广播讲演稿和《对国民党军广播》节目的放下武器的国民党军官名单及书信等）均收编入册。

第三，关于加强管理方面。

1948年10月，新华总社召开了关内广播电台会议。出席会议的有廖承志、徐迈进、梅益、温济泽、黎韦、胡若木、常振玉（代表华北局宣传部及邯郸台）和苗力沉（代表华东台）等，会议由梅益主持。会议讨论并议决的主要问题有：

（一）全国性的短波广播统一由陕北台负责。各地短波台的建设采取少而精的原则，除在西北地区建一座短波台（即西北新华广播电台）外，只恢复被接收的国民党的短波台，不另建新的短波台。关内各短波台必须一律转播陕北台的短波广播，借以构成单一的全国联播网。

（二）全国性的中波广播由新华总社广播管理部负责筹建。此项广播，每天可播音三次。早晨、中午节目以新闻和娱乐为主；晚间节目分为前后两个部分：前一部分对新解放城市广播，时间为18点至21点，内容有转播陕北台的短波广播和娱乐节目、轮回节目等。后一部分为对解放区广播，时间为23点半至24点，使之在半小时内即可了解当天的全部节目的主要内容。

（三）邯郸台应准备接收华北地区国民党城市的广播电台，华东台应准备接收华东地区国民党城市广播电台。为准备接收敌台，各地应调集一批干部至广播管理部接受训练。接收敌台后，应尽速恢复播音。

在此会议前后，新华总社的领导机构做了调整。总社管理委员会负责处理全社性的行政及一般问题，由社长廖承志负责。另外成立一个编委会，由总编辑胡乔木负责，处理宣传方针、编辑业务及领导各总分社。编委会下设第一编委会，领导文字广播工作，由胡乔木负责；第二编委会领导口语广播、英语广播，由廖承志负责。为了加强对语言广播工作的领导，新华总社成立了广播管理部，由廖承志兼部长，梅益为副部长，下设口播编辑部（温济泽负责）和英播编辑部（沈建图负责），同时开始筹建中央广播事业管理处，以便逐步建立全国性的广播管理机构。

第四，关于制定政策方面。

随着解放战争的不断胜利，国民党统治区的一批大中城市陆续获得解放。为了及时正确地处理新解放城市原有的新闻机构，中共中央于 1948 年 11 月先后做出了《关于新解放城市中中外报刊通讯社处理办法的决定》和《对新解放城市中原有之广播电台及其人员的政策决定》。在这之后，中共中央于 1949 年 2 月发出《关于对私营广播电台的处理办法给天津市委的指示》，9 月又发出《关于对旧广播人员政策的补充指示》。上述文件规定，中国人民解放军军事管制委员会将全部接收国民党政府、军队及党部管理的广播电台，然后迅速利用其设备建立人民广播电台，并开始播送入城法令、布告、城市政策等，同时按时转播陕北台的节目；对原有广播电台编播技术方面的从业人员，应根据情况，分别做出安排。关于民营广播电台，在军事管制期间，一律归军管会统一管理，按照有关规定，办理登记手续，经批准后始得广播。凡外国资本及外国人经营的广播电台均应停止广播。与此同时，中共中央在上述有关文件中还确定了中华人民共和国广播事业由国家经营的原则。

三、日益壮大的解放区广播

在华北，共产党领导下的抗日根据地军民在向日伪军队发动的强大反攻中，先后胜利收复了张家口、邯郸、焦作、烟台、威海等一大批中小城市。在收复张家口、烟台之际，都曾接收了日伪广播电台的设备，并建立了关内的第二座人民广播电台——张家口新华广播电台。

张家口是华北北部重要城市。日伪占领时期，这里是伪“蒙疆自治政府”的统治中心。伪政府下设有伪“蒙疆广播协会”，并在张家口设有一座广播电台，是晋北、察南一带的日伪广播的中心。1945 年 8 月中旬，朱德总司令发布进军命令后，晋察冀军区决定攻占张家口，于 8 月 20 日发起攻击，激战三天，8 月 23 日攻占了张家口。当天晚上，随部队前进的晋察冀前线记者团即接管了日伪广播电台，其中包括 10 千瓦短波发射机和 500 瓦中波发射机各一部。8 月 24 日，张家口新华广播电台开始播音，呼号 XGNC（开始为 XGCA）。起初主要是播送张家口市军政机关的布告和命令，以逐步安定社会秩序。以后逐渐增加了国内外要闻和本市新闻，以及一些文艺节目，不久，又开始转播延安台的节目。

张家口台初属新华社冀察支社领导，9 月中旬后改由晋察冀日报社领导。该台主要人员有林明、张庆泰、黎韦、丁一岚等。张家口台每天以中、短波两部发射机播送早、中、晚三次节目，主要内容有新闻、评论、时事解说、百科知识、政策法令讲座、广播讲演以及各种文艺节目等。1946 年 7 月 15 日起又增设英语节目。远在菲律宾出版的《华侨导报》曾对此作了专门报道。

1946 年 10 月，国民党军队进犯张家口，八路军主动撤出，张家口台也转移到阜平山区，改名为晋察冀新华广播电台，于 1947 年元旦起恢复播音。

1948 年 5 月，毛泽东、周恩来、任弼时等和中共中央机关从陕北转移到河北平山县西柏坡附近。为了加强陕北的广播宣传，中共中央决定，晋察冀新华广播电台并入陕北新华广播电台，全部工作人员和设备迁到西柏坡附近。至此，晋察冀新华广播电台光荣地完成了它的使命，全台工作人员于 1948 年 7 月 1 日迁到西柏坡附近的封城村，同陕北新华广播电台胜利会师。

在东北，1945 年 8 月 8 日，根据苏、英、美雅尔塔会议的协定，苏联于战胜德国三个月后对日宣战，百万红军迅速出兵我国东北，向日本关东军发起突然攻击。在苏联境内培训的东北抗日联军随苏联红军一起进发东北，参加解放东北和内蒙的战斗。与此同时，根据延安总部命令，八路军冀热辽部队挺进东北、热河，以配合苏联红军作战，消灭日伪武装和日伪汉奸势力，接管敌伪城市，建立人民政权。

苏联红军在我东北抗日联军和冀热辽部队配合下，进展顺利，至 8 月底已歼灭了日本关东军主力，占领了哈尔滨、齐齐哈尔、吉林、长春、沈阳、大连、承德等一批大中城市。东北解放区最初的一批广播电台就是在上述形势下先后建立起来的。

哈尔滨广播电台是东北解放区的第一座人民广播电台。1945 年 8 月 20 日，苏军进入哈尔滨，并接管了原日伪广播电台的设备。哈尔滨广播电台是原日伪中央放送局之一，当时有三部发射机。苏军将其中一部用于军事导航，一部由城防司令部使用，转播莫斯科的广播节目，并对哈尔滨市苏侨进行宣传。另将一部 1 千瓦的发射机交由在苏军中工作的东北抗联干部刘亚楼负责接收。刘亚楼当天即接收了广播电台，并口授第一篇广播稿的要点，于当晚播出。同时指定该台由赵乃禾具体负责。8 月 28 日，刘亚楼又将电台移交李兆麟领导。李兆麟是东北抗日联军著名将领，曾任联军第三路军总指挥兼第六军政委，当时是中共东北党委委员会委员，松江地区委员会负责人，公开身份是滨江省副省长。10 月上旬，中共中央东北局负责人陈云听取了工作汇报后，提出发动群众，把党的宣传工作搞起来，要利用广播电台开展宣传工作。此后，该台即由中共滨江工委直接领导。

1945 年年末至 1946 年年初，经苏军同意，国民党政府委派的“接收大员”来到哈尔滨并正式接收了滨江省和哈尔滨市政府。当时，按照东北局的决定，除少部分人以公开党员身份活动外，中国共产党组织已转入地下。李兆麟辞去滨江省副省长职务，专任哈尔滨市中苏友好协会会长（当时哈市中苏友协实际上是中国共产党的办事机关）。从此，哈尔滨处于三种政治力量左右之下，斗争形势错综复杂。国民党的“接收大员”曾多次企图夺取哈尔滨广播电台，但一直未能得逞。1946 年月 4 月，苏军撤出哈尔滨，我军重新进驻后，国民党军的挑衅越来越频繁，形势日趋恶化。5 月底，东北局决定哈尔滨台停止广播，并将设备拆迁转移至佳木斯。经过紧张筹备后，改名为东北新华广播电台，于 9 月 23 日开始广播。

哈尔滨台前后存在了 9 个多月，在错综复杂的政治形势下，坚决把争取更多的群众团结在中国共产党的周围作为宣传的根本方针。该台适应当时的形势，采取多种多样的宣传方式，取得了很好的宣传效果。除日常的新闻报道、讲座节目、文艺节目外，经常以转播群众大会的方式来宣传中国共产党的和平、民主、团结的主张，反对国民党当局内战、独裁、分裂的行径。1946 年 3 月 9 日，国民党特务暗杀了李兆麟将军后，激起了广大群众的无比愤怒。哈尔滨台举办的悼念李兆麟特辑广播节目，在社会上引起了强烈反响，使人们更加清楚地认识到国民党反动派的凶恶面目。

继哈尔滨广播电台之后，于 1945 年内陆续播音的还有长春、沈阳、通化、本溪、鞍山、营口、安东、吉林和大连等地的广播电台。这些广播电台的共同特点是，由于国民党反动派不断扩大内战，东北地区战局变化频繁，随着战争形势的发展，它们都曾几经转移，多次更名迁址，并一度停止播音，直到解放战争在东北地区取得决定性胜利之后，才逐渐稳定下来。

据 1947 年 9 月的不完全统计，当时在华北地区有 3 座广播电台，即陕北台（原延安台，在今河北省涉县境内）、晋察冀台（原张家口台，在今河北省阜平县境内）和邯郸台（今河北省涉县境内）。东北地区有 8 座广播电台，即东北台（佳木斯）、西满台（齐齐哈尔）、哈尔滨台、安东台、牡丹江台、延吉台、临江台和关东台（原大连台）。陕北台是解放区广播的中心，各台除自办节目外，均转播陕北台的主要节目。一个初具规模的解放区广播宣传网正在逐步形成。

上述广播电台中，除陕北台外，规模和影响最大的为邯郸新华广播电台和东北新华广播电台。

邯郸新华广播电台，呼号 XGHT，1946 年 9 月 1 日开始播音，该台由中共晋冀鲁豫中央局宣传部领导。该台筹建于 1946 年年初。在此之前，有一架载有两部美制无线电导航台的国民党空军运输机误落在焦作，被解放区军民缴获。晋冀鲁豫中央局和军区决定把这两部导航台改装为广播发射机，在晋冀鲁豫解放区建立一座广播电台，军区三处副处长王士光主持了改装工作。该台原拟建在峰峰矿区，后因国民党军进犯，离战场较近，不易保障安全，于 6 月转移到太行山东麓的涉县沙河村，这里距邯郸市约 90 公里，是晋冀鲁豫解放区的腹心地带，同时又毗邻太行山，易于隐蔽。在台长常振玉、机务科长祝敬迓的带领下，三处的工人和村民奋战两个多月，终于完成了建台任务。播音室和机房都在窑洞内，使用汽车引擎烧木炭解决了电力供应问题。25 米高的发射天线是利用杉木杆子架设起来的。

1947 年 3 月初，邯郸台正式组建编辑部，负责人为萧风。编播人员有顾文华、田蔚、王景训、张晋德、顾湘、王讴、于韵琴、陈陶、余铭久和柏立等。邯郸台使用两部发射机，有中波和短波两种波长，每天中午、晚上各播音一次，除转播延安台节目外，自办节目有向人民解放军广播、对国民党军广播、国内外新闻、本区新闻报道以及文艺节目等。

邯郸台的自办节目中最有特色的是对南下人民解放军广播节目。这个节目开办于 1947 年 8 月 1 日。当时，刘伯承、邓小平率部强渡黄河，挺进大别山，后方邮递信报跟不上，前方作战环境又不适于出版报纸，晚间广播的时间，又逢部队行军，不便于收听。在这种情况下，邯郸台特别增添早上节目 1~2 个小时。内容包括国内外时事、前方战况、后方参军、支前、生产建设和文化教育等。南下部队机关指定专人按时抄收，然后油印发至连队。邯郸台的广播成为鼓舞前线解放军指战员斗志的有力工具。从 1948 年元旦起，邯郸台又开始用记录速度播送军属家信。十个月的时间共播送了近两千件。前方的指战员反映，他们和邯郸台建立了深厚的感情。

1947 年 3 月，邯郸台又承担了筹建新台、在太行接替陕北广播的任务。为确保延安（陕北）台的声音不中断做出了重要的贡献。邯郸台除了胜利地完成了宣传任务外，还十分注意及时总结编播工作的经验，在编辑工作方面，邯郸台提出稿件要注意口语化和简练。关于播音的要求，邯郸台提出要做到熟练、稳当、有感情、抑扬顿挫和快慢适当。

东北新华广播电台，呼号 XNMR，1946 年 9 月 23 日开始播音。该台由中共中央东北局宣传部领导。

东北台是利用原哈尔滨广播电台的设备，在佳木斯筹建起来的，发射功率为1千瓦（后扩大为3千瓦），每天早、中、晚播音三次，总计七个半小时，是当时解放区广播电台中播音时间最长的。自办的节目有《国际新闻》《国内新闻》《东北新闻》《时事评述》《名人讲演》《人民呼声》《解放区介绍》以及文艺节目等。该台台长赵乃禾，副台长马皓，主要编播人员有杨明远、史康、姒永晶、徐迈等。东北台的宗旨是当好“东北人民自己的喉舌”。在东北局宣传部的直接领导下，围绕建立巩固的东北根据地的战略部署，东北台以新闻、通讯、评论等多种形式，充分报道了东北广大人民群众进行土地改革、剿匪反霸、发展生产、参军参战、支援前线等活动，影响所及，可达长春、沈阳、天津、北平、邯郸等广大地区。除新闻节目外，东北台的广播讲演和文艺节目也很有特色。佳木斯当时是东北解放区军政领导机关的所在地，又是合江省省会，一时名人荟萃，为东北台开办《名人讲演》节目提供了有利条件。应邀在东北台发表过讲演的有：合江省主席、抗联将领李延禄，著名作家萧军，教育家董纯才，戏曲家张庚，作曲家塞克、吕骥、马可等，其中李延禄的讲演《为保卫祖国而斗争》和萧军的《我回东北的观感》，在听众中留下了深刻的印象。此外，据有关材料记载，东北台于1946年10月播出的广播剧《我们宁死不当亡国奴》，是解放区广播电台播出的第一个广播剧。

1948年春，东北新华广播电台迁回哈尔滨。对内广播方面，以《东北新闻》《对国民党军广播》和讲演节目最有特色；外语广播方面相继开办英语、日语节目，同时还开办了广州话广播。

1948年上半年，人民解放军在东北战场全面转入反攻，许多中小城市相继解放，全东北的解放指日可待。中共中央东北局为了统一领导、统一管理全区的广播事业，于7月7日在哈尔滨召开了东北地区各广播电台联席会议。会议由东北台台长罗清主持，参加会议的有安东、齐齐哈尔、延吉、吉林、海龙、通化、牡丹江等电台的七位台长。两天后，东北局作出了《关于统一广播电台的决定》。从此，“全东北解放区各电台，统一属东北新华广播电台领导管理（包括供给）”，“东北新华广播电台作为东北解放区各地方电台的领导机关，设在东北局所在地，直属东（北局）宣（传）部领导”，“各广播电台的干部人员和全部器材均由东北新华广播电台接收，统一分配，统一管理”，“各个地方电台不设短波，只设中波”，各地方台要“转播陕北新华广播电台和东北新华广播电台节目”。为了叙述方便，我们将 1948 年 7 月以后的东北新华广播电台称作东北台（总台）。

东北台（总台）的成立标志着东北解放区广播事业的发展进入了一个新的阶段。它不仅担负着对东北地区的宣传任务，同时还担负着对东北地区广播事业的管理任务。这在解放区广播历史上也是具有首创意义的。在东北局宣传部的直接领导下，东北台（总台）于 8 月大力宣传了在哈尔滨召开的中国第六届全国劳动大会。同年秋冬，又配合辽沈战役的进行，展开了多种方式的宣传活动，对于分化瓦解东北战场上国民党军的战斗意志起了重大作用。

11 月 2 日，沈阳解放。东北台（总台）副台长朱明于 4 日接收了国民党在沈阳的广播电台，并利用其设备办起了沈阳新华广播电台（市台）。12 月 25 日起，东北台（总台）迁至沈阳继续播音。原沈阳新华台（市台）停止播音。

东北台（总台）迁至沈阳后，适应新的形势需要，广播节目做了部分调整，1949 年 3 月 1 日起，把中波、短波分开，同时恢复了沈阳新华台（市台）。先后停办了《对国民党军广播》、英语、日语、广州话广播等节目，同时增办了面向东北地区及沈阳市的广播节目，如《职工时间》《轮回节目》《沈市节目》《干部学习讲座》《俄语讲座》和《儿童节目》等。

1949 年 5 月 1 日起，东北台（总台）改名为沈阳新华广播电台，原沈阳新华广播电台改称沈阳人民广播电台；9 月 10 日起，沈阳新华台又改称为沈阳人民广播电台，原沈阳人民广播电台（市台）停播。

华东解放区的第一座广播电台——华东新华广播电台于 1948 年 5 月起在山东五莲县农村开始筹建，后又迁至临朐县的程家庄。同年 9 月 12 日起试验播音，呼号 XNEC，除转播陕北台节目外，并有对华东地区的自办广播节目。华东台由中共中央华东局宣传部领导，华东台管委会主任是周新武，副主任苗力沉。

华东台试播时，适逢济南战役进行。整个战役共进行了 9 天，华东台专门举办了对济南的广播，内容有《华东紧急动员令》，前线战报，对济南前线的国民党军劝降广播等。9 月 24 日下午济南全部解放，陕北台于当晚即播出了这一捷报。但国民党广播迟至 28 日始承认济南“失守”。同年 11 月，淮海战役打响。华东台又配合开展宣传攻势。当时被俘的国民党原山东省主席王耀武等曾在华东台对淮海战场国民党军发表过广播讲话。华东台正式播音后，开办有对华东战场国民党军广播，对华东人民解放军广播，对南京、上海、杭州、福州、台湾等地的广播节目等。

1949年1月，华东局决定除继续坚持华东台播出的人员外，其余干部按三套班子配备，准备渡江后接管上海、南京、杭州三地的国民党广播电台。2月华东台的人员和设备陆续迁移到济南继续播音。3月20日，准备南下的人员分批离开济南。

西北解放区的第一座广播电台——西北新华广播电台于1948年12月开始在延安筹建，1949年元旦试播，1月5日正式广播。西北台属中共中央西北局宣传部领导。

1947年3月，人民解放军主动撤出延安后，经过一年多的辗转作战，相继取得了青化砭、羊马河、蟠龙、沙家店、宜川等战役的胜利，并于1948年4月21日收复了延安。新建的西北台编辑部设在清凉山，播音室和发射机房设在凤凰山。西北台当时是新华社西北总分社的组成部分，台长由金照兼任，编辑部主任是武英。西北局在关于西北台的指示中，规定该台的主要任务是向西北待解放地区和西北的国民党军进行宣传，争取早日解放大西北。新华总社在给西北分社的指示中要求，西北台除转播陕北台节目外，自编的节目应包括如下内容：争取陕、甘、宁、绥、川等省市人民，分化瓦解前线的国民党军，为陕北人民解放军服务。5月20日，西安解放。6月1日起，西北台迁至西安继续播音，6日起改名为西安新华广播电台，7月1日起，又改名为西安人民广播电台，但其任务仍为面向西北地区广播。

除上述三座中心台外，1948年11月至1949年2月陆续建立的新解放区广播电台还有：

济南特别市新华广播电台：1948年11月8日开始播音，系利用接管的国民党原山东广播电台的设备建立起来的，台长黎韦。1949年6月13日起改名为济南新华广播电台，同年6月20日起又改称为济南人民广播电台。

天津新华广播电台：1949年1月15日，天津解放的当天晚上即开始播音，同年5月18日改名为天津人民广播电台。建台初期由天津日报社委会领导，社委会下设广播部，部主任由朱九思兼任。从报社分出后不久由鲁获任台长。

徐州新华广播电台：1949年2月1日开始播音，是今江苏省境内（当时徐州属山东省管辖）第一座人民广播电台。

北平新华广播电台：1949年1月31日，北平和平解放。由新华总社派出的有关人员接管了国民党北平广播电台。2月2日，北平新华广播电台开始播音。该台由以徐迈进为主任的管理委员会领导。

中原新华广播电台：1949 年 2 月 13 日在郑州开始播音。由中共中央中原局领导。同年 5 月武汉解放前夕，该台即停止播音。

1949 年 3 月 26 日，即陕北台迁进北平的第二天，根据中共中央的指示，通过北平新华广播电台通知南京方面派出代表，到北平举行和平谈判。中共中央派周恩来、林伯渠、林彪、叶剑英、李维汉（后又加派聂荣臻）为和平代表，以周恩来为首席代表。国民党李宗仁政府派张治中、邵力子、黄绍竑、章士钊、李蒸、刘斐为谈判代表，以张治中为首席代表。4 月 1 日，国共双方代表开始在北平谈判。15 日，双方代表拟定了《国内和平协定草案》的“最后修正案”，全文共八条二十四款，是以中国共产党提出的八项条件为基础商定的。中共代表宣布以 4 月 20 日为最后签字的日期。但南京李宗仁政府竟然决意顽抗到底，拒绝在协议上签字。

4 月 21 日，北平新华广播电台以气壮山河之势，反复播出了毛泽东主席、朱德总司令发布的《向全国进军的命令》，要求中国人民解放军全体指战员“奋勇前进，坚决、彻底、干净、全部地歼灭中国境内一切抵抗的国民党反动派，解放全国人民，保卫中国领土主权的独立和完整”。同一天，人民解放军百万大军分作西、中、东三路，在长达 500 余公里的战线上强渡长江，直指国民党统治中心——南京。次日，北平新华台播出了毛泽东撰写的《我三十万大军胜利南渡长江》《人民解放军横渡长江》两篇重大消息。均已收入《毛泽东新闻工作文选》。

自 4 月至 6 月下旬，人民解放军在为期两个月的渡江战役中，先后解放了南京、杭州、武汉、上海、南昌等一批大中城市以及江苏、浙江、安徽、福建、江西、湖北等省的广大地区。北平新华台先后播出了毛泽东撰写或修改的《南京国民党反动派政府宣告灭亡》《祝上海解放》等新华社消息、社论。均已收入《毛泽东新闻工作文选》。在此期间，新解放区的一批人民广播电台相继建立起来。

4 月 23 日，南京解放。第二天，南京的广播电台奉命转播北平新华台的全部节目。5 月 6 日，人民解放军南京市军管会文教委员会派李强、陆亘一两人接管了原国民党在南京的中央台及国防部所属的军中广播电台。从 18 日起，利用上述两台设备建立的南京人民广播电台开始播音。

在此之前，在江苏省境内先后建立起南通新华广播电台（3 月 20 日开始，7 月 8 日改名为南通广播电台）、无锡广播电台（4 月 23 日无锡解放后继续播音，9 月 1 日无锡人民广播电台正式成立）、常州人民广播电台（4 月 27 日开始试播，10 月 1 日正式播音）和苏州新华广播电台（5 月 15 日开始播音，9 月 1 日起改名为苏州人民广播电台）。

5 月 27 日，我国最大的城市上海解放。同日，人民解放军上海市军管会接管了国民党上海广播电台。晚上，上海人民广播电台开始播音；同时，设在济南的华东新华台停止播音。9 月 1 日起，上海人民台开始承担向华东地区广播的任务。上海人民台台长周新武，副台长苗力沉。

人民解放军南下之后，相继开始播音的大中城市广播电台还有：

武汉新华广播电台：原中原新华广播电台的南下干部接管国民党汉口广播电台后建立，5 月 23 日起开始播音，8 月 1 日起改名为武汉人民广播电台。

浙江新华广播电台：杭州解放后，利用接管的广播设备建立，5 月 25 日开始播音，6 月 9 日起改名为杭州人民广播电台。

南昌新华广播电台：南昌解放后，利用接管的广播设备建立，5 月 25 日开始播音，6 月 3 日起改名为南昌人民广播电台。

福州人民广播电台：8 月 24 日开始播音，系利用接管的原国民党福建广播电台而建立的。

在西部地区，人民解放军在挺进大西北的战斗中，先后解放了甘肃、青海等广大地区，并先后建立了兰州人民广播电台（9 月 7 日开始播音）和西宁人民广播电台（9 月 14 日开始播音）。

中华人民共和国成立前夕，据 1949 年 9 月统计，全国各地人民广播电台近 40 座，一个遍布全国的人民广播网初步形成。

四、解放战争中的广播宣传

解放战争时期，延安台和各地人民广播电台的节目在形式上日渐丰富，在内容上则紧密配合解放区军事斗争的形势，前期主要宣传了我党争取和平、反对内战的方针，后期一方面揭露国民党假和平、真内战的反动面目，另一方面鼓励解放区和国统区的军民积极行动起来，为争取全国的最后胜利而努力。

1945 年 9 月延安台恢复广播后，每天播音两次，中午、晚上各一次，每次一小时。从这时起延安台有了开始曲，起初为《渔光曲》，后改为《兄妹开荒》。主要节目有：时事新闻：报道国内外重大消息；解放区消息：介绍民主政权的建设、军队活动和人民生活的情形；解放区介绍：介绍全国各地解放区的情况，解放区的各项政策和建设的成绩；言论：播送延安《解放日报》的评论、国内外的舆论介绍等；通讯和故事；记录新闻；文艺节目：每逢周末或节假日，延安台邀请延安的文艺团体来演播歌曲、戏曲、秧歌等节目。

从 1945 年 10 月 6 日起，延安台开始每星期六举办一次周末文艺节目。第一次由鲁艺文工团演出了歌曲《东方红》《庆祝胜利》《有吃有穿》和秧歌剧《兄妹开荒》。以后播出的还有歌曲《民主进行曲》（陶行知用《义勇军进行曲》的曲谱填写的新词，反映了全国人民渴望和平、要求民主的迫切心情），延安平剧院新编历史剧《逼上梁山》和《三打祝家庄》等，除了周末外，延安台配合重大纪念节日，也播出专题文艺节目。

1946 年 1 月，政治协商会议在重庆开会期间，延安台根据新华社和《解放日报》发表的消息和评论，揭露了国民党当局宣传的首先“军队国家化”，然后再“政治民主化”的反动主张，积极宣传了中国共产党提出的正确主张，即，第一，军队国家化的原则是国家民主化和军队民主化；第二，什么时候中国有了一个新民主主义的联合政府，解放区的军队就交给它，但是一切国民党的军队也必须同时交给它。延安广播的宣传既戳穿了国民党当局的阴谋诡计，同时也批评了某些中间集团的幻想。在政协决议公布以后，延安台积极开展了维护和贯彻政协决议的宣传活动。同时用国民党当局在美帝国主义支持下血腥镇压民主运动、不断把士兵和军用物资送到内战前线、屡次破坏《停战令》、侵犯和进攻解放区的大量事实，揭露了美蒋反动派极力破坏政协决议、积极准备打内战的罪恶活动。

除了运用新闻、通讯等形式介绍解放区外，延安台还专门举办了《解放区介绍》《解放区政策》和《解放区建设》三个专题节目。这三个节目向全国听众播出了一系列专稿，从不同的角度介绍了陕甘宁、晋察冀、晋冀鲁豫、苏南、浙西、皖中等 11 个解放区创建和发展的经过，此外还介绍了解放区人民的权利、“三三”制政策和人民军队以及经济文化建设等，用具体生动的事例宣传中国共产党的各项政策和主张，向国民党统治区的人民描绘出了未来中华人民共和国的蓝图，借以鼓舞他们争取民主自由的斗争。所有这些，都是从国统区广播电台听不到的。

延安《解放日报》、重庆《新华日报》和其他解放区的报刊都经常刊登延安台的节目表，介绍延安台的重要节目，发表延安台的广播稿。延安台的广播再加上解放区其他广播电台的转播，使中国共产党的声音传向了四面八方。

延安广播无论在解放区还是在国统区都拥有许多听众。据当时的材料，从东北到广东，从四川到上海，不少地方都可以听到延安台的广播。在一些新解放的城市如张家口、宣化、邢台、长治、焦作、淮阴等地，还利用群众集会的场合，组织群众集体收听延安广播。在国统区的中国共产党代表团、重庆《新华日报》馆及其办事处人员，把每天收听延安广播当作重要任务来执行。延安台通过全国各地的八路军办事处、《新华日报》馆、新华社分社等机构，广泛联系各地的广大听众，扩大广播宣传的影响。另据 1946 年 7 月至 8 月间统计，延安台播出的 89 篇文章，其中就有 34 篇是上海、重庆、南京、北平、昆明等地以及国外各地的民主人士写的。在此期间，延安台还播出过上海失业青年和国民党军队士兵写的向社会的公开信。上述讲话和文章，说出了在国民党统治区不能说或者不敢说的话，受到了国民党地区听众的注意和欢迎。延安台的记录新闻，经常被上海、南京、重庆、昆明、西安等地的进步报纸采用。远在新加坡、菲律宾出版的爱国华侨办的报纸上，也可以不断地看到根据延安广播刊登的重要消息和评论。1946 年 6 月，全面内战爆发前夕，国民党空军上尉飞行员刘善本第一个驾驶飞机起义来到延安。刘善本就是由于经常收听延安广播，提高了思想觉悟，决心退出内战而飞来解放区的。到延安以后，他受到了毛泽东、朱德的接见，并多次到延安台发表广播讲演，号召国民党空军官兵反对内战，站到人民方面来。在参观延安台的时候，他对延安台工作人员艰苦奋斗的精神深感钦佩。

从 1946 年 7 月人民解放战争开始到 1948 年 6 月为止的两年中，第一年表现为国民党军的进攻和人民解放军的防御。从第二年起，人民解放军转入战略进攻，人民解放战争开始走向全国的胜利。与此同时，国民党统治区内的人民革命运动蓬勃发展，出现了第二条战线的斗争。这两年中，以延安（陕北）台为代表的解放区广播根据解放战争形势的发展以及中国共产党的战略方针和军事原则，把宣传重点确定为集中一切力量，加强军事宣传和政治宣传，全面配合人民解放战争，动员和鼓舞解放区军民和国民党统治区广大人民起来粉碎国民党反动派的军事进攻，争取人民革命斗争的伟大胜利。

这个时期，广播宣传的对象不仅是国民党统治区的人民和国民党军队的官兵，同时也兼顾了解放区军民的需要。

第一，根据解放战争形势的发展，发表有关战局的评论文章和报道人民解放军取得的胜利战绩。

1946 年 6 月 26 日，国民党反动派撕毁了国共两党发布的停战令，大举围攻中原解放区，发动了全面内战。30 日，毛泽东写信给新华社代社长兼总编辑余光生："从现时起，凡各地蒋军向我进攻之消息，均请发表，并广播；因蒋口头说停战，实际在作战，我应发表新闻予以揭穿。"从这时候开始，延安台在广播中大量报道国民党军在美帝国主义支持下不断侵犯解放区的事实，同时也报道了解放区军民奋起自卫反抗的胜利消息。10 月 3 日，从中原解放区率领 120 师 359 旅胜利突围到达延安的王震将军应邀在延安台发表了《人民的军队是不可战胜的》广播演讲。

根据中共中央制定的战略方针，延安台通过评论文章指出，国民党军队虽然在兵力上占有暂时的优势，但它的根本弱点是不可克服的，总的趋势是：我军必胜，敌军必败。中国共产党领导下英勇的人民解放军，不但必须打败蒋介石，而且一定能够打败蒋介石。

解放军转入战略反攻之际，1947 年 9 月 12 日，陕北台打破惯例，连续 4 天反复播出了新华社社论《人民解放军大举反攻》。13 日香港《华商报》以"陕北中共电台宣布大反攻已展开"为题在第一版头条位置加以报道。10 月，陕北台在播出了《中国人民解放军宣言》以后，"打倒蒋介石，解放全中国"的口号响彻大地，极大地鼓舞了解放区军民夺取反攻胜利的信心。

第二，动员和组织解放区人民支援解放战争。

延安（陕北）台和其他广播电台及时播送了中国共产党和地方政府的指示、文告和前线的胜利消息，报道了解放区人民开展土地改革运动、积极支援前线的活动。

解放区的广播，成为南下解放军指战员和后方人民群众获得消息的重要来源。

第三，开办《对国民党军广播》节目，直接配合军事斗争，从政治上分化瓦解敌军。

对国民党军的广播内容，早在延安时间就开始了。1946 年 7 月，驾机起义的刘善本就曾对国民党空军官兵发表过题为《赶快退出内战旋涡》的广播演讲。但是没有固定的节目名称和时间。1947 年 1 月 20 日起，延安台开始逐日播送放下武器、脱离内战的国民党军官名单。9 月 5 日起，正式开办《对蒋军广播》节目（后改名为《对国民党军广播》节目），每天半小时。邯郸台、东北台等也都举办过类似的节目。这类节目以国民党军官兵为主要对象，向他们宣传中国共产党和人民解放军对时局主张以及对待放下武器官兵的宽大政策，如实地报道解放战争的发展形势，有力地揭露国民党反动派的造谣欺骗，同时向他们晓以大义，指明出路，号召他们放下武器投诚起义。

《对国民党军广播》节目中，除了新闻、评论以外，还有的放矢地采用了以下多种多样的宣传方法，诸如播送放下武器军官名单、释放战俘名单和放下武器的国民党军官的书信；向被人民解放军围困的敌军播送讲话、警告、命令等，敦促他们尽快放下武器投向人民方面来；介绍解放区国民党军官在解放区受到的人道主义待遇和他们学习、生活的情况。

对国民党军广播，在国民党军队特别是空军中拥有不少听众。继刘善本之后又有多起国民党军空军人员驾机起义来到解放区。实践证明，《对国民党军广播》节目在分化瓦解敌军的作战意志方面起了很大的作用。

第四，声援和促进国民党统治区的爱国民主运动，推动第二条战线斗争的胜利开展。

解放区的广播通过新闻报道、名人讲演、组织特别节目，广泛地宣传了国民党统治地区声势浩大的爱国民主运动。1946 年 9 月 23 日起，国民党地区各大城市举行“要求美军撤出中国运动周”活动。10 月，延安台邀请廖承志、马海德等人发表广播演讲，支持国民党地区掀起的工人罢工、农民反抗征兵征粮、学生反饥饿反内战反迫害的斗争等，延安（陕北）台都曾反复加以报道，促进了国民党地区人民运动的进一步高涨。

第五，举办文艺节目，反映解放区文艺创作的成果。

陕北台在好坪沟期间，环境艰苦，距离前线又近，没有条件办文艺节目，转移到太行山以后，陕北台所处的环境安定，群众基础好，文艺活动也比较活跃，为恢复文艺节目提供了有利条件。

1947 年 9 月，陕北台开办了《星期文艺》节目，陆续播出了一批解放区文艺作品，如毛泽东、刘伯承、陈毅的诗词，赵树理的小说以及独幕剧、歌曲、秧歌剧等。10 月 30 日，为纪念人民音乐家冼星海逝世两周年，陕北台还播出了《黄河大合唱》。

1948 年 2 月，毛泽东起草的中共中央党内指示《纠正土地改革宣传中的“左”倾错误》中，在评价太行时期新华社和陕北台的宣传工作的时候指出：“过去几个月的宣传工作，正确地反映和指导了战争、土地改革、整党、生产、支援前线这些伟大斗争，帮助了这些斗争取得了伟大成绩，并且在宣传工作中占主要成分，这是必须首先承认的。但是也必须看到一些错误缺点。其特点就是过左。其中有些是完全违背马克思列宁主义原则立场和完全脱离中央路线的。”①这里指出的宣传工作的错误和缺点，主要是指土地改革宣传中不加选择、没有分析地传播了许多包含“左”倾错误偏向的不健全的通讯和文章。指示还点名批评了陕北台。在中共中央和毛泽东指出上述“左”倾错误的严重性以后，陕北台检查了从1947年10月到1948年2月间的100多篇广播稿，对土改，新解放城市、老解放区的工商业，政权建设和整党等方面宣传中反映出来的“左”倾错误作了分析和检讨，并且重新研究和确定了关于土改宣传的方针和措施。

从1948年7月起，人民解放战争进入第三个年头。这时候，军事战线上的胜利更为迅速，各个解放区随之急剧扩大，并且逐步连成一片。8月，华北人民政府成立，首先统一了华北解放区的政权。

在解放战争即将夺取全国胜利的形势下，1948年9月，中共中央在平山县西柏坡召开了一次政治局会议。这次重要会议检查和总结了人民解放战争开始以来的胜利成果，规定了从根本上打倒国民党反动统治，夺取全国胜利的伟大任务，并且从军事、政治、经济等各个方面作了具体部署。会后，人民解放军的作战和各解放区的工作开始严格按照中共中央的统一规划，向着夺取全国胜利的总目标前进。陕北台和其他解放区广播电台围绕着上述总目标，从1948年秋至1949年春主要进行了以下几方面的宣传：

第一，配合三大战役，开展分化瓦解国民党军的广播攻势。

1948年秋冬，人民解放军相继发动了辽沈、淮海、平津三大战役。在三大战役迅猛开展的过程中，陕北台和东北台、华东台等解放区广播电台迅速报道人民解放军的战绩，全面反映战场实况，及时评述战局发展。解放区广播电台除了采用新闻、评论、通讯等节目外，还加强了以分化瓦解国民党军官兵战斗意志为目的的《对国民党军广播》节目，直接配合了人民解放军在前线的作战。

辽沈战役开始之前，1948年5月，东北局宣传部和东北军区政治部联合发出《关于组织对敌军广播的通知》。不久，东北台开始举办《对国民党军广播》节目。1948年秋天起，配合前线作战，东北台曾播出过中国共产党、人民解放军、东北行政委员会等党政军机关发布的政令、布告、公开信，东北军区副司令员吕正操、东北行政委员会副主任高崇民、民主人士李德全等对国民党军军官的讲话以及放下武器的国民党军将领郑庭笈、范汉杰等对被包围的国民党军官兵的讲话

① 《毛泽东选集》第四卷，人民出版社1991年版，第1281页。

和书信等。困守长春的国民党东北“剿总”副司令郑洞国率部投诚后，国民党广播电台竟造谣说郑已“为国捐躯”，并为他开了追悼会。不久，郑洞国在东北台发表广播讲话，揭穿了国民党制造的谣言，并劝告盘踞沈阳、锦州的国民党军将领放下武器，弃暗投明。实践证明，辽沈战役中东北台的广播在瓦解国民党军士气，配合人民解放军作战方面收到了显著的效果。

从1948年11月开始的长达两个月的淮海战役中，陕北台和华东台密切配合战役的进程，开展了多种多样的广播宣传活动。毛泽东在部署军事行动的同时，还十分重视运用广播来分化瓦解敌军。在战役的第一阶段，陕北台根据毛泽东的批示，对被包围的黄百韬兵团反复播出了劝降广播稿。在第二阶段的作战中，11月27日，一天之内，毛泽东写了《人民解放军总部向黄维兵团的广播讲话》和《刘伯承陈毅两将军向黄维兵团的广播讲话》两篇广播稿。随后，他又审阅了三篇广播稿。被包围的国民党军高级军官，听了陕北台的广播后，顿时坐卧不安。许多中下级军官和大批士兵从偷听广播中了解到人民解放军宽待俘虏的政策，纷纷缴械投降。在第三阶段最后歼灭敌军的战斗中，陕北台于12月17日起反复广播了毛泽东写的《敦促杜聿明等投降书》，对被包围的国民党军官兵展开了声势浩大的政治攻势，20多天里，先后有1.4万多名敌人被迫投降。1949年1月6日，人民解放军发起总攻击，杜聿明本人拒绝投降被活捉。

在平津战役中，陕北台配合人民解放军的行动，连续、反复地播出了《中国人民解放军平津前线司令部布告》《中国人民解放军东北野战军司令员林彪、政委罗荣桓告华北国民党军将领书》以及从济南、辽沈、淮海战场上不断传来的胜利消息。同时，还陆续播出了一批放下武器的国民党军将领敦促困守天津、北平的国民党军官兵立即投降的书信。

1月31日，陕北台郑重向全国和全世界宣告：北平和平解放。至此，辽沈、淮海、平津三大战役胜利结束。

第二，揭露国民党反动派的“和平攻势”，号召全国人民将革命进行到底。

在取得三大战役的伟大胜利之际，陕北台广播宣传的重点转向揭露美帝国主义、国民党反动派制造的“和平”骗局，号召全党、全军、全国人民将革命进行到底，坚决、彻底、干净、全部地消灭一切反动势力，在全国范围内推翻国民党的反动统治，建立一个新的人民民主的共和国。

从1948年下半年起，美帝国主义为了帮助国民党反动派取得喘息的时间，就从各方面策动国共两党重新“和谈”，妄图以“和平攻势”来挽救国民党的军事溃败。9 月 3 日，陕北台广播了《新华社奉命驳斥“和谣”》的消息，揭露了美帝国主义企图以和平的假面具欺骗中国人民的真相。年底，陕北台又广播了毛泽东为新华社写的 1949 年新年献词《将革命进行到底》。随后针对蒋介石发表的“求和”声明，陕北台于 1949 年 1 月 14 日广播了中共中央主席毛泽东的《关于时局的声明》，提出了实现真和平的八项条件。为了阐明真和平的意义和条件，陕北台连续广播了毛泽东撰写的《中共发言人就和谈问题发表谈话》《四分五裂的反动派为什么还要空喊“全面和平”?》《国民党反动派由“呼吁和平”变为呼吁战争》和《评国民党对战争责任问题的几种答案》等一系列重要消息和评论，戳穿了蒋介石利用和平谈判作掩护、企图保存反革命实力的阴谋，同时也扫清了资产阶级右翼分子散布“和谈”言论造成的不良政治影响。

第三，宣传中共中央纪念“五一节”口号，推动新政协运动的开展。

为了准备迎接全国胜利的到来，根据毛泽东的提议，中共中央在迁至平山前夕的 1948 年 4 月 30 日，发布纪念“五一”国际劳动节的口号，其第五条提出：“各民主党派、各人民团体、各社会贤达迅速召开政治协商会议，讨论并实现召集人民代表大会，成立民主联合政府。”中共中央在九月会议的通知中，又提出“准备在 1949 年召集一切民主党派、人民团体和无党派民主人士的代表们开会，成立中华人民共和国临时中央政府”。陕北台广播将“五一”劳动节的口号及召集政治协商会议的口号传遍了全中国，引起了强烈的反响。民盟、民革和其他民主党派的负责人纷纷通电全国，热烈响应中共中央关于召开新政协的号召。

1949 年 3 月 23 日，陕北台广播了中共七届二中全会公报。公报提出，在全国胜利的局面下，党的工作重点必须由乡村转移到城市。公报宣布了在全国胜利以后，党在政治、经济等方面的基本政策，以及使中国由农业国转变为工业国，由新民主主义国家转变为社会主义国家的总的任务和主要途径。公报还宣布，全会批准了由中国共产党发起，并协同各民主党派、人民团体及民主人士召开而没有反动分子参加的政治协商会议及成立民主联合政府的建议。

五、中华人民共和国成立前夕的人民广播

1949 年 3 月 25 日，中共中央由西柏坡迁进北平。同一天，新华总社和陕北新华广播电台也由平山北上来到北平。从这一天起，陕北台改名为北平新华广播电台，并开始具有对全国广播的中央台性质。原北平新华广播电台则改名为北平

人民广播电台（不久又改称为北平新华台的第二台），作为北京市台，继续面向全市听众广播。

为了适应广播事业日趋扩大的需要，6 月 5 日，中共中央发出通知①：将原新华总社语言广播部扩充为中央广播事业管理处，管理并领导全国广播事业，由廖承志任处长，李强任副处长。通知指出，中央广播事业管理处与新华总社为平行组织，同受中共中央宣传部的领导；各中央局所属广播电台，今后应受各中央局宣传部与中央广播事业管理处之两方面领导。各地广播电台与中央广播事业管理处之关系，与各地新华总分社、分社与新华总社之关系相同。

陕北台由乡村迁进城市和中央广播事业管理处的成立，标志着人民广播事业的发展开始了一个新的阶段。从此，广播事业脱离新华社成为单独的宣传系统，与人民日报社②、新华通讯社并列为中央三大新闻机关。

在廖承志的主持下，中央广播事业管理处在存在的近四个月时间里，遵照中共中央的有关指示和决定，为统一领导和管理全国的广播事业做了大量的工作：

一是对地方广播电台的设置原则、管理办法以及有关事项作了一系列明确的规定。例如，关于短波台的设立问题，规定除北平新华台外，各地方台均以使用中波台为宜。关于广播电台的名称问题，规定除作为全国中央台的北平新华广播台外，各地广播台一律统称某地人民广播电台。

二是为统一领导和管理华东地区的广播电台，8 月 10 日与中宣部联合发出成立华东广播事业管理处的指示。该处的任务为管理并领导华东各地区人民广播电台，管理华东各地私营广播电台和管理华东各地收音机的调查、登记、配售等事项。指示还对上海人民广播电台的广播内容提出了原则性的要求，同时对如何妥善地管理私营台也作了明确的规定。这项指示对正确处理当时全国广播电台最大的集中地——华东地区广播事业管理和发展的问题起了积极的作用。

三是加强了对广播宣传工作的统一领导，规定各地方台从 6 月 20 日起，每天 20 点 30 分至 21 点 30 分必须转播北平新华台的新闻、综合报道、评论和国际事件节目。针对个别地方台播出了一些不应广播的地方消息，中共中央中宣部与

① 中央人民广播电台研究室、北京广播学院新闻系编：《解放区广播历史资料选编》，中国广播电视出版社 1985 年版，第 49 页。

② 1949 年 1 月 31 日北平和平解放后，2 月 2 日《人民日报》（北平版）正式出版。3 月 15 日，华北《人民日报》迁进北平，取代临时性的《人民日报》（北平版）。8 月，根据中共中央决定，华北《人民日报》改为中共中央机关报，胡乔木任社长，邓拓任副社长兼总编辑。

中央广播事业管理处于6月9日联合发出的《关于地方广播审查问题的指示》，规定各地方台广播的地方新闻尤其是记录新闻，“第一，必须经中央局、分局或市委负责审查”；“第二，其中特别重要的问题，影响及于全国者，必须事先向宣传部或新华总社请示，或待总社与北平新华广播电台广播后再发”。

四是编辑出版了人民广播史上的第一份业务刊物《广播资料》。该刊从7月起先后共出刊三期，除刊登了中央广播事业管理处的有关指示和通知外，特别有意义的是把列宁关于无线电广播的论述介绍给中国读者。列宁在1922年5月19日写给斯大林的信中强调，无论是就进行宣传和鼓动，还是就举办讲座来说，发展广播事业都是“绝对必要的”，并且指出，为了发展广播事业“绝对不要吝惜资金”。此外，《广播资料》还介绍了苏联、英国、加拿大等国广播事业发展状况和进行听众调查的情况等。

随着全国解放新形势的到来，北平新华广播电台的宣传任务日益繁重。1949年3月进城之初，北平新华台每天播音5小时。中央广播事业管理处成立以后，直接领导该台工作，由廖承志兼任台长、英语广播部主任，李强兼副台长、工程部长，梅益为编辑部第一部长。在廖承志的领导下，北平新华台为了满足面向全国宣传的需要，及时改进工作，增加播音时间，开办新的节目。其中较大的改进有两次：

第一次是进城后不久，从6月20日起，北平新华台每天晚上8点半至9点半播放新闻、综合报道、评论、国际时事节目，供全国各地广播电台转播。同日，继英语广播之后，又开办了第二种外语广播——日语节目，同时还开办了广州话、潮州话和厦门话节目。从这一天起，北平新华台还分别与中华全国总工会、中国新民主主义青年团、中华全国民主青年联合会、中华全国学生联合会、中华全国妇女联合会合作举办职工、青年、妇女轮回节目。这是一种对象性节目，目的在于使广播的内容适合不同对象的需要。

第二次是在中华人民共和国成立前夕，从9月1日起，北平新华台每天播音增加到5次，时间增加到13小时。同一天，该台与中华全国自然科学工作者代表会议筹委会宣传部联合举办的第一个知识性节目——《自然科学讲座》节目开始播出。该节目每星期播送6次，主要内容是讲解有关生理、医药卫生、工矿、农林、物理、化学等各方面的知识和科学家的故事。同时，为了逐步改造旧文艺，用新的曲艺向全国示范演唱，该台又与中华全国曲艺改进会筹备会联合举办了《曲艺》节目。

在此期间，北平新华台宣传的主要内容是关于新的政治协商会议的召开和迎接中华人民共和国的成立。

6月20日晚上，北平新华台首次播出了毛泽东6月15日在新政治协商会议筹备会上的讲话录音。同时播出的还有周恩来的开幕词以及朱德、李济深、沈钧儒、郭沫若、陈叔通、陈嘉庚等的讲话录音。这是全国人民第一次从广播中听到共产党领袖毛泽东的声音。30日晚上，北平新华台首次播出了毛泽东为纪念中国共产党诞生28周年而写的《论人民民主专政》一文。该文全面地总结了中国革命斗争的历史经验，阐明了中华人民共和国的政权性质及其对内对外的基本政策。7月1日，朱德亲临北平新华台，发表了纪念广播讲演。随后，该台又报道了北平和其他各地举行纪念大会的消息和通讯。

9月21日晚7点整，中国人民政治协商会议第一届全体会议在北平隆重开幕。北平新华广播电台和各地广播电台均以这次会议为中心，进行了全面的、系统的宣传。北平新华台的宣传报道注意发挥了广播宣传迅速及时、感染力强的特点，除了大量采编新闻稿件外，还采用讲话录音、实况广播、录音报道等形式对大会作了充分、有力的报道，在全国亿万听众中引起了强烈的反响。当天晚上8点30分北平新华台在第三次新闻节目里报道了大会开幕的消息，并且预告："本台从今天起，将逐日播送会议进行的各项消息和各重要报告和讲话的录音。"9点15分，北平新华台即播出了毛泽东开幕词的讲话录音（即《中国人民站起来了》一文）。为了突出宣传全国各族人民团结一致建设中华人民共和国的坚强信念，北平新华台对与会各党派、团体、地方、部队代表和特邀代表的绝大多数发言以及会议的重要报告都一律录音播出，据不完全统计，多达90人次以上。

北平新华台还尝试利用实况广播的形式，向全国人民真实、生动、具体地报道了会议通过《共同纲领》和其他文件以及国都、纪元、国歌、国旗四项议案的情景。9月27日，中国人民政治协商会议第一届全体会议决定自即日起北平重新更名为北京，并确定北京为中华人民共和国的首都。北平新华广播电台也随即更名为北京新华广播电台。同日通过的《共同纲领》第四十九条规定："保护报道真实新闻的自由。禁止用新闻以进行诽谤，破坏国家人民利益和煽动世界战争。发展人民广播事业。"在历时10天的连续宣传中，北京新华台详尽地报道了会议的进程、国内外的反应，同时在轮回节目、文艺节目中也都配合会议的进行开办了一系列专题性节目。各类节目围绕着第一届政协会议，形成了一个空前规模的宣传高潮。

10月1日下午3点，中华人民共和国开国大典在北京天安门广场隆重举行。

北京新华台作了实况广播，各地人民广播电台同时转播。这是人民广播史上第一次大规模的全国性实况广播。全国各族人民和五大洲的广大听众从广播中聆听了毛泽东主席豪迈有力、气势磅礴的声音：“中华人民共和国中央人民政府今天成立了！”随后转播了毛泽东主席宣读《中央人民政府公告》、朱德总司令检阅人民解放军陆、海、空三军部队和规模盛大的群众游行等的情景。整个开国大典的实况广播持续了 6 个小时，至晚上 9 点 25 分宣告圆满结束。

北京新华台通过广播把全国亿万人民紧密地联结在一起，长城内外群情振奋，大江南北欢声雷动。同年 12 月 5 日，北京新华广播电台改名为中央人民广播电台。

思考题：

1. 比较分析 1945—1949 年国共两党广播事业的发展变化。
2. 简述解放战争时期民营广播业的发展。

第五章 向社会主义过渡时期的广播事业

（1949—1956）

中华人民共和国成立初期，中国共产党发动和组织全国人民恢复国民经济，贯彻执行党在过渡时期的总路线，逐步把新生的人民共和国由新民主主义国家转变为社会主义国家。与此同时，中国共产党和中央人民政府通过接管、改造旧中国的广播电台，在全国范围内开创建设人民广播电台，发展具有中国特色的广播事业。到1956年，广播事业的相关管理机构逐步建立并完善，以中央人民广播电台为中心的广播宣传网基本形成，中华人民共和国的广播事业建设也开始全面启动。

第一节 建立集中统一的国营广播事业体制

1949年10月，中央广播事业管理处改组为广播事业局，① 由中央人民政府政务院文化教育委员会所属之新闻总署领导。李强任广播事业局局长，梅益、徐迈进任副局长。其具体任务是：1. 领导全国各地人民广播电台；2. 直接领导中央人民广播电台对国内和对国外（呼号为“北京广播电台”）的广播；3. 普及人民广播事业；4. 指导和管理各地私营广播电台；5. 培养和训练广播事业干部。各地人民广播电台同时领导和管理所在地方的广播事业和广播工业。② 1952年2

① 作为政务院新闻总署的直属机构，建立初期称广播事业局。1952年改称中央广播事业局。1954年，又改称广播事业局，直到1967年。1967年12月起，广播事业局为中共中央直属部门序列，在中央有关文件中开始使用中央广播事业局的名称，至1982年5月改组为广播电视部为止。本书为行文前后一致，统称为中央广播局。参见原国家广播电影电视总局网站“历史沿革”部分。

② 转引自左漠野主编：《当代中国的广播电视》（上），中国社会科学出版社1987年版，第34页。

月 12 日，新闻总署撤销，中央广播事业局改由政务院文化教育委员会领导，宣传业务由中共中央宣传部领导。同年 9 月李强调任其他工作，梅益[①]任局长，徐迈进、温济泽任副局长。1954 年 11 月，由于国家机关改组，中央广播事业局的技术行政业务改由国务院第二办公室领导，宣传业务仍由中共中央宣传部领导。

一、统一领导和建设人民台

新中国成立初期，人民广播事业的建设方针和宣传原则主要是由中共中央宣传部和政务院新闻总署等部门规划和部署。1950 年 2 月 27 日，新闻总署召开京津新闻工作会议，讨论了报纸、通讯社和广播电台的发展方向与相互关系问题。会议认为："广播电台应以发布新闻、社会教育及文化娱乐为主，市台则应着重社会教育。人民广播电台对全国及对国际广播节目，应集中于中央人民广播电台；地方人民广播电台除联播中央人民广播电台外，并应特别加强地方性节目。"会议还对报纸、通讯社与广播电台的相互关系做出指示："全国性与全世界性的重要新闻，报纸与广播（电）台均应以新华社为主要来源。但除公告及主要公告性新闻外，各报社及广播（电）台亦应在可能条件下对国内外重要新闻进行自行的采访工作。新华总社应将重要新闻尽早交中央人民广播电台发表。""任何外国通讯社稿件，均须经过新华社才能发表，各报及广播电台均不得自行抄收与采用。""广播电台应采用报纸言论及消息，并应有自己的新闻与评论。"[②] 上述意见和指示在很长一段时间成为我国有关新闻机构之间互相分工和协作的基本原则。

---

① 梅益（1913—2003），原名陈少卿，广东潮安人。1935 年在北平参加左翼作家联盟，1937 年在上海参加中国共产党。抗日战争时期，任中共上海市文委成员、书记，创办《每日译报》，并主编《华美周刊》《求知文丛》和《上海一日》等书刊。1946 年任南京中共代表团发言人、新华社南京分社社长。1947 年 3 月，随代表团撤回延安，在延安和撤出延安至进入北平前，任新华社总社编委、副总编辑并分管语言广播工作，曾任广播管理部副部长。1949 年春进入北平后，任北平新华广播电台（今中央人民广播电台）编辑部第一部长兼北平人民广播电台管理委员会委员。中华人民共和国成立后，历任中央广播局副局长、局长、顾问等职。其间，曾任全国记协副主席。1978 年调中国社会科学院，历任副秘书长、副院长、党组第一书记、顾问等职。1986 年调中国大百科全书出版社任总编辑、社长。后为中国广播电视学会及《中国广播电视年鉴》顾问。曾任中共中央顾问委员会委员，第一、五届全国政协委员，第一、二、三、六届全国人大代表，第六届全国人大常委会委员。著述有《梅益谈广播电视》，翻译作品有《西行漫记》《续西行漫记》《尼赫鲁自传》（均系与他人合译）及《钢铁是怎样炼成的》《对马》等书。

② 以上均引自《京津新闻工作会议关于（新闻工作）统一与分工的初步意见摘要》，载中央广播事业局《广播通报》第 1 卷第 7 期，1950 年 4 月 2 日编印。

1950年3月29日至4月16日，全国新闻工作会议在北京召开。会议讨论改进报纸工作，统一新华社的组织和工作以及建立全国收音网等问题。梅益副局长在会上作了题为《人民广播事业概况》的报告。报告指出，人民广播事业独有的特点是“以其广播为广大人民服务，在工作中不断加强他们与听众的联系，并使它成为新闻的源泉、教育的讲坛和文化娱乐的工具”①。会议认为，应在全国建立广播收音网，以便使人民广播事业建立在确实的群众基础上，发挥应有的宣传教育作用。同年4月22日，新闻总署发布《关于建立广播收音网的决定》②。这是中华人民共和国成立后第一个由政府公布的有关无线电广播的政令。三天后的4月25日，新闻总署作出关于省、自治区、直辖市新闻机关员额暂行编制的决定，其中具体规定了人民广播电台的员额编制。6月6日，《人民日报》发表题为《各级领导机关应当有效地利用无线电广播》的社论，指出：“无线电广播是群众性宣传教育的最有力的工具之一，特别是在我国目前交通不便、文盲众多、报纸不足的条件下，如果善于利用无线电广播，则将发挥极大的作用。”社论要求，各级领导机关应当迅速执行新闻总署不久前发布的《关于建立广播收音网的决定》，充分地和多方面地利用广播来推动和改进工作。中共中央宣传部在同年9月7日批转东北局宣传部关于加强广播电台工作的决定，并要求各中央局宣传部和各省、市委宣传部讨论上述决定，作出改进本地广播工作的决定。1951年4月23日，《人民日报》社论《必须重视广播》再次强调，各级领导机关应当充分重视和利用广播。

毛泽东、刘少奇等党和国家领导人也非常重视和关心广播事业。1956年5月28日，中央广播局党组向中共中央汇报广播事业发展规划时，刘少奇代表党中央，对广播工作作了专门指示。③ 指示涉及发展农村有线广播、加强对国外广播、尽快创办电视等十个方面的问题。

遵循党和政府的指示，中央广播局担负起了具体指导全国广播工作的重任。1950年1月4日，中央广播局发出《关于规定各地人民广播电台分区管理办法的通令》④。通令规定，除华北五省、北京、天津及唐山等人民广播电台由中央

① 《广播通报》第1卷第10期，1950年5月1日编印。

② 《广播通报》第1卷第10期，1950年5月1日编印。

③ 中国社会科学院新闻研究所编：《中国共产党新闻工作文件汇编》（下），新华出版社1980年版，第370~376页。

④ 《广播通报》第1卷第10期，1950年5月1日编印。

广播局直接管理外，各大行政区内的各人民广播电台及私营广播电台，均由各该大行政区台管辖，华东区仍由华东军政委员会广播管理处负责。紧接着，中央广播局编印的《广播通报》第一期于2月1日出版。[①] 这一内部刊物主要刊登新闻总署和中央广播局给各地方台的指示和通知、中央人民广播电台各部门的工作总结和节目情况、地方电台的工作报告和节目情况等，旨在加强对广播工作的领导。1950年3月12日，中央广播局发出《关于宣传政务院统一国家财政经济工作决定的通知》。这是中央广播局建立后关于广播宣传的第一个指示，要求各地人民电台组织讨论，联系当地实际情况，制订宣传计划。通知还要求有些省台将政务院的决定和中共中央的通知等文件以记录新闻播送，以使交通困难、报纸传递迟缓的地方尽快知道。其后，中央广播局连续发出指导各地广播工作的文件，如《关于各地人民台联播中央人民广播电台节目的规定》（1950年4月1日），《关于各台编播分工、工程方针、中波波段分配、短波机使用等办法的规定》（1950年4月6日），《关于人民广播电台订定广播节目时间的规定》（1950年5月11日），《关于中南、武汉、长沙三个人民电台转播发生错误给各人民广播电台的通知》（1950年5月25日），《关于人民广播器材厂营业方针给各人民电台的通知》（1950年6月1日），《关于调查广播电台〈听众服务〉节目的通知》（1950年7月11日）和《关于广播电台如何进行批评与自我批评工作的指示》（1950年8月14日）等。中央广播局成立一年来对人民广播的重大问题作出决定、发出文件不下十余个，说明所做工作严肃、认真、及时、具体，对各地人民广播电台初期建设的指导相当有力。

中央广播局还于1953年按照中共中央统一部署开始制订广播事业第一个五年计划。根据当时形势和广播事业的状况，采取先中央电台、后地方电台，先对国外广播、后对国内广播的重点发展方针；同时制订出广播事业其他方面的发展规划。经过多次讨论、修订，报经国务院列入全国第一个五年计划方案之中。

1955年9月12日，国务院发出《关于地方人民广播电台管理办法的规定》[②]，规定各地方电台的编制、财务、计划及一般行政业务受各级人民委员会的领导；而广播业务、广播技术和广播事业建设规划受中央广播局的领导。9月

① 新中国成立初期中央广播局编印的不定期刊物，1950年2月创刊，共出3卷48期，第1卷29期，第2卷12期，第3卷7期。1952年6月终刊。

② 中央广播局《广播业务》创刊号，1955年10月编印。

13 日，中共中央宣传部发出《关于各级党委宣传部应加强对广播宣传的领导和监督的通知》①，规定了地方人民广播电台的日常宣传业务，广播电台工作的政治思想领导以及广播电台干部的教育管理，仍应由各级党委领导。要求各级党委宣传部加强对广播宣传的领导和监督，充分利用它来推动和改进工作。1956 年 2 月 20 日，国务院发出《关于农村广播网管理机构和领导关系的通知》，规定省、自治区、直辖市的广播管理机构属于省级人民委员会，在业务上受中央广播局领导。通知还规定：中央广播局负责全国农村广播网建设的规划，编制全国农村广播网的年度发展计划，提供农村广播站的机房、播音室的定型设计，统筹器材，介绍和总结农村广播网的经验等。该通知还规定：各省、自治区、直辖市人民委员会可设立广播管理局或处，负责全省（包括城市郊区）农村广播网的建设，并管理省属市的人民广播电台。该通知发布后不久，山西、内蒙古、江苏、福建、江西、山东、湖南等地陆续成立了省级广播管理局，东北三省和安徽、广西、贵州等地陆续建立了广播管理处。上述省级广播管理局或处，一般都和省级电台合署办公。地方广播管理局（处）在业务上受中央广播局的领导。

截至 1956 年年底，中央广播局还在北京召开了四次全国广播工作会议。这四次会议，紧密结合当时的形势，提出了广播工作的基本任务和奋斗目标，并探索了社会主义初级阶段广播工作的特点，对指导各地的广播工作和事业建设发挥了积极作用。

第一至第四次全国广播工作会议一览表②

会议名称	召开时间	主要内容
第一次全国广播工作会议	1952 年 12 月 1 日至 1952 年 12 月 11 日	会议总结了中华人民共和国成立三年多来广播事业取得的经验和成绩，研究了存在的问题和缺点，确定了今后的发展方针和任务。在事业发展方面，提出“重点建设，稳步前进”的方针；在宣传方面，讨论了联系群众、联系实际，做好广播宣传的基本措施，提出了“精办节目”的口号。并强调指出，广播宣传的所有节目都必须把听众和经济建设联系起来，动员广大人民群众为完成社会主义建设任务而奋斗。

① 中央广播局《广播业务》第 2 期，1956 年 2 月编印。

② 参见中央广播局办公室编内部资料《全国广播工作会议文件选编》（1982 年 3 月）。

（续表）

会议名称	召开时间	主要内容
第二次全国广播工作会议	1954 年 11 月 8 日至 1954 年 11 月 20 日	传达苏联广播宣传工作的经验，结合我国具体情况，研究广播宣传如何为国家过渡时期总路线服务的问题，并讨论了改进我国广播宣传工作的方案。会议认为，今后一个时期内，广播工作仍以改进和提高节目质量为主，而为了改进广播工作，必须认真学习苏联广播工作经验。
第三次全国广播工作会议	1955 年 12 月 15 日至 1955 年 12 月 22 日	讨论我国广播事业第二个五年计划和十五年远景规划轮廓草案，研究如何发展农村有线广播问题。明确了全国广播事业近期和远景的发展规划，并提出了发展农村广播网的方针和规划。
第四次全国广播工作会议	1956 年 7 月 25 日至 1956 年 8 月 16 日	根据毛泽东的《论十大关系》和刘少奇关于广播工作的指示精神，主要讨论广播事业的体制问题、第二个五年计划的指标、关于广播宣传及其他方面的方针问题。对如何改进广播宣传工作提出了要求，并明确了广播要更好地为社会主义建设服务的思路。

在中央的统一部署和广播事业局的具体领导下，中华人民共和国成立初期，我国初步构建了以中央人民广播电台为中心的四级广播宣传网：中央人民广播电台、大行政区台、省（直辖市）台及市台四级。当时，全国分为六大行政区，除华北行政区外，先后建立了五个大行政区广播电台：华东人民广播电台（上海，1950 年 4 月 1 日起使用现名称）、东北人民广播电台（沈阳，1950 年 4 月 15 日起使用现名称）、中南人民广播电台（武汉，1950 年 5 月 1 日起使用现名称）、西南人民广播电台（重庆，1950 年 5 月 5 日起正式开播）和西北人民广播电台（西安，1950 年 9 月 1 日起使用现名称）。各大行政区台担负着面向全区的广播宣传和管理本区广播事业的双重任务。

二、接管原国民党广播电台

中华人民共和国成立之初，在西南、华南和沿海岛屿一带，尚有国民党上百万军队垂死顽抗，并辖有多座广播电台。遵照中央军委的部署，中国人民解放军继续向华南、西南进军，相继取得了一系列胜利，解放了大片地区。国民党军中播音总队“军中之声”广播电台，从南京逃至广州，之后转而逃往重庆，1949年11月再逃到成都，改称“华西广播电台”。国民党设在重庆的“国际广播电台”，在蒋介石逃离重庆飞往台湾前夕，密令军警在1949年11月28日将广播机件全部炸毁。

面对上述复杂情势，如何妥善地接管华南、西南一带国民党多座广播电台，并改造成人民广播电台已是当务之急。这项任务，由中国人民解放军一、二、四野战军和中央广播局配合承担。周恩来总理重视接管国民党“国际广播电台”的工作，专门向中央广播局负责人叮嘱，一定要做好这项工作。1949年11月29日，重庆解放，重庆市军事管制委员会派出军代表接管“国际广播电台”，并筹备创建西南人民广播电台和重庆人民广播电台。1950年2月，中央广播局派往云南的代表抵达昆明，与军管会和地下党同志在云南党委统一领导下，接管国民党昆明广播电台，建立了昆明人民广播电台。

在新解放区接管旧电台的工作中，主力是驻地中国人民解放军军事管制委员会和中央广播局派出的代表，协同工作的有当地中共地下党组织。根据中共中央、中央军委宣布的有关政策规定，对国民党广播电台人员要启发他们认清大局，弃暗投明，保护机器设备，迎候解放。国民党“国际广播电台”和重庆广播电台中的进步员工1949年11月组成临时职工会，在接管前就装设好百瓦广播发射机，播送中国人民解放军约法八章和《新民主主义论》。逃至成都的国民党一位广播电台的负责人，迫于大势所趋，在1949年12月给中央广播局局长梅益发电报表示起义。

华南、西南新解放区接管广播电台的工作相当顺利。1949年10月16日，广州市军管会派军代表接管国民党广州广播电台。同年11月17日，贵阳市军管会派军代表接管国民党贵阳广播电台，同年12月底全部接管在云南、四川等地的广播电台。截至1950年年初，随着人民解放战争的最后胜利，国内已有49座人民广播电台，使用89部长、中、短波广播发射机向国内外播音。

三、私营广播电台的社会主义改造

对国民党统治时期遗留下来的私营广播电台加强管理和改造，是中共中央既定的政策，也是各地广播管理机构的一项重要任务。中华人民共和国成立前夕，中共中央在《对新解放城市的原广播电台及其人员的政策决定》中明确规定：

“新中国之广播事业，应归国家经营，禁止私人经营。”① 在确定国营时，对某些私人经营之广播电台及其器材，可由国家付给适当之代价购买之。并规定在军事管制期间，私营广播电台一律归当地军事管制委员会统一管理；外国资本和外国人经营的广播电台一律停播。1949 年 6 月 13 日，上海市军事管制委员会公布《关于上海市私营广播电台暂行管制条例》。这是在已解放城市中颁布的第一个管理私营电台的法令。该条例规定，私营电台必须转播军管会指定的节目；非得许可，不得自播政治性的节目；不得使用短波。凡要求开设和复业的私营广播电台必须先行登记。同年 9 月 29 日，北京市军事管制委员会公布《关于北京市私营广播电台管理暂行办法》，规定私营广播电台必须向军管会申请登记，外国人一律不许设台播音。私营电台只准用中波机，每天必须转播北京新华广播电台的新闻节目，在军事管制期间不得播送自行编写的新闻节目。② 其他一些大城市军事管制委员会也陆续公布了类似的管理办法。

中华人民共和国成立后，新闻总署、中央广播局同时加强了对上海、北京、天津、重庆等市地私营广播电台的管理并按政策规定稳妥地、有区别地进行了改造。

据 1950 年 4 月统计，当时大陆共有私营广播电台 33 座，分布在上海（22 座）、北京（1 座）、天津（1 座）、宁波（2 座）、广州（3 座）和重庆（3 座）六个大中城市。③ 上海是中国私营广播电台的发祥地，也是旧中国私营广播电台的最大集中地。因而，上海市对私营广播电台的改造也最具有代表性。1949 年 5 月，上海解放初期尚存私营台 23 座，经军管会审核登记，除 1 座查明原因系国民党“公营电台”未予登记，奉令停播外，其余 22 座准予登记，继续播音。为调查情况、帮助私营台了解党和政府的有关政策和法令，推进私营台的改造工作，上海人民广播电台与各私营广播电台从 1949 年 7 月起，联合轮流主持召开上海广播界座谈会。在上海市政府的领导下，通过人民广播电台的示范影响，大多数私营台尚能积极参与新中国成立前后的许多重大宣传活动，如转播北平（北京）新华广播电台、中央人民广播电台的重要节目，播出慰问人民解放军、

① 中国社会科学院新闻研究所编：《中国共产党新闻工作文件汇编》（上），新华出版社 1980 年版，第 196 页。

② 上海、北京公布的关于管理私营广播电台的法令，均收入中央人民广播电台研究室、北京广播学院新闻系合编：《解放区广播历史资料选编（1940—1949）》，中国广播电视出版社 1985 年版。

③ 《广播通报》第 1 卷第 8 期，1950 年 4 月 12 日编印。

劝购公债节目，为反轰炸捐款救济被炸同胞等，发挥了有益于新社会的作用。但同时也暴露出了私营广播电台存在的许多严重问题。一般来说，私营台的节目以文艺娱乐为主，依靠商业广告的收入来维持营业并获取利润。私营广播电台不同于一般的私营工商业，它是属于意识形态范畴的。私人资本家开办的广播电台不可避免地要宣扬资产阶级的世界观、人生观和价值观，这与共产党和人民政府提倡的无产阶级的新思想和新作风存在着不可调和的矛盾。加之，私营台为了吸引听众，旧习难改，仍不择手段地大量播出虚假广告和趣味低级的娱乐节目。有些私营台的频率还干扰了人民台的播音。更有甚者，个别私营台还胡编乱播政治性文章和消息，扰乱社会治安。凡此种种，无疑说明对私营广播电台的改造势在必行。

新中国成立初期，对上海、北京、天津等大中城市私营台的处理和改造，大致可分为以下几种情况：

一是接管或查封名为私营台，实际是国民党党政军或其派系经营的广播电台。如北京市军管会于1949年10月25日下令查封的“中国”“民生”“军友”3家广播电台。此前，天津市军管会于1949年3月接管的“文化”“青联”和“华声”3座广播电台都属于此类情况。

二是因违犯军管会条例和人民政府法令而被明令停止播音的，如上海市于1950—1952年先后被勒令停止播音的私营台有“鹤鸣”“亚洲”“新声”“福音”等6座。

三是根据私营台主的申请，由人民政府出资收购其广播器材而随后停止播音的，如北京市的“华声”、天津市的“中行”、重庆市的“谷声”等私营台。

四是实行公私合营，最后根据私方代表的申请，由人民政府出资收购私股，从而完成改造的。这种改造方式在上海最多。如上海解放之初，在私营台登记中发现“新沪”“合作”两台内均有官僚资本股份，当时即将这部分股份没收作为公股，把上述两台分别改为公私合营“大沪”“沪声”广播电台，后来两台又联合组成公私合营“大沪·沪声联合广播电台”。1952年10月，上海人民广播电台与该台及其他14座私营广播电台联合组成公私合营“上海联合广播电台”。该台由上海人民广播电台作为公方代表实施领导。1953年6月，上海联合广播电台股份有限公司成立，董事7人，其中董事长为公方代表。当时上海联合台的节目由上海人民广播电台统一安排，使用3个频率播出，节目内容以戏曲为主，同时还有教育类节目，并继续播出广告节目。在此期间，由于原私营台主大多为无线电工商企业者，他们认为长期参加联合台的工作，难以全力经营企业，势必影响收入。为了集中力量办好企业，1953 年 9 月，上海联合台私方代表提出要转让联合台中的私股财产（包括广播器材设备等），申请人民政府收购。经上海市人民政府审查予以批准，由上海人民广播电台出资 9 亿元人民币（旧币）予以收购。至此，上海私营台的改造工作最后完成，但上海联合广播电台继续播音至 1956 年 6 月停止。

对私营台的社会主义改造早于对一般资本主义工商业的改造，这是由于广播电台本身性质决定的，也是为了适应党和人民政府的宣传需要。中国大陆私营台改造工作的完成，使所有广播电台实现了由国家经营，这在中国广播史上是一件具有历史意义的事件。

四、发展广播收音网

新中国成立初期，党和政府在有计划地建设国有国营广播事业体制的同时，对广大城乡地区广播收音机的普及工作也给予了高度重视。1950 年，全国收音机不到 100 万台，主要集中在沿海少数城市和东北地区中上层人家手中，其中半数以上是日本制造的三灯或四灯中波收音机。广大人民群众听不到广播。为了解决这一问题，新闻总署于 1950 年 4 月 22 日发布《关于建立广播收音网的决定》，规定全国各县市的人民政府、每个部队的政治机关，都应设置收音员；全国各机关、团体、工厂、学校，也酌量设置收音员。当天，中央电台发表广播评论《拥护新闻总署关于建立收音网的决定》。四天后，中央广播局发出为实施新闻总署关于建立广播收音网的决定给各人民广播电台的通知。1951 年 4 月 6 日，人民革命军事委员会总政治部发布关于建立广播及广播收音网的指示。同年 9 月 12 日，新闻总署、中华全国总工会联合发布《关于在全国工厂、矿山、企业中建立广播收音网的决定》，要求凡是没有建立有线广播台或收音站的工矿企业，都应在行政方面的帮助和当地人民广播电台的协助下，将有线广播电台或收音站建立起来。次日，《人民日报》发表社论《大力开展工人中的广播工作》。同年 9 月 29 日，中央广播局又发出《为执行〈关于在全国工厂、矿山、企业中建立广播收音网的决定〉给各地人民广播电台的指示》。同年 12 月 29 日，中央广播局进一步发出 1952 年广播收音网建设工作的方针和计划，指出应健全和巩固县的、工厂矿山的和部队的广播收音站，并有计划地在全国建立中等以上学校的收音站；

有重点地在有电源的中小城市推广有线广播，在靠近大中城市的农村推广矿石机；在华北及华东若干地区建立收音站。上述一系列指示，对在全国范围内建立广播收音网不仅提出了具体任务，而且勾画了宏大的蓝图。

中央以及各大区、各省、自治区、直辖市人民广播电台，协调有关部门，积极贯彻落实上述指示和决定。中央电台及时订出本台的《收音员条例》，于1950年4月29日公布。6月开始举办《收音员服务》节目，每星期一次，播送收音员、听众来信和问题解答。1951年3月起开始编印《收音员通讯》①。1951年年初，根据中央广播局关于记录广播内容与时间的规定，适应全国多数地区普遍建立广播收音网的需要，中央和地方电台都增设了记录广播，并将记录广播的内容逐步加以改善，把迅速传布新闻、政令，组织时事宣传的任务更好地担负起来。为适应广播收音网发展的需要，各地电台组建收音网科，以加强管理工作。许多电台编辑部业务组，如农业组、工业组、讲座组、秘书组等，也分工做收音站和听众的工作。1950年6月11日，上海电台最先成立"广播之友"组织，召开了第一次"广播之友"座谈会。其后，许多省、自治区、直辖市电台纷纷发展"广播之友"，使听众工作与收音工作结合起来。

1950年朝鲜战争爆发后，由北京、天津、沈阳等地的无线电台技术工作人员组成"抗美援朝广播工作团"，于1951年11月21日出发到朝鲜前线，他们携带1000架长短波收音机和大批干电池，设立"中国人民志愿军广播服务站"，开办志愿军收音员训练班。广播收音工作丰富了志愿军各部队官兵的政治和文化生活，在前线流传的《广播新闻》《战壕简报》《战地传单》等都是根据广播收音的材料编印而成的。

经过全国上下协力工作，各地城乡、工矿企业、部队和学校迅速建立广播收音站，初步形成了规模宏大的广播收音网。据1952年年底统计，各地共建广播收音站2.37万多个，收音小组数以万计，专职或兼职的收音员两万多名，他们负责抄收中央和地方电台的新闻、政令和其他重要节目，并通过办油印小报或黑板报等方式向广大群众再传播。各地有1056个收音站编印了收音小报，有25个省的收音站联系了17.16万个黑板报和"屋顶广播"（用喇叭筒口头广播）。仅1952年1月到10月的时间里，就有21个省2900多位收音员下乡组织群众收听

① 《收音员通讯》，1951年3月创刊，起初由中央人民广播电台编印，1953年起改由中央广播局编印。1955年6月停刊，7月起改办《广播爱好者》（月刊）。

广播，人数达1800多万。

对农业进行社会主义改造，是过渡时期总路线、总任务中根本的、重要的内容之一。发展农村有线广播，加强对农业社会主义改造的宣传，就成为广播事业在过渡时期的重要政治任务。1952年4月1日，吉林省九台县第一个把收音站发展为农村有线广播站，得到了中央广播局的充分肯定，并决定向全国推广。1956年1月，中共中央颁发《全国农业发展纲要（草案）》，在第32条中规定："从一九五六年起，按照各地情况，分别在五年或十二年内，基本上普及农村广播网。"这不仅给全国广播工作者，更是给广大农民以很大的鼓舞和鞭策，各地建设农村广播网的积极性高涨，全国掀起了建设农村广播网的高潮。1956年全国三分之二的县（市）建立了有线广播站，共装设喇叭51万多只，其中80%装在农村。到1957年年底，全国县级广播站达1698座（1949年仅11座），广播喇叭增长至94.12万只。

广播收音网的建立和发展，不仅对城乡人民的政治、文化生活起着重要的作用，而且使人民广播事业具有实在的群众基础和有利的发展条件。

第二节　广播宣传初学"自己走路"

1950年，时任新闻总署署长的胡乔木对广播事业局的同志提出了"广播要学会自己走路"的要求。同年2月新闻总署召开的北京、天津新闻工作会议规定，广播电台要把新华社和报纸的新闻、评论作为自己的主要来源，但应有自己的新闻和评论。遵照上述指示和决定，贯彻胡乔木署长提出的"自己走路"方针，新中国成立初期的人民广播注意发挥的特点和优势，配合党在各个时期的不同任务，开展过一系列卓有成效的政治宣传，如抗美援朝、保家卫国的宣传，镇压反革命运动的宣传以及过渡时期总路线的宣传等。在经过一段时期的探索后，各电台开办了一些为广播所特有的、也为广大人民所喜爱的节目。

一、对国内广播

中央人民广播电台（以下简称"中央电台"）作为国家广播电台，承担着对国内和国外广播的繁重任务。但其设备、设施、干部等与所担负的重任很不相称，因此，20世纪50年代初，中央广播局提出了集中全力建设中央电台的思路。经过几年的努力，中央电台开办出一批适合中国亿万听众需要的节目。

一是"报摘""联播"等拥有广泛听众的重点新闻性节目。

"报摘"节目，全称《首都报纸摘要》节目，于1950年4月10日开播，当时受通信、交通条件的限制，安排在每天傍晚播出。1952年1月3日调整节目时，该节目停办。1955年4月4日恢复播出，更名为《中央报纸摘要》节目，改在每天清晨播出。同年7月4日定名为《新闻和报纸摘要节目》，以后一直沿用下来。"联播"节目，全称为《全国各地人民广播电台联播节目》，1951年5月1日开办，每天晚间播出，1955年7月4日起定名为《各地人民广播电台联播节目》，以后长期沿用下来。在此之前，早在1949年6月20日中央广播事业管理处、1950年4月1日中央广播局都曾发布地方电台必须联播北平新华广播电台、中央电台重要节目的规定。但开办有固定"联播"名称的节目则始于此时。中央电台"报摘""联播"节目的相继开办，并为全国各地方台所转播，使得这两个节目的影响日益扩大，长久不衰，在全国亿万听众中享有很高的声誉，成为人们了解国内外大事以及党和国家的重大方针、政策的重要渠道。

二是《社会科学讲座》类知识性、对象性节目。

新中国成立初期，为推动全国干部和知识分子的政治学习，中央电台于1950年4月开播了《社会科学讲座》节目，先后安排播出了《社会发展史》（艾思奇主讲），《政治经济学》（王惠德、于光远主讲），马克思、恩格斯《共产党宣言》，列宁《帝国主义论》《国家与革命》以及毛泽东《新民主主义论》等著作的讲座。全国各地许多党政机关、部队、团体、学校有组织地收听了上述节目，对传播马克思列宁主义、毛泽东思想，推动知识分子的思想改造起了很大作用。此外，中央电台还根据解放军总政治部的建议，从1950年5月1日起开始举办《部队节目》。为满足广大少年儿童收听广播的需要，于1951年5月1日起又开办对少年儿童广播节目。

三是对少数民族广播节目。

1950年5月22日，中央电台的第一个少数民族语言广播——藏语广播节目开始播音，同年8月15日，蒙古语节目开始播音。此后在1956年、1957年又陆续开播了朝鲜语、维吾尔语和壮语广播节目。五种少数民族广播节目的相继开办，是中国共产党和人民政府的民族政策的体现，对于繁荣少数民族的经济文化，加强全国的民族大团结发挥了重要的作用。

四是对台湾地区广播节目。

对台广播原由华东人民广播电台开办。1954年华东台撤销后，改由中央电台承办，并于1954年8月15日正式开播。对台广播为综合性节目，使用汉语普通话、闽南话播出，后又增设客家话，每天播出4小时，后又陆续延长。对台广播传达了中国共产党和中央人民政府有关对台工作的方针、政策，为台湾地区人民了解祖国大陆的情况开辟了一个渠道。

到1956年，中央电台已拥有两套面向全国的综合节目，全天播音时间从1949年的5小时增加到23小时55分，另有一套民族语言广播节目和一套对台湾广播节目。中央电台注意从广播的特点出发，努力办好新闻性、文艺性和社会教育性以及服务性的节目，同时加强了《新闻报摘》《全国联播》等新闻节目。加强了对国际问题的评述和世界知识的介绍。并建立了广播民族乐团、广播说唱团等表演团体，节目来源逐渐扩大，文艺广播的内容日益丰富，音乐文学戏曲的欣赏性、知识性、娱乐性节目不断增加。

地方电台也在“自己走路”的探索中逐步形成了各自的特色。各地人民广播电台遵照中央和大区广播工作会议精神，联系所在老解放区、新解放区的实际，围绕恢复国民经济等中心工作，积极地、创造性地开展广播工作。一方面按规定转播中央电台重要节目，另一方面办好自己的新闻、文艺、社会教育等节目。在努力办好综合性的人民广播电台的前提下，还试办专业性的职工台、经济台、工商台、广告台、有线广播台等。如1949年1月开办的天津人民广播电台于当年6月开始设立综合台（第一台）、职工台（第二台）和经济台（第三台）3个频率。其职工台是全国最早设立的职工广播专业台，是为了适应天津大工业城市的特点，突出工商业宣传，加强对全市职工的思想政治教育。该台办有职工新闻（后改为工矿职工广播站联播节目）、职工生活、广播文化宫、工人政治讲座、《工人业余学校时事学习时间》、故事会、职工文艺等节目。这些节目，形式活泼，内容针对性强，有比较健全的收听组织，因而听众多，收听效果好。到1952年，职工台平均每天播音9个多小时，经常听众有25万人，并有500多名通讯员经常写稿，有1100多个工厂广播站转播，897个私营中、小工厂建有收音站、1951个收听小组。中央广播局对天津职工台的经验给予了充分肯定。在天津职工台经验的带动下，各地许多工厂、矿山、企业单位，纷纷建立各自的职工台站。天津经济台于1949年6月20日设立，主要播出广告，适当播送经济新闻及行情。这是全国最早命名的经济台。在播出几个月后，天津经济台与同年5月

1 日开办的广告台合并。

太原人民广播电台于 1950 年 1 月 1 日增加为两套节目，第一套对山西全省广播，第二套主要对太原市广播。同年 4 月 6 日又开办一套广告节目，称太原人民广播电台经济台。济南人民广播电台于 1950 年 10 月 27 日改为“山东省台兼济南市台”，济南市台的名称为“济南人民广播电台经济台”，后又改称“山东人民广播电台经济台”，但仍担负对济南地区的广播宣传任务，直至 1954 年 12 月 31 日停止播音。

广州人民广播电台于 1951 年 3 月建立工商台，拟定方针为：宣传财经政策，解释工商法令并将有关财经节目全部移交到工商台播出，作为华南区和广州市财经部门与工商界联系的桥梁。这个工商台是广州人民广播电台第二台，集中播送工商广告、行情牌价和水位消息等，一年多后停办。

在东北行政区政府所在地的沈阳，于 1951 年 8 月 1 日开办沈阳广告台，以所得收入支援抗美援朝，捐献“人民广播号”飞机。

北京市人民广播电台设有广告台，即第四台。1951 年 12 月，对广告台的工作进行改进，取消了私人演员、剧社“包时间”“包节目”、为私营工商业做广告宣传的办法；取缔了广告工作中的一部分“把头式”和“拉纤式”的恶劣做法；保留了正当广告社的做法及其合法利润。所有广告业务统由电台管理。通过这一整顿、改进，广告台提高了节目质量，增加了国家收入。

在政务院新闻总署、中华全国总工会倡导下，许多工厂、矿山、企业建立起数以百计的有线广播台，为广大工人服务。在鞍山钢铁公司、武汉钢铁公司、重庆钢铁公司等大型的企业单位，由于有本单位党委、行政和工会的领导，还有企业的经济实力作保障，节目又适应广大职工的需要，因此其有线广播台站办得很有生气。

20 世纪 50 年代中期以后，由于党和政府广播方针的调整，这些一度兴旺的职工台、经济台、工商台及广告台都相继停办。

二、对国外广播

新中国成立初期，对国外广播的任务主要由中央电台承担。人民广播的外语广播始于 1941 年 12 月 3 日延安台开办的日语节目（后中断）。1947 年 9 月 11 日，陕北台开办了英语节目。进入北平后，1949 年 6 月 20 日，北平新华台重办日语节目。1950 年 4 月 10 日起，中央电台开办越南、缅甸、泰国、印度尼西亚和朝鲜五种外语广播（其中朝鲜语为试播，同年 7 月 2 日正式广播）。同时开办对东南亚地区华侨的广播，使用广州话、厦门话、潮州话和客家话播音。同一天，对外广播起用“北京广播电台”呼号，但对华侨广播仍用“中央人民广播电台”呼号。此后，对内、对外广播开始使用不同的频率。从这一天起中央电台正式组建国际广播编辑部，负责对外广播节目的编辑、翻译和播音工作。中央电台对内、对外呼号、频率的分开和专门编辑部的组建，意味着对外广播的正式开办。

1950 年 6 月 25 日，朝鲜战争爆发后，我国掀起了轰轰烈烈的抗美援朝运动。中央电台在国际广播中及时报道了中国政府的声明、前线战报和世界各地反对美国侵略朝鲜的战争行径。有关抗美援朝的新闻、评论、通讯成了对外广播的重大主题。从 1951 年年初至 1953 年，朝鲜停战协定前夕，中央电台举办专门对侵朝美军的英语广播节目，揭露美国的欺骗宣传，阐明我国抗美援朝的严正立场和主张，影响巨大。如从 1951 年 11 月 15 日起，逐日播送侵朝美军俘虏的讲话和他们的歌唱、短剧、乐器演奏等录音，战俘通过广播向自己的家属讲述他们在战俘营里受到的人道主义的待遇，现身说法。在这些录音中，俘虏们对中国人民志愿军对他们的宽大待遇表示衷心的感激。俘虏们用一支美国流行的通俗歌曲的调子，填上新的歌词，歌名叫《撤出朝鲜!》，他们还用新学会的中国话唱《东方红》《全世界人民心一条》，用朝鲜语唱《金日成将军之歌》。这些都有力地戳穿了美国、南朝鲜侵略者捏造的所谓朝中方面“虐待”战俘的谎言。这样的广播内容，不仅战俘家属和美军官兵关心，一般外国听众也有兴趣。新西兰一位听众自动录下 200 多个战俘的广播讲话，转寄给他们的家属。与此同时，广播电台还与报刊宣传相配合，揭露“美国之音”① 为美国侵略朝鲜辩解、攻击我国抗美援朝运动、煽动侵略战争的荒谬言论。

至 1956 年，中央电台已有英语、日语、朝鲜语、印度尼西亚语、越南语、泰语、缅甸语、西班牙语、老挝语、柬埔寨语等 10 个语种的对外广播。还以汉语普通话和厦门话、广州话、潮州话、客家话对华侨广播。中国对外广播的影响逐渐扩大。1951 年，中央电台仅收到 18 个国家和地区的听众来信 1000 封，1956 年收到 62 个国家和地区听众来信 15284 封，增加了 15 倍。

---

① “美国之音”（VOA），美国政府主办的对外广播机构，成立于 1942 年。

三、改进广播宣传工作

1956年，党在过渡时期的总路线所规定的任务中对工业、手工业和资本主义工商业的社会主义改造已基本完成；同年4月召开的中共中央政治局扩大会议，提出了“百花齐放，百家争鸣”的科学文化方针，这就对广播事业提出了新的要求。随后召开的第四次全国广播工作会议，重点对下一步如何贯彻“双百”方针、改进广播宣传进行了讨论。会议提出：

第一，改进新闻报道，做到又多又快又短又好。好就是真实、生动、有兴趣和有立场。只有把事情的真相告诉听众，才能有效地教育听众。新闻报道要全面，不要报喜不报忧，当然也要有立场，要有利于人民和无产阶级。还应有自己的评论，最好采取述评的形式。广播记者不但要带着笔，还要带着话筒进行工作，最好用录音机来代替笔记本。

第二，扩大节目取材范围，加强同群众的联系，更多地关心和指导人民的生活。要从政治上关心人民，同时也要从生活上关心人民。要使节目办得更多样些，更丰富些，更生动些。还要改进文风，少唱八股，让广播语言更接近生活。

第三，要在广播中展开批评。在广播中进行批评和自我批评，目的是纠正缺点和错误，以教育人民和做好工作。原则是要严肃对待，看是否对当前的斗争有利，是否对革命事业有利；要注意效果，最好能分析和说明产生错误和不良现象的原因；中央电台、省台和市台进行批评的方法有所不同，批评时要有分寸；中共中央关于在报纸上展开批评的指示，在广播中应该严格遵守。

第四，根据广播特点对待“百家争鸣”，在广播中展开自由讨论。广播电台不宜播送很深和长篇的论文，但是在可能的条件下，应该向听众介绍正在进行的学术性争论情况，以启发、培养听众对学术问题的兴趣。广播中展开讨论应是有领导的，要慎重地对待这项工作。

第五，贯彻“百花齐放”的方针，办好文艺广播。在文艺广播中贯彻“百花齐放”精神，必须加强对文艺工作的领导。应该更多地播送艺术质量较高的作品，更多地播送为当地人民所喜爱的文艺形式，必须扩大选材，不应一花独放。为了办好文艺广播，应该加强文艺采访工作，做好中央电台和地方电台以及地方电台之间的节目交换工作。定期召开文艺工作专业会议，以交流经验和提高文艺干部的业务水平。在播音风格上，也要“百花齐放”，要有不同的风格，不要只有一派。

第六，要让听众听到更多的节目，就是要有更多的丰富的内容、多样的形式、高度的思想艺术水平，并用新技术制作的节目，来满足广大听众对广播日益增长的需要。精办节目和多办节目并不矛盾。多办节目有两种做法：一是适当增加每天的播音时间，同时紧缩每一分钟节目时间，以腾出时间增办新节目；另一种是增加电台，增添频率。为实现多办节目，需要增加发射设备，增加电力，增加编制和经费等，这些都应在年度计划中加以解决。后来的实践说明，第四次全国广播工作会议在中国广播发展的历程中具有重大意义和深远影响。

中央和地方广播电台，根据第四次全国广播工作会议精神，结合各台具体情况，认真展开学习、讨论，纷纷订出各自改进广播宣传工作的方案，在报经当地党委宣传部批准后付诸实施，迈出了改革的新步伐。

中央电台注意从广播的特点出发，努力办好新闻性、文艺性和社会教育性以及服务性的节目。为了紧密配合党的中心工作，宣传中国独立自立的和平外交政策，中央电台加强了《新闻报摘》《全国联播》等新闻节目。每天的新闻节目从1949年的4次增加到15次。《国际生活》节目改为《国际时事》和《国际生活》两个节目，加强了对国际问题的评述和世界知识的介绍。随着文艺事业的日益繁荣，中央电台的文艺广播进入发展阶段。由于对民族、民间音乐和戏曲进行了广泛的采录工作，并建立了广播民族乐团、广播说唱团等表演团体，节目来源逐渐扩大，文艺广播的内容日益丰富，音乐文学戏曲的欣赏性、知识性、娱乐性节目不断增加。为了普及马克思主义理论的基本知识，加强对干部的理论教育，中央电台又举办了《哲学》《唯物主义》等讲座和学习中国共产党第八次全国代表大会文件节目等，受到广大听众的欢迎。

这一时期，各省、自治区、直辖市广播电台纷纷制订出节目的改进方案。例如，辽宁电台的办台口号是“质量第一，效果第一”；充分发挥广播的特点，使节目通俗、活泼，软一些，宽一些。江苏电台提出广播宣传要扩大报道面，广泛、深入、丰富多彩地反映社会生活。专题节目开始运用对话形式。长期不被重视的《新闻》节目被摆上了重要位置，并且做了较大改进；力求摆脱广播新闻是报纸新闻翻版的传统，多用自己采写的新闻，减少新闻重播次数。云南电台集中力量办好新闻性和文艺性节目，增加了新闻节目次数，丰富了文艺节目内容，新办了《对家长广播》《科学卫生》《民族语言广播》《对云南境外国民党军残部广播》等。同时加强了具有民族特点和地方特点的节目的采录工作。

这一时期，为找出广播独有的特性，办出具有广播特点的节目，广播从业者还多方探索，在节目内容和形式方面取得了很大突破。

1955 年至 1956 年间，北京市电台在听完苏联专家巴宾科讲录音报道的采制经验，并观摩分析了莫斯科电台播出的录音报道后，开始采制录音报道，摸索配乐广播、广播杂志的运用。在节目播出方式上采取了实况广播、实况录音、讲话录音、录音报道、录音访问等多种形式。

许多电台除探讨录音报道外，还研究了广播的指导性和潜移默化的关系，特定对象节目和共同兴趣的关系，广播宣传和报纸宣传的异同，广播特点和地方特点等问题。许多地方电台都增加了新闻次数，添设了新闻品种，从多、快、短、好上下功夫，并加强了新闻和评论，广泛开展广播批评。

各电台还注意到了广播播放文艺节目的优势，纷纷加大文艺节目改革的力度，使得文艺节目的取材范围不断扩大，在电台广播中的数量也日益增加。

为了更好地服务和联系听众，全国很多电台都举办了直接为听众日常生活服务的节目，并且在其他节目中注意密切同听众的联系。如北京电台开办的《一周来的北京》《周末广播》等节目，就是通过介绍一周来首都文艺、文化生活动态，并介绍首都风光，兼作导游，很受各方听众的青睐。吉林台开办的《生活与知识》节目，关心人们衣、食、住、行，普及科学知识，指导社会生活。江苏电台开办的《江苏生活》《听众之友》节目，内容涉及社会各个方面，具有新闻性、知识性和趣味性。广东电台开办的《广东生活》《歌曲、音乐和服务性新闻》节目，既有群众关心的衣、食、住、行方面的消息，又有悦耳动听的歌曲或音乐，满足了听众多方面的需要。

经过 1956 年的改革，各地广播电台的宣传开始呈现出崭新的面貌。各电台注意发挥广播的特点和优势，关心人民群众生活，联系社会实际，更好地为社会主义建设服务，受到各方面听众的赞许，迈出了广播宣传改革的第一步。但遗憾的是，1957 年夏天以后，由于反右派斗争扩大化的影响，使这场刚刚开始的广播宣传改革被迫中断。

此外，新中国成立初期，中央广播局加强了对广播业务研究工作的组织领导，于 1949 年 11 月 3 日组建了地方台编辑研究部，这是中华人民共和国广播系统的第一个研究机构。后来，地方台编辑研究部改为地方广播部，以管理和指导地方台广播业务为主要任务，逐步开展多方面的广播业务研究活动。1955 年 10 月，创办了第一个业务性刊物《广播业务》。

20 世纪 50 年代初，我国广播对外合作与交流活动也初步开展起来。1952 年，我国应邀参加了总部设在捷克斯洛伐克首都布拉格的“国际广播组织”（OIR），1953 年 9 月，“国际广播组织”理事会第 24 次会议和技术委员会第 9 次会议在北京举行。这是我国广播机构首次主办的国际会议。同时，我国与苏联及其他社会主义国家的广播电台开始互相交换广播节目。在 1952 年至 1956 年，我国还多次与有关国家互派广播代表团访问。这些国际交流活动促进了中外之间的了解，也有利于让中国的声音更好地传向世界。

思考题：

1. 简述中华人民共和国成立后广播事业体制的变化。
2. “自己走路”的方针是谁提出的？意义何在？
3. 中华人民共和国成立初期，广播宣传取得了哪些成就？

第六章 初步探索建设社会主义道路时期的广播电视事业

（1956—1966）

1956年，中华人民共和国的第一个五年计划提前完成。从这时至1966年春“文化大革命”发生前，近十年的社会主义建设取得了很大成就。但在探索社会主义道路的进程中，50年代中后期出现了较为严重的“左”倾错误，致使社会主义建设遭受了很大挫折。整风、反右、“大跃进”、反右倾……频繁的政治运动和经济运动冲击了正常的社会生产秩序，也影响了人民群众建设社会主义的热情。广播电视系统作为国有国营的事业单位，同时身兼党和国家的舆论工具，在执行党和政府事业发展规划和宣传任务的过程中，也走过了一段曲折的道路。

第一节 一波三折的广播电视事业建设

第一个五年计划期间，我国广播事业成为文教事业中发展最快的一个部门。全国文教事业发展最快的五项指标，其中广播事业占了三项，1957年，我国的广播网喇叭发展数比1953年增长了5980.73%，广播发射电力数增长率593.53%；广播站数则增长了531.19%。[①] 这一成就的取得，主要得力于国家财政的大力扶持。当时，国家对广播事业的基本建设投资是文教各部门事业中比重最高的，达到58%。

1957年，我国的工农业总产值和国民收入比解放初期都有了较大幅度的增长。在胜利面前，毛泽东及中央和地方的不少领导同志滋长了骄傲自满情绪。在社会主义建设方面急于求成，夸大主观意志和主观努力的作用，没有经过认真的

① 参见中央广播局办公室编内部资料《全国广播工作会议文件选编》，第99页。

调查研究和试点，就在1958年5月中共八大二次会议上，通过了“鼓足干劲，力争上游，多快好省地建设社会主义”的总路线，轻率地发动了“大跃进”运动和农村人民公社化运动。广播事业作为国家的重要宣传机构，也随之卷入了这场运动当中。

一、广播建设的“跃进”式发展

为贯彻中央精神，中央广播局于1958年4月召开了第五次全国广播工作会议，宣布“这次会议是促进全国广播工作大跃进的会议”。会议提出广播工作大跃进的方针是：“多、快、好、省地办节目，办事业，为教育和团结广大人民，为保卫祖国、灭资兴无、促进社会主义生产力的发展服务。”中央和地方的各广播电台，响应会议的号召，在宣传报道上积极配合全国“大跃进”运动的形势，并进行了不切实际的引导，但广播电视事业建设在此阶段则大大加快了发展步伐。三年“大跃进”期间，全国各地的广播电台在原有的基础上空前发展。1957年全国有广播电台58座，1958年有90座，这一年新建广播电台32座；1959年，全国广播电台达到121座，新建31座；1960年又增加到142座。三年“大跃进”期间，电台数量每年平均以30%左右的速度递增。值得一提的是，1959年1月1日，西藏人民广播电台开始播音。至此，各省、自治区、直辖市都有了广播电台。

“大跃进”期间，中央广播局共组织召开了三次广播会议。会议紧紧围绕中央部署，在突出政治，主抓宣传的同时，对我国广播事业的未来发展进行了规划。这些精神和指示被层层贯彻，成为各地建设和发展广播事业的指导方针。

第五至第七次全国广播工作会议一览表

会议名称	召开时间	主要内容
第五次全国广播工作会议	1958年4月7日至4月18日	主要讨论广播工作“大跃进”的方针、目的以及在办节目和事业建设中怎样贯彻多、快、好、省的方针等问题。
第六次全国广播工作会议	1959年2月23日至3月3日	总结1958年宣传工作的主要经验；讨论广播事业第二个五年计划草案以及各台在广播宣传和事业建设方面的协作问题。

（续表）

会议名称	召开时间	主要内容
第七次全国广播工作会议	1960年3月1日至3月15日	讨论1960—1962年的发展规划。

作为社会主义国家广播特色之一的有线广播，在1959—1960年迎来了发展的高潮时期。早在1956年，毛泽东就指示把发展农村有线广播网列入《全国农业发展纲要（草案）》。《全国农业发展纲要（修正草案）》第32条规定："从1956年起，按照各地情况，分别在七年或者十二年内，基本上普及农村广播网。要求大部分农业、林业、渔业、牧业、盐业和手工业的生产合作社都能收听到广播。"1958年4月召开的第五次全国广播工作会议提出，要"做到每个乡和百分之八十左右的社有收听工具，主要是有线广播喇叭"①。

为了早日完成《全国农业发展纲要》规定的指标，各地掀起了发展农村有线广播的热潮。1960年前后，西藏自治区已建成拉萨、昌都、日喀则、那曲、山南、林芝、江孜、亚东等有线广播站。这年年底，内蒙古自治区全区85个旗县都建立了广播站，有公社放大站218个，入户喇叭由1958年的4.5万只增至26.9万只，初步形成了遍及农村、牧区的有线广播网。就全国有线广播发展来看，当时全国有1747个县（包括自治县和旗），1960年建立广播站1600多个，1961年有广播站2万多个（包括人民公社级）。1957年全国广播喇叭是99万只，1958年299万只，1959年440万只，1960年628万只。全国农村有线广播网发展速度较快的原因，客观上看，轰轰烈烈的"大跃进"运动需要有线广播进行宣传鼓动，主观上则是为了实现中共中央制订的奋斗目标，也是广播系统干部职工的普遍愿望和要求。正是在主客观的双重作用下，全国各地积极发展有线广播。发展农村有线最快的省是吉林省、江苏省，它们于1958年八九月间，就实现了《全国农业发展纲要》中关于普及广播网的任务，比原计划提前了九年。在发展农村有线广播网的过程中，党和政府给予了大力支持。"大跃进"期间，建设有线广播所需的铁丝非常短缺，当时商业部门每年匀出一定数量的镀锌铁丝给各省市，供农村有线广播使用。

但由于"左"的路线影响，各地也出现了不顾条件、不讲究质量、急于扩

① 参见中央广播局办公室编内部资料《全国广播工作会议文件选编》，第100页。

大规模和数量，突击建设和盲目发展的问题。有些广播电台建成后，由于资金、人员、电力等条件不具备，开播后不久便停播。在农村有线广播网线路建设上，为了让群众迅速听到广播，采取的主要办法是依靠群众筹集电线杆，当时在发展有线广播时提出的方针是“因陋就简，土法上马”，由于过分强调了“土”“简”，结果竹竿、木杆一起上，线路也不符合标准，输出质量差，维护工作很困难。一遇刮风下雨，电线杆东倒西歪或断裂，经常中断广播，有些地方的广播网路不注意质量，几乎随建随垮。一些地方的群众批评说：“广播线，不停地建，今天有，明天断，声音小，听不见。”发展过程中出现的只求数量不求质量造成的后果，削弱了广播应有的作用，也挫伤了人民群众办广播的积极性。

随着广播事业规模的扩张和广播宣传任务的加重，广播工作的环境和设施迫切需要改善。1953 年秋天，中央广播局把建设广播大楼这项工程列入了第一个五年计划，当时正值我国百业待兴，各方面资金都很紧缺，尽管如此，中央还是批准了这项工程，于 1955 年 12 月广播大楼破土动工。经过建设者们几年的紧张施工，全部工程于 1958 年年底竣工。广播大楼的建筑面积为 68562 平方米，中央部分共 11 层，大楼由东翼技术区、西翼办公区和中央部分的音乐厅、电视台几部分组成。中央广播大楼作为全国广播的中心矗立在北京复兴门外西长安街的延长线上。20 世纪 50 年代末起，中央广播局机关、中央电台、对国外广播的北京广播电台和北京电视台均在大楼内工作。

二、电视业的初创

电视的出现要晚于广播，它是以 19 世纪电磁学的进展与研发为基础的。1900 年，法国科学工作者康斯坦丁·伯斯基在为一次国际会议起草广告时，创造了 Television（电视）一词并正式使用至现在。1907 年，俄国教授鲍里斯·罗津获得设计世界上第一台电子显像的电视接收机的特许权，并在四年后成功研制出利用电子射束管的电视实用模型，显示出了简单的电视图像。1924 年，英国和德国的科学家几乎同时运用机械扫描方式成功地传出了静止的图像。但有线机械电视传播的距离和范围非常有限，图像也相当粗糙。1923 年，俄裔美国科学家兹沃里金申请到光电显像管、电视发射器及电视接收器的专利，他首次采用全面性的“电子电视”发收系统，成为现代电视技术的先驱。

电子技术在电视上的应用，使电视开始走出实验室，进入公众生活之中，

1925年，英国科学家研制成功电视机。1928年，美国纽约31家广播电台进行了世界上第一次电视广播试验，由于显像管技术尚未完全过关，整个试验只持续了30分钟，收看的电视机也只有十多台。1929年，美国科学家伊夫斯在纽约和华盛顿之间播送50行的彩色电视图像，发明了彩色电视机。1933年兹沃里金又研制成功可供电视摄像用的摄像管和显像管，完成了使电视摄像与显像完全电子化的过程，至此，现代电视系统基本成型。

1936年11月2日，英国广播公司（British Broadcasting Corporation，BBC）在伦敦郊外的亚历山大宫，播出了一场颇具规模的歌舞节目，并首次开办每天2小时的电视广播，标志着世界电视事业的正式创办。此后，价格相当昂贵的电视机开始在英国中上层家庭有所普及。1937年，该公司播映英王乔治五世的加冕大典时，英国已有5万观众。1939年，第二次世界大战爆发时，英国约有两万家庭拥有了电视机。

1939年4月30日，美国无线电公司（Radio Corporation of America，RCA）通过帝国大厦屋顶的发射机，传送了罗斯福总统在世界博览会上致开幕词和纽约市市长带领群众游行的电视节目。成千上万的人涌入百货商店排队观看这个新鲜场面。“二战”结束时，美国约有7000台电视机。“二战”前开办电视的还有德国、法国、意大利等国。“二战”后，美国电视事业的发展速度超过英国，从1949年到1951年，电视机数目从100万台增加到1000多万台。

20世纪50年代初，我国也把发展电视事业提上了日程。1955年2月，中央广播局提出了在北京建立电视台的设想。周恩来批示：列入文教五年计划中讨论。1956年中央广播局在向中央汇报工作时，提出了第二个五年计划期间试办电视的问题，刘少奇代表中共中央听取工作汇报时对这个问题非常重视，并提出了很好的建议。

在中央的支持下，1957年8月17日，中央广播局决定成立北京电视台（今中央电视台的前身）实验台筹备机构。同年8月，北京广播器材厂受命试制电视发射和播出系统设备。经过技术人员和有关单位大力协作，共同努力，1958年春，我国第一套黑白电视广播设备试制成功。从摄像机到发射机，除某些关键器件外，都是技术人员和工人群众坚持自力更生的精神，克服技术上的种种难关生产的。

与此同时，1957年12月，中央广播局派出中国电视工作者代表团，对苏联和民主德国进行了为期三个月的访问，主要是考察上述两国电视节目的设置安排情况。1958年5月1日，中国的第一座电视台——北京电视台（今中央电视台的前身）开始试播。同年9月2日正式播出。

北京电视台开播后，国家为了解决电视收看问题，最先从苏联进口了200台黑白电视机应急。不久，天津广播器材厂生产出了第一批“北京牌”电视机投放市场。继北京电视台之后，一些省、市也纷纷建立电视台。1958年10月上海电视台成立，同年12月哈尔滨电视台开始播出。1959年至1961年前后，天津、广东、吉林、陕西、辽宁、山西、江苏、浙江、安徽、山东、湖北、四川、云南等地也相继建立电视台。1961年年底，全国已建立电视台、实验电视台和转播台26座，并且预计到1962年发展到50座。20世纪50年代末全国有电视机1.7万台，大多数安装在公共场所供集体收看。

电视事业是一项重装备、大投入、科技含量高的产业，必须在具备一定经济实力和技术水平的条件下才能取得实质性发展。与西方发达国家以经济和科技为支撑的电视发展模式不同，我国的电视事业是在经济基础薄弱，技术水平相对落后的状况下起步的。出于政治或宣传的考虑，许多电视台在进行事业建设时，都存在相当程度的盲目性，既不讲效益，也不计成本，有的甚至因陋就简，土法上马。电视台虽然建起来了，但维持这些庞大机器运转的巨额费用却得不到基本保障，更不用说提高电视的有效覆盖率了，因而不可避免地造成了人力和物力资源的极大浪费。

三、三年经济困难时期广播电视规模的调整

1960年，由于“大跃进”、人民公社化以及苏联单方面撕毁援助我国建设协议等多种原因，我国国民经济出现了严重困难。主要表现为国民经济比例严重失调、工农业总产值和主要农产品连续走低，以及人民生活水平大幅度下降。

为扭转国民经济严重困难的局面，中共中央和国务院连续召开会议，制定有关方针政策和措施，首先对工农业生产进行初步调整。1961年1月，中共八届九中全会确定了“调整、巩固、充实、提高”的八字方针，改变了“大跃进”以来追求高速度、高指标等错误做法，但仍然认为“三面红旗”是适合中国国情的。会后，全党全国大兴调查研究之风，提倡恢复实事求是的优良作风，先后制定了《农业六十条》和《工业七十条》等，对推进贯彻执行“八字方针”，促进

国民经济的恢复起了积极的作用。

1962 年 1 月，中国共产党在北京召开扩大的中央工作会议（又称“七千人大会”），会上总结了“大跃进”以来的教训，对党的工作方针的失误和当时的经济困难作了比较符合实际的分析。这次会议使全党同志和全国人民对经济困难的严重性和调整工作的紧迫性有了更加深刻的认识。会后经过全党和全国人民的努力很快克服了困难，扭转了局面，到 1963 年，国民经济开始好转。1966 年“文革”前夕，国民经济的发展水平已经达到并超过了 1957 年的水平。

在此期间，广播系统根据中共中央和国务院的有关决定和部署，主要做了两个方面的工作，一是贯彻“八字方针”，精简机构，压缩编制，二是大力改进宣传工作，提高广播电视节目质量。同时，为加强对广播事业的领导，中共中央决定调丁莱夫①任中央广播局党委书记，梅益任副书记、局长。

根据中央的“八字方针”，中央广播局提出了“紧缩规模、合理布局、精简人员、提高质量”的相应办法。此后，广播电视系统以提高节目质量为中心，对广播节目、播音时间以及中小城市广播电台、电视台和有线广播等都做了相应的调整。调整的主要原则为：

1. 撤销各省、自治区、直辖市广播电台所属的广播文工团、中等技术学校。

2. 省会所在地的市台与省台合并。

3. 1958 年后开办的广播电台除林牧渔区、少数民族地区等特殊情况外，其他停办。

4. 撤销各省、自治区、直辖市广播管理机构，但可以保留名义，并入省、自治区、直辖市广播电台。

5. 保留部分电视台，其余停办。

6. 农村有线广播站整顿后停办一部分，保留一部分。

经过调整，相继停办了一些中小城市广播电台。1962 年年初，全国有地方

---

① 丁莱夫（1912—1983），原名丁之夏，山东广饶人。20 世纪 30 年代初参加爱国反日活动，1936 年加入中国共产党。1937 年 4 月到延安抗大学习，同年参加八路军。革命战争年代，长期在地方、军队从事党政工作，历任县委书记、地委书记、旅政委、师政委、兵团政治部组织部部长等职。中华人民共和国成立后，历任华北军区政治部组织部副部长、第二十兵团政治部组织部部长、中国人民志愿军政治部副主任、中国人民解放军某军政委。1955 年被授予少将军衔。1962 年 10 月调中央广播局任党组书记，1963 年 4 月任局党委第一书记。1964 年当选为第三届全国人大代表。1975 年 10 月起先后任中国人民解放军总参谋部政治部主任、总参通信部顾问。1982 年离休。

广播电台135座，到同年10月，只保留了省、自治区、直辖市电台28座，省辖市台53座，总计81座。在停办的中小城市广播电台中，有江苏的扬州、淮阴、常州、连云港台，河北的邯郸、邢台、保定、张家口、承德、沧州等台。1962年，全国广播电台共办有134套节目，比原来减少了53套。为了提高节目质量，原来办有两套节目的中小城市电台大都停办了第二套节目，只集中力量办好第一套节目。

1960年年底，中央电台停办了5种少数民族语言广播节目；1961年，中央电台的对台湾广播节目压缩时间，从全天播音16小时减为13小时30分钟。1962年，中央电台3套节目全天总播音时间由1961年夏秋季节的50小时50分钟压缩为34小时15分钟。同年，全国广播电台的年平均每天播音时间由原来的1614小时12分钟减为1306小时25分钟。

压缩规模后，全国电视台和电视实验台最初只保留了北京、上海、广州、沈阳、天津5座。1963年年初，哈尔滨、长春电视台和西安电视实验台经批准后也保留下来。安徽、太原电视实验台批准只办教育节目，不作电视实验台。1962年停办了齐齐哈尔、鞍山、抚顺、吉林、南京、浙江、济南、长沙、武汉、佳木斯、重庆、昆明电视实验台和苏州电视转播台。另外武汉、南京为妥善维护设备，每周放映一次电影。

这个时期对有线广播也进行了较大调整。1960年全国市县广播站有2404座，1962年调整为2029座，同期广播喇叭由604万只减为548万只。

此外，地方广播工业大部分撤销，只保留了北京广播器材制造厂和上海唱片厂。

本着精简的原则，全国各地停办了一些广播电台、电视台和有线广播站，撤销或合并了一些行政管理机构后，广播系统压缩了职工编制。1961年至1962年，北京广播学院暂停招生。1963年恢复少量招生。各地广播电视中专学校一律停办。到1962年10月底，全国各省辖市广播电台等的调整工作已经基本完成。

四、国民经济调整时期的再发展

在实施一系列的调整方针后，我国的经济困难局面开始缓解，从1963年到1965年，国民经济得到比较顺利的恢复和发展，广播电视事业也得到新的发展。

1963年以后，随着我国经济形势的好转和地方宣传工作的需要，又恢复了一批广播电台和电视台。1963 年年底全国共有广播电台 89 座。中央电台对内广播共有 4 套节目（包括对台湾广播 1 套），每天播音增至 59 小时。1963 年，哈尔滨、长春电视台和西安试验电视台经国务院文教办批准，作为实验台使用。这样，电视台恢复到 8 座（另有 4 个办电视教育节目，即太原、南京、武汉、合肥电视试验台撤销后可以协同有关部门举办电教节目），1964 年 1 月武汉电视台恢复，1965 年 6 月哈尔滨、长春、西安 3 座电视台和太原教育电视台均转为正式电视台。至“文革”前，我国的电视台发展到 12 座。

1963 年以后，全国的有线广播网得到一定程度的改善。为了帮助各省、自治区迅速整修广播线路，中央广播局从事业经费中拨出 15 万元作为补助费。在有线广播的恢复和重建中，浙江余杭县广播站用木模翻转法制造水泥电杆的经验在全国得到推广，使有线广播在线路建设的质量上有了提高。到 1966 年春，全国广播网的全面调整工作基本结束，恢复到 1962 年调整前的规模，并有发展，全国有县级广播站 2000 多座，放大站和公社广播站 8435 座，广播喇叭 872 万只，都超过了农村有线广播网历史上的最高水平。农村广播网的传输质量和收听效果也比过去有了显著提高。有线广播喇叭普及 77%的人民公社、54%的生产大队和 26%的生产队。同时，调频广播试验开始起步。

第二节　瑕瑜互见的广播电视宣传

正如几次政治运动有经验也有教训一样，这一时期的广播电视宣传也是有得有失，瑕瑜互见。

一、扩大化了的反右派斗争宣传

1957 年 4 月，为了纠正当时党内存在的脱离群众、脱离实际和官僚主义等问题，更有效地解决人民内部矛盾，以便更好地建设社会主义，中共中央决定，要在全党展开一场整风运动。4 月 27 日，中共中央发出《关于整风运动的指示》，要求在全党进行一次以正确处理人民内部矛盾为主题，以反对官僚主义、宗派主义、主观主义为内容的开门整风运动，以适应社会主义经济建设的需要。

整风运动开始后，中央广播局多次召开会议，布置广播系统职工积极参加整风，同时要求各广播电台要搞好整风宣传报道。6月2日，中央广播局在《广播怎样进行关于正确处理人民内部矛盾的宣传》的初步意见中强调，“广播在报道人民内部矛盾的时候，应当尽可能选择那些具有代表性的，为多数人所关心的、而又可以公开报道的事例，并且尽可能交代背景，分析原因，使各种不同的听众对矛盾和它的正确处理能有比较全面的了解，关于人民内部矛盾的报道一般的不要零敲碎打，不要追求数量，也不要作纯客观的报道，而应该更多采用综合和分析的方法”；“广播电台应该组织一些通俗地向听众讲解为什么人民内部有矛盾，怎样处理这些矛盾的节目”①。根据上述精神，全国各地的广播电台对于整风运动的宣传报道比较慎重，把握得比较好。同年6月4日，中央电台开始举办《正确处理农村内部矛盾》专题节目。

整风运动的开展，得到了全国知识分子和爱国民主人士的热烈响应，提出了许多建设性意见。但整风运动的开展也为极少数敌视社会主义制度、对中国共产党心怀不满的人提供了一次公开发难的机会。按照“百花齐放、百家争鸣”的方针，广播电台对民主党派、无党派人士、工商界人士和各行各业干部、群众的“鸣放”意见进行了客观的报道。中央电台举办的《整风特别节目》，从5月21日到6月7日的半个月内，播出有关整风运动的稿件57篇。对国外广播的北京广播电台也对中国共产党的整风运动作了大量的报道。各地方电台采取多种形式，客观报道了各界整风座谈会上的内容。6月8日，中共中央发出《关于组织力量准备反击右派分子进攻的指示》。此后，全国由整风转入大规模的反右派斗争。广播电台除了播出《人民日报》刊登的各类有关抨击右派言论的新闻报道和各种文章外，还自己采制了揭露和批判右派分子座谈会的实况录音，有些电台举办了反击右派的专题节目或特别节目。广播的报道宣传对反右派斗争的扩大化起了推波助澜的作用。

与此同时，广播系统内部的反右派斗争也开展起来。1957年7月17日至24日，中央广播局召集12个省、市的广播电台负责人会议，一方面检查整风“反右”宣传，另一方面了解各台内部反右派斗争的情况。由于反右派斗争扩大化，全国各广播电台（不包括广播站）内部划了一批“右派分子”，据1958年4月的材料，全系统为364人，其中编辑干部占76%，组长到总编辑等人约占30%。

---

① 转引自《当代中国的广播电视》编辑部选编：《中国广播电视大事记》，北京广播学院出版社1987年版，第92、93页。

中央广播局被定为“右派分子”的1957年11月时有65人，到反右派运动后期增加到85人。1978年9月，中共中央决定对被错划为“右派分子”的人进行复查，把划错了的改正过来。中共十一届三中全会之后，1979年经过有关部门审改，证明广播系统的绝大多数的“右派分子”属于错划，给予纠正。

在反右派斗争中，广播系统影响较大的事件是对以温济泽为首的“反党小集团”的批判。

温济泽（1914—1999），祖籍广东梅县，生于江苏淮阴。他从青年时代就参加革命学生运动，1930年加入中国共产主义青年团，1936年成为共产党员，抗日战争、解放战争时期投身党的新闻工作，1946年在延安时开始从事广播工作，担任新华总社语言广播部主任。新中国成立后，温济泽担任了中央广播局副局长，中央电台副总编辑。在分管领导对外广播宣传中，温济泽总结出了对外广播和对内广播的“四不同”，即对象不同、任务不同、内容不同和报道方式方法不同。“四不同”抓住了对外广播的根本特点，对探索搞好对外广播具有重要意义。

反右派斗争开始后，对外广播所进行的探索尝试遭受了严重破坏，温济泽提出的“四不同”理论被斥为“对外广播特殊论”，他本人也被打成“反党小集团”的头子，受到开除党籍和撤销行政职务的处分，并被调离了广播宣传岗位。[①]“小集团”的其他成员也受到党纪处分。1958年10月在中央广播局的有关文件中称：“小集团所进行的反党活动是早就开始了的，是有纲领、有组织、有计划的，而且是长期坚持的。他们在政治思想上坚持修正主义、右倾机会主义的路线，篡改了对外广播的政治方向；在组织上进行反党活动，搞独立王国，破坏党的团结；在外事工作、反右派斗争和干部工作上敌我不分，严重丧失立场。”在温济泽等领导下得到改进的对外广播节目也受到批判和排斥，一些深受国外听众喜爱的节目被扣上了“资产阶级新闻观点”“修正主义倾向”“右倾机会主义”等帽子而被迫取消。在以后的几年里，对外广播生硬、呆板、政治调门高、内外不分的倾向越来越严重，引起国外听众的反感，这种局面一直到20世纪60年代初才有所改变。

反右派斗争的教训是深刻的。其中一个主要教训是错误地估计了我国这支从

---

① 直到1978年5月，经中共中央组织部复查后，纠正了温济泽的右派身份，恢复了他的党籍和原来的级别。随后，中央广播事业局对“小集团”其他成员的处分也予撤销。至此，广播系统最大的一起冤假错案彻底平反。有关温济泽被定为“右派分子”和平反始末，可参阅《第一个平反的“右派”——温济泽自述》，中国青年出版社1999年版。

革命战争年代走过来的广播队伍。1958 年第五次全国广播工作会议的有关文件中曾说，反右派斗争“同时还暴露了大批站在资产阶级立场的、对党和社会主义半信半疑的以及更大一批政治不坚定，感情不健康的人。有不少右派分子和中右分子，曾经占据了编辑部门或技术部门的领导地位。这些事实都说明了我们的队伍严重不纯的程度。就是到现在，经过了反右派斗争，保留资产阶级新闻观点的，不安心于广播工作，个人主义未经改造的，甚至不肯服服帖帖接受党的领导的也还不在少数”①。事实上，我国广播队伍中的绝大多数干部和知识分子对党是有感情的，是热爱社会主义的，是愿意把自己的聪明才智献给社会主义广播事业的。中华人民共和国成立短短的几年里，广播事业取得的成就已充分说明了这一问题。另一个主要教训是，在反右派斗争中混淆了政治和业务的界限，把在广播宣传改革和鸣放中提出的某些意见和观点如广播节目的趣味性、对外广播的特殊性和以“中间听众”为主等不加分析地说成是资产阶级观点，甚至上纲为反党反社会主义的政治问题加以批判，致使 1956 年春天开始的广播宣传改革夭折，广播业务研究难以继续下去。

二、“大跃进”宣传的严重失误

1958 年“大跃进”开始后，同年召开的第五次全国广播工作会议提出了“广播是阶级斗争工具”的观点。会议认为，在广播宣传工作中存在着两条道路、两种方法的斗争，强调“政治是广播工作大跃进的统帅”。会议提出，广播工作“大跃进”的方针是多、快、好、省办节目，办事业，为教育和团结广大人民，为保卫祖国、灭资兴无②、促进社会生产力的发展服务。并认为这个方针是社会主义建设总方针在广播工作中的体现。会议还提出了“广播工作大跃进的关键在于干部”，强调必须从政治上、思想上、组织上建立一支又红又专的广播工作队伍。

会后，全国各地广播局（台）在贯彻会议精神的基础上，纷纷制定各自的

---

① 参见中央广播局办公室编内部资料《全国广播工作会议文件选编》，第 102 页。

② 关于“灭资兴无”或“兴无灭资”的提法，长期以来一直存在不同的意见和观点。1980 年 6 月，邓小平指出：“兴无灭资”的口号是不完全的，《人民日报》《光明日报》等不（要）再提；要对这个口号作出准确解释，即把反对封建主义思想、极端个人主义、无政府主义、资产阶级自由主义及其他非无产阶级思想包括进去。参见贾巨川：《习仲勋质疑“兴无灭资”》，载《百年潮》2001 年第 11 期。

“大跃进”规划，准备苦战三五年（有的甚至提出一年、半年）改变面貌。各地广播电台也迅即投入轰轰烈烈的“大跃进”宣传中。中央电台设置了《大跃进凯歌》《先进集体、先进人物》《三面红旗万万岁》等专题节目，河北电台、辽宁电台开办了《社会主义建设总路线专题节目》，甘肃电台举办了《怎样建立人民公社》，山东电台举办了《社会主义大跃进节目》。这些节目宣传了党的建设社会主义总路线的方针政策，反映了人民群众要求摆脱贫困落后面貌的强烈愿望，热情歌颂了人民群众在生产建设中的积极性和创造精神。但由于受“左”的思想影响，广播电台在宣传报道上同样犯有严重的“左”倾错误。

一是对内广播节目中的浮夸风、瞎指挥和片面报道。

首先是在宣传生产建设的成绩上出现了严重浮夸的现象。在报道我国粮食和钢铁产量时，不顾事实，乱放“卫星”（1957 年苏联成功发射了第一颗人造卫星，在与美国争夺空间技术方面领先了一步，这颗“卫星”也就成了社会主义制度的骄傲和成就的代名词）。1958 年夏天，安徽电台组织了 5 次《庆丰收特别节目》，只要放出亩产早稻万斤的“卫星”，省电台就为其敲锣打鼓庆贺，结果当地早稻亩产从 1 万斤拔高到 3 万斤。四川省电台播出了新都县崇义公社（后改名为大丰公社）亩产稻谷 2. 4 万斤的报道后，顿使崇义公社在省内名声大振。中央电台先后报道了 1958 年我国小麦总产量超过美国跃居世界第二、棉花总产量将超过美国跃居世界第一的消息；还先后播出了湖北、福建等地早稻、花生、小麦等的高产纪录。这些报道均严重失实。在工业战线，广播电台重点宣传全民大炼钢铁运动。1957 年我国的钢铁产量是 535 万吨，中共中央决定 1958 年要生产钢 1070 万吨，比 1957 年翻一番。为了完成这个指标，全国建起小高炉几百万座。广播在宣传报道“全民炼钢”时，中央电台在《在钢铁战线上》节目里，报道广西罗成县 36 小时生产生铁 26. 6 万吨的虚假消息。这一年年底报道说，年产 1070 万吨钢的指标不仅“胜利实现”，而且“超额完成”，但实际上，炼出的钢许多是不符合国家标准的“土钢”。这些“土钢”只有政治意义，没有经济意义。“土钢”浪费了大量的人力物力，得不偿失。广播的浮夸宣传助长了浮夸风，各地出现了许多弄虚作假的“高产”“高速度”典型。有人形容当时的广播宣传是“日日充满前进的‘战斗声’，天天传出振奋人心的‘大捷报’”。

其次是推广先进生产经验方面的瞎指挥。广播电台在宣传农业增产措施时，大力推广“土地深翻和高度密植”经验。1958 年 9 月北京市电台在通讯《一个民兵连》中说：“为了创造小麦高产纪录，这个连计划种麦 600 亩，施肥 200 万斤，地深翻5尺，争取亩产25万斤。”1959年4月早稻插秧季节，经广播等新闻媒介宣传的“高度密植”经验，各地都在雷厉风行地硬性推广，“越密越先进，越密越革命”。这种不顾土质、种子、水、肥等各方面条件，硬性规定强求一致的“瞎指挥”给生产造成很大损失，农民对此实在想不通。广播电台在推广先进生产经验时只注意报道数字、产量和成绩，字里行间都是高产丰收的景象，而对灾情或因灾减产等消息却几乎从不报道。

再次是宣传理论、政策时的片面性。在人民公社化的报道中，广播在政策宣传上片面盲目提倡社有经济的发展，如中央电台1959年下半年举办的《人民公社万岁》节目，播出的都是条件好、收入多、公积金多的公社典型，而对条件差的、问题多的公社却很少提及。而在宣传人民公社“一大二公”时，就否定多种经济成分，甚至把社会主义阶段某些现行的合理政策都当作“本位主义”“个人主义”加以批判。广播还片面宣传“以粮为纲”“以钢为纲”，忽视其他方面的发展。一些否认客观条件的唯心主义口号如“人有多大胆，地有多大产”“不怕做不到，就怕想不到；只要想得到，就能做得到”“乘卫星、驾火箭，围着地球转几转”等，都当作正确的观点和口号加以提倡，鼓励人们苦干蛮干，不顾本地实际情况，追求高指标、高速度。广播宣传还强调“多、快”，忽略“好、省”。报道群众的干劲时，常用“日夜苦战”“七天七夜不合眼”等违背人的生理常识的提法，甚至在卫生工作中提出了开展“除四害和消灭疾病运动”（“四害”是指老鼠、麻雀、蚊子、苍蝇）等违背科学常识的口号。“大跃进”中，麻雀被列为“四害”之一，大张旗鼓予以消灭。后来经有关科学家论证，麻雀对农作物也有益处，不应列为四害，才使麻雀在中国大地上没有绝种。

二是广播大会的盛行，影响了人民群众的日常工作和生活。

在宣传“大跃进”运动的过程中，从中央电台到地方电台，普遍运用了广播大会这种方式。广播大会是中国广播的一种独特的报道方式，大会的主会场一般设在广播电台或装有转播设备的某会场，若干个分会场设在基层单位，大会主会场的实况通过无线电广播传播到各分会场。这种宣传方式最早出现在抗美援朝和镇压反革命运动的宣传中，当时北京、天津等地的广播电台创造了广播大会的形式。1958年6月30日，广东电台同广东省委联合举办“报丰收、庆丰收广播大会”，全省约有一千万农民和城市居民、机关干部收听了这次广播。同年7月30日，江西电台在星子县召开现场广播大会，庆祝早稻“空前”丰收，夺取晚稻更大丰收。江西省委领导在广播中号召全省人民，鼓足更大干劲争取一年完成五年粮食生产计划，同年年底，江西省举行庆祝1958年农业大丰收广播大会，全省收听人数达400万。这一年，江西电台共举办广播大会11次，收听总人数达250多万人次。据18个省（市）、自治区统计，1958年地方台一共召开广播大会303次。中央电台1959年4月至1960年4月，与国务院各部门及群众团体举办广播大会19次。平均每两个月3次，每次都有几百万人收听。广播大会在宣传动员组织人民群众投身社会主义经济建设方面具有一定的鼓动性和号召力，对于短期的大规模动员群众积极行动起来，发挥了显著的作用，但由于每次都组织大批听众到指定会场收听，因而影响了广大群众的日常工作和生活。而“大跃进”时期频频召开的广播大会，不仅助长了浮夸风、瞎指挥和高指标的倾向，而且违背了新闻真实和实事求是的原则，副作用很大。

三是对外广播的信誉滑坡。

“大跃进”期间，我国的对外广播宣传报道也出现了许多令人遗憾的地方。对外广播节目的时间在不断增加，但节目质量却明显下降。从中华人民共和国成立到“文革”前的十几年中，50年代后期是对外广播宣传效果最差的一个时期。

这一时期，对外广播节目的内容片面强调政治化，认为只有报道政治和外事活动以及宣传“大跃进”才是政治，把公报和社论全文播出去才算政治挂帅。在这一认识论指导下，对外广播的取材日益狭窄。由于片面强调政治性，忽视了对外广播的编写技巧、用语和音响技巧，节目内容单调枯燥，形式呆板，似乎认为宣传是我的事，听不听是你们（外国听众）的事。在节目的定位上，不考虑国外听众的多种需要，不注意发挥外国专家的作用，长时间不让他们写稿子，使对外广播失去了特点，甚至把对国内广播宣传中的脱离实际浮夸风的做法也都搬到了对外广播中，引起外国听众的反感。有的听众反映，收听北京的广播“就像在受训”。

“大跃进”期间，对内和对外的广播宣传受“左”的影响出现的浮夸风、瞎指挥和片面性的严重错误，一度为高指标、“共产风”等推波助澜，给实际工作造成很大危害。广播在国内外的信誉大大降低，我国在国际上的形象也受到了损害。

三、广播电视宣传的调整和改进

1962年，在对广播电视基础建设实施调整方针的同时，从中央到地方，各级电台、电视台进一步总结“大跃进”期间的经验教训，分析研究改进和提高节目质量的办法和措施。1962年1月，毛泽东在中共中央召开的七千人大会上的讲话中，要求“人民日报、新华社、广播事业局要检查一下，看前几年说了哪些不妥当的、违反政策、对人民不利的话，说了哪些助长‘五风’的话”。不久，中央及地方电台对“大跃进”期间在节目、宣传中所出现的问题进行了全面的反省。

中央电台为了精办节目，压缩播音时间，集中力量办好主要节目，合并、撤销了部分节目，同时根据实际需要，增设了一些新节目。1961年，中央电台撤销了文艺专题节目《三面红旗万万岁》，并把原来的省、直辖市、自治区各地人民广播电台编排的节目并入《在祖国各地》节目。1961年5月，中央电台增设《历史故事》《阅读与欣赏》《讲卫生》等知识性节目。另外还调整了18点到22点听众最集中的黄金时间的节目，使三套节目的内容尽量做到多样化，并增加欣赏性文艺节目。

中央电台还注意对节目精选精编，集中力量办好十大名牌节目：它们是《新闻和首都报纸摘要》《全国各地人民广播电台联播节目》《国际时事》《科学常识》《在祖国各地》《广播剧院》《文艺信箱》《星期演讲会》《少年儿童节目》和《小喇叭》。这些节目注意根据各自的特点，分别加强了新闻性、知识性和娱乐性，成为中央电台办得比较好，影响比较大的名牌节目。在对一些重大新闻事件的报道上，也加强了时效性。

不仅如此，中央电台还注意根据听众的需要来安排设置节目。根据听众渴求学习科学知识的要求，中央电台于1963年5月为农村听众举办了《农业科学技术讲座》《世界地理知识》等节目。文艺广播设置了听众喜欢的《小说连续广播》《诗文朗诵》等节目，以及话剧、故事等，广东音乐、小提琴协奏曲《梁山伯与祝英台》因听众喜欢，多次组织播出。

地方电台在改进节目中，也注意加强地方特色，不断扩大报道面，增强知识性，在“自己走路”的探索中进行了多方面的尝试。到1963年，在执行国家调整方针的同时，各电台、电视台在提高节目质量，增加花色品种等方面取得了显著成就，播出了一批深受国内外听众喜爱的节目。

20世纪60年代初，随着国家调整方针的实施，我国的对外广播不仅在语种、广播时间和规模上有所增加，而且在节目内容形式上都有较大改进和提高。我国的对外广播，是世界人民了解中国的主要窗口，也是架设中国人民和世界人民友谊的纽带和桥梁，如何把中国的形象展现给世界，让更多的人了解中国，是对外广播的一个重要的任务。50 年代后期，对外广播受“左”的影响，一度出现宣传不看对象，内外不分、政治调门高、内容枯燥、形式呆板、千篇一律等问题，受到外国听众冷落。要改变对外广播宣传的被动局面，重新赢得外国听众的喜欢，就必须调整广播宣传方针，提高节目质量。

在周恩来等中央领导同志的关怀和指导下，60 年代初，北京电台（国际电台）通过认真调查和总结国外听众的情况，依据他们的爱好、生活规律和收听习惯，调整了对外广播的宣传方针。经过调整，节目有了很大改进，题材逐步扩大，花色品种增多，节目也更多地采用了录音报道、配乐广播、故事、小说等生动活泼的形式。

在改进对外的新闻报道方面，北京电台（国际电台）也做了许多工作。1961 年 3 月，梅益看了北京电台（国际电台）新闻组编发的国际新闻稿和新闻节目，并与莫斯科电台、美国广播公司、美国之音、日本电台等国外同行新闻节目做了比较后，指出北京电台对外新闻报道存在的问题是：一少，报道面窄，新闻信息量少；二迟，时效性差；三长，新闻稿件长。以上问题使对外广播宣传缺少声势、缺少分量、缺少力度，削弱了对外宣传的效果。为了改进新闻报道，梅益强调，对外广播要重视新闻报道，要把它办成全世界最好的节目；另外在文风和编写方针以及掌握政策等方面也要积极改进。在调整宣传方针时，对外广播还明确了几个问题，如内外有别、加强针对性等。以后的几年里，北京电台对一些重大的国内外问题的报道，如党和国家领导人的出国访问活动报道都做得比较好，报道得比较充分。

1962 年 4 月，根据国外听众的需要，北京电台在日语广播中开设了《中国话讲座》节目。

由于对外广播调整了宣传方针，加强了宣传的针对性，节目质量有了明显提高。1957 年以来，我国陆续开办了波斯语、土耳其语、阿拉伯语、法语、马来语、印地语、德语、葡萄牙语、意大利语、塞尔维亚—克罗地亚语、斯瓦希里语、俄语、泰米尔语、蒙古语、世界语和菲律宾语等 16 种外语的对外广播，到 1965 年对外广播已经使用 27 种外语和汉语普通话及 4 种方言对外播音，每天播音时间由 80 多小时增加到 100 小时左右。我国对外广播的规模不断扩大，继苏联、美国之后，居世界第三位。北京电台已经成为世界上很有影响的一座国际广播电台。从 1963 年起，我国的对外广播收到听众来信增多，1964 年收到听众来信28.6万封，与北京电台保持通信联系的有140多个国家和地区的20多万听众。

在此期间，北京电视台在“立足北京，面向世界”方针的指引下，也逐渐在国内外新闻报道中显示了它的作用。1963年，第一届新兴力量运动会在印度尼西亚雅加达举行，北京电视台第一次派出记者出国报道体育活动。1964年10月我国第一颗原子弹爆炸成功，1965年4月第28届乒乓球锦标赛等重大事件，北京电视台都积极进行报道，不仅在国内电视台播放，还把拍摄的电视片寄往国外，在美、英、日等国家的新闻机构发行。到1965年8月，北京电视台已经和27个国家的电视机构建立了交流电视片的关系。

20世纪60年代中期，广播电视对社会主义建设事业中涌现出来的先进集体和先进个人给予了充分的报道。通过广播电视的连续宣传，雷锋、王杰、欧阳海、王进喜、焦裕禄等优秀个人和大庆、大寨等先进集体的形象深入人心。他们的先进事迹和崇高的思想境界对于教育鼓舞全国人民克服困难，战胜自然灾害和树立社会主义新风尚起了重要作用。

1964年3月，中央广播局制定了《宣传业务整改提纲（草案）》。这是中央广播局党委在对中央电台、北京广播电台和北京电视台进行调查研究的基础上，对人民广播创建以来，特别是中华人民共和国成立以来十几年广播电视对内对外宣传正反两方面经验教训的审视和总结，并对做好60年代中期广播电视宣传工作提出了明确的方针、措施和改进意见。该提纲把提高广播电视宣传质量放在首位，强调“对一切宣传工作来说，质量永远是决定性的”。提高宣传质量的目的，是为了加强宣传效果，从而团结和教育更多的受众。关于北京广播电台对外宣传问题，提纲规定，对外宣传不仅有工人、农民、知识分子、小资产阶级，还包括爱国的民族资产阶级，一部分爱国的王公贵族，以及许多和美帝有矛盾、反对美国控制的垄断资产阶级分子。提纲还提出了改进各类广播电视节目的方针和措施，强调编辑部门要从思想上、业务上和组织上抓好三项建设，加强业务领导，实现提纲制订的奋斗目标。提纲是梅益起草，经中央广播局党委反复讨论修改，并在第八次全国广播工作会议上讨论通过的。它的制定和在一定范围内的实施，对于纠正1958年以来广播电视宣传中的严重偏差和削弱“左”倾指导思想对广播电视的影响起到了积极作用。但由于“文化大革命”的爆发，提纲的主要精神未能进一步贯彻执行，还被视为“毒草”而受到错误批判。直到“文革”结束后，提纲所起的积极作用才受到肯定。

1964 年 4 月召开的第八次全国广播工作会议，除讨论通过了《宣传业务整改提纲（草案）》外，还讨论了全国广播事业两年的调整和第三个五年计划的方针和安排，并研究了当前广播宣传工作和加强广播电台政治工作的有关问题。关于广播事业两年调整和第三个五年计划的方针、任务，会议提出，主要是继续加强对国外的广播宣传，巩固和适当发展农村广播网，新建、改建一批广播发射、录音、播音设备和职工宿舍，加强科学研究和工业生产建设工作以及培养一支又红又专的广播工作队伍等。关于加强政治工作，会议认为广播电台是很重要的部门，必须把政治工作搞起来，提高整顿，加强电台的安全保卫工作和内部的政治思想工作。会议强调政治是灵魂，是统帅，政治工作第一，在真正把政治工作放到首要地位的同时，也注意既要反对脱离政治的单纯业务观点，也要反对不问业务，使政治工作一般化的不良倾向。

1965 年 9 月 5 日，按当时人民广播事业历史的计算方法，是中国人民广播事业创建 20 周年纪念日（人民广播事业创建日后改为 1940 年 12 月 30 日）。为了纪念中国人民广播史上这个有历史意义的节日，毛泽东、刘少奇、周恩来、朱德、邓小平等党和国家领导人应中央广播局的请求分别题词祝贺。

为贯彻毛泽东等党和国家领导人为人民广播事业创建 20 周年题词的精神，中央广播局于 1966 年 3 月在北京召开了第九次全国广播工作会议。会议提出，所有广播电台都是阶级斗争的重要工具，认为广播电台内部的阶级斗争、两条道路的斗争相当严重，必须要大抓广播战线的阶级斗争，要认识到政治是统帅、是灵魂，政治工作是广播事业和一切工作的生命线，要把政治工作放在一切工作的首位。会议除了强调加强广播政治工作外，还提出要办好各类农村广播，为六亿农民服好务。由于这次会议是在“文化大革命”前夕召开的，会议提出的一些正确和比较正确的意见和措施都没有得到积极的贯彻执行，而一些“左”的观点和要求却在“文革”中被变本加厉地执行了。

第八至第九次全国广播工作会议一览表

会议名称	召开时间	主要内容
第八次全国广播工作会议	1964 年 4 月 7 日至 4 月 18 日	讨论通过了《宣传业务整改提纲（草案）》，并讨论了全国广播事业两年的调整和第三个五年计划的方针和安排，研究了当前广播宣传工作和加强广播电台政治工作的有关问题。

（续表）

会议名称	召开时间	主要内容
第九次全国广播工作会议	1966年3月20日至4月9日	总结1958年宣传工作的主要经验；讨论广播事业第二个五年计划草案以及各台在广播宣传和事业建设方面的协作问题。

第三节　广播电视教育的兴起和广播电视报刊的创办

中华人民共和国成立后，迫切需要大量的广播电视技术人才和编播干部。1954年3月，中央广播局开办广播技术人员训练班，开始培养中级广播技术人才。1958年9月2日，中央广播局在原有的广播技术人员训练班的基础上成立了“北京广播专科学校”。这是中央广播局直属的第一所高等专科学校。该校学制两年，设立发送、传音、电视三个工科专业。同年11月根据对外广播工作的需要，又设立了波斯语专业本科班，开始培养广播高级人才的尝试。

为了尽快发展广播电视高等教育，1959年9月，经国务院批准，中央广播局把北京广播专科学校扩建为北京广播学院，这是我国第一所培养广播电视专门人才的高等学府。北京广播学院的建立和发展，标志着中国的广播电视高等教育进入了一个新的阶段。

各地广播电视机构根据工作的需要，也积极开办广播电视中等专业教育，培养技术维修和值机人员，以及录音、录像、灯光、音响、美工、化妆、服装、制片等方面的中级人才。1958年9月15日，湖南省广播事业局创办的湖南广播技术学校正式成立，这是我国第一所广播电视中等专业学校。至1960年，山西、山东、安徽、上海、吉林、辽宁、黑龙江、内蒙古、陕西、广东等省、自治区、直辖市广播事业局也都办起了广播学校。这些学校培养的中等专业人员在广播电视事业的发展中发挥了重要作用。

利用广播电视这种现代化的传播媒介举办教育节目和教学节目，以提高全民族的科学文化素质，是中国特色的社会主义广播电视的一个重要标志。中华人民共和国成立不久，新闻总署在有关工作会议上就强调广播在传播科学文化知识、提高人民政治素质和文化素质方面的重要作用。20世纪50年代初，中央电台举办过多种理论讲座节目，受到广大干部的欢迎。各地广播电台根据本地情况，和教育部门联合举办的广播师范学校或广播师范大学对提高中、小学教师和幼儿教师的水平起了很大作用。

1958年我国电视出现后，电视教育性节目和教学节目也随之开展起来。1959年5月，北京电视台和中国文字改革委员会联合举办《汉语拼音字母电视教学讲座》节目，这是我国最早的电视教学节目。为了更有效地开展广播电视远距离教学，经过一年多的筹备，1960年3月8日，“北京电视大学”正式开学。继北京电视大学之后，各省、市陆续开办了广播电视大学。

此外，20世纪50年代中期，随着广播节目的丰富，广播节目报和广播研究刊物也应运而生了。从1953年到1959年，上至中央电台，下至省、市台，大都出版过广播节目报。广播节目报的任务是预告和介绍广播节目，反映听众的意见和要求，介绍广播方面的知识。中华人民共和国第一家公开发行的广播节目报是上海人民广播电台1955年元旦创刊的《每周广播》。同年4月25日，中央电台的《广播节目报》（与北京市台合办）正式创刊，公开向各地发行，这是我国第一份中央级的广播节目报。1958年全国有47家广播电台出版广播节目报。1959年，全国广播节目报的总发行量达26万份。1960年以后国民经济困难，大部分广播节目报停刊。

20世纪50年代至“文革”前，国内出版时间较长，影响较大的广播刊物是《广播业务》。它于1955年10月创刊，1959年1月改为月刊，至1966年3月，共出版100期。1959年2月，中央广播局研究室还编印了三期刊载外国广播资料的不定期刊物《广播业务译丛》。

广播报刊的出版，加强了广播同人民群众的联系，促进了电台节目的改进和提高，也促进了广播单位内部工作经验的交流，提高了广播工作者的业务水平。以这些报刊为阵地，业内和业外的许多人士对一些重要的广播理论问题进行了研究探讨。

思考题：

1. 简述中国电视事业诞生的背景及初期发展。
2. 广播事业在“大跃进”宣传中应吸取哪些经验教训？

第七章 “文化大革命”时期的广播电视事业（1966—1976）

1966年，正当国民经济的调整基本完成，国家开始执行第三个五年计划的时候，一场长达十年、给国家和民族造成深重灾难的“文化大革命”开始了。十年中，广播电视业从根本上背离了新闻传播的规律，遭受了严重的挫折。

第一节　动乱时期的广播电视宣传

1965年11月10日姚文元在上海《文汇报》发表了《评新编历史剧〈海瑞罢官〉》。京剧《海瑞罢官》是历史学家、时任北京市副市长的吴晗响应毛泽东的号召而写的。1959年4月，毛泽东针对干部中不敢讲真话的问题，提倡学习海瑞“刚正不阿，直言敢谏”的精神。吴晗遂于6月间发表了《海瑞骂皇帝》一文，之后又相继写出《论海瑞》《海瑞罢官》等文章和剧本。《海瑞罢官》于1961年在北京上演不久，江青就认为有很大问题，提出要批判。1965年11月10日，上海《文汇报》刊出由江青、张春桥等共同策划、姚文元执笔的批判文章《评新编历史剧〈海瑞罢官〉》，捕风捉影地把《海瑞罢官》中所写的“退田”“平冤狱”同“单干风”“翻案风”联系在一起。这样一来，对《海瑞罢官》的批判就成为一场严重的政治斗争，并在全国报刊上迅速形成了批判的高潮。广播中及时播出了批判《海瑞罢官》的有关报道。但在当时，也曾有几位学者、专家发表文章，批驳姚文元的观点。

1966年5月4日至26日，中共中央政治局召开扩大会议。5月16日，会议通过了《中国共产党中央委员会通知》（简称《五·一六通知》）。《五·一六通知》完全抹杀了新中国成立以来思想文化战线上的成就，歪曲国内阶级形势和党、国家的状况，提出“文化革命”的目的是对一大批反党反社会主义的资产阶级代表人物进行批判。《五·一六通知》的基本精神和主要内容通过报刊、广播迅速传播到全社会，“文化大革命”在全国迅速开展起来。

一、“文革”初期的广播电视宣传

1966年，“文革”宣传开始后，各广播电台的政治性节目急剧增加。中央电台开办了《每周一首革命歌曲》《讲革命故事》《革命歌曲》《全世界人民热爱毛主席，热爱新中国》等专题节目、专栏。到1966年年底，政治宣传性节目一般已经占到一半左右的播出时间。1967年2月，中央电台实行新的节目时间表，政治性节目的时间比例由48.02%增加到72.1%，文艺性节目由48.33%降低为24.2%。京剧《红灯记》《智取威虎山》《沙家浜》和芭蕾舞剧《红色娘子军》等少量实验性革命现代戏剧，是反复播出的广播文艺节目。总之，全国各地的广播电台如出一辙，小异而大同。

电视与广播宣传一样受到冲击。除了“文革”宣传外，就只剩下革命“样板戏”了。

二、“文革”中、后期的广播电视宣传

“文革”初期，林彪集团与江青集团出于实现各自反革命政治野心的需要，借开展“文化大革命”为名，相互勾结利用。林彪通过江青一伙，借广播电视“大树特树”他的权威和地位，为其篡党夺权制造舆论。但随着时间的推移，林彪一伙的野心逐渐暴露。在其发动武装政变的阴谋败露后，1971年9月13日凌晨，林彪一伙强行登机起飞外逃，在飞越国界进入蒙古国境内后，专机在温都尔汗附近坠毁，林彪、叶群、林立果等人当场死亡。林彪反革命集团的武装政变阴谋彻底破产。1972年8月，中共中央决定，撤销地方电台的军管，1973年1月，中央广播局的军管也宣告结束。随着揭批林彪反革命集团的深入和对“文革”以来广播电视宣传中泛滥的极“左”思潮的初步清理，广播电视节目在一段时间内有所改进。从1971年11月22日起，北京电视台取消了每日节目开始前播放的毛主席语录，一些陆续恢复播出或自办节目的地方电视台也效仿北京电视台做了一些改进。上海人民广播电台恢复了业余外语广播讲座，进行英语初级班教

学，其后又开办了日语班、法语班。北京人民广播电台也开办了《英语广播讲座》节目，安徽、广州等地也都恢复了外语广播讲座。随后，各地电视台、电台的知识性节目、体育性节目等相继恢复播出。一些面向特定对象的节目也有所改观。少数民族地区的民族语言广播也陆续恢复。

1971 年 5 月 1 日，中央电台恢复了 1960 年年底停播的对少数民族地区的民族语言广播，首先播出了维吾尔语、哈萨克语两种语言节目。后又分别开播了蒙古语、朝鲜语和藏语节目，原有的五种少数民族语言节目均得到恢复。

1975 年 5 月 12 日，在各行各业的整顿工作中，中央电台调整节目，把《马列著作、毛主席著作选播》《学习与实践》《批林批孔专题节目》合并为《学习节目》；把《红小兵》改为《少年儿童节目》；把《红卫兵》和《对上山下乡知识青年广播》合并为《青年节目》。7 月 1 日，上海电视台经过试办两期《回沪探亲知青电视教育讲座》之后，正式开办设有政治理论、工业知识、农业知识、农村机电、医疗卫生和数学等课程的电视教育讲座。全国的广播电视也都经历了这种调整与转变。

三、对外广播与对外合作交流

“文革”期间，北京广播电台的对外广播语种由于此前的多年筹备，又有 12 种语言节目陆续开办。其中有 1966 年 8 月开办的乌尔都语广播；1968 年 8 月开办的捷克语、波兰语和罗马尼亚语广播；1969 年开办的孟加拉语广播和阿尔巴尼亚语广播；1973 年 7 月开办的普什图语广播；1974 年开办的保加利亚语广播和克丘亚语广播（该语种 10 月 1 日开办，1980 年 6 月 14 日停办）；1975 年先后开办的僧伽罗语和尼泊尔语广播和 1976 年开办的匈牙利语广播。至此，我国对外广播使用的外语达到 39 种，此外，还使用汉语普通话和广州话、厦门话、潮州话和客家话对全球华侨、华人广播。每天累计播音时间达到 138.5 小时，基本上覆盖了世界五大洲的广大地区。“文革”期间，在极“左”路线的主导下，对外广播节目质量有所下降，20 世纪 60 年代初期逐步恢复的相对和谐的传收关系受到很大破坏，听众来信明显减少。

20 世纪 70 年代初，我国的对外关系取得重大突破和转机：1971 年 10 月，我国恢复在联合国的合法席位；1972 年 2 月，美国总统尼克松访华，标志着中美关系趋向正常；9 月，日本首相田中角荣访华，中国和日本建立外交关系。国际关系的改善为恢复“文革”以来中断的广播电视对外合作和交流创造了条件。美国总统尼克松和日本首相田中角荣访问我国期间，按照周恩来总理的指示，分别在首都机场临时建设租用的移动式卫星地球站开通至美国和日本的通信电路，同时开通一路彩色电视通道，进行了电视新闻的实时对外播放。1972 年 10 月 14 日，在伊朗召开的“亚洲—太平洋广播联盟”（亚广联）第 9 届全体会议通过决议：中华人民共和国国家广播组织应享有亚广联正式会员的资格。1975 年，在亚广联第 12 次全体会议上，中国广播电视组织首次当选为亚广联理事，此后多次连选连任。1974 年 10 月和 1975 年 10 月，中央广播局两次派代表，出席了国际电信联盟在日内瓦召开的有关会议，维护了我国和第三世界国家在频率资源方面的正当权益。

在此期间，中央广播局仅 1972 年就接待了来自 7 个国家的 9 个电视摄影队。这个数字相当于过去 22 年接待外国摄影队数量的总和。1973 年又接待了 10 个国家的 15 个电视摄影队。他们摄制的电视片绝大多数比较客观地介绍了我国的情况，有助于外国观众了解中国，其中美国全国广播公司摄制的《故宫》最有代表性。

第二节　服从政治需要的广播电视事业建设

一、有线广播的兴盛时代

“文革”时期，有线广播不仅以其传播迅速的特点，适应了当时政治宣传的需要，更以其技术简单、成本低廉、架设容易和使用方便等特点，为在经济落后的中国农村大面积普及提供了可能。全国有线广播事业在规模上出现了前所未有的扩张。

1966 年年初，农村有线广播正处于大发展的初期。1966 年，全国有县级广播站 2181 座，放大站和公社广播站 8435 座，广播喇叭有 1100 多万只，均达到了农村广播网历史上的最高水平。77%的人民公社、54%的生产大队和 26%的生产队均普及了有线广播。1969 年，财政部和中央广播局决定，县级广播站的经费列入国家财政预算，公社级放大站的事业经费由地方财政拨款。1970 年，国家在下达国民经济计划时，又把出版毛主席著作、办好报纸、广播列为第一条，从而进一步掀起了办广播的热潮。这一措施的出台，无疑更进一步刺激了农村有线广播网的发展。如1968年，青海省计委一次拨专款350万元，用来重点发展农村有线广播；1969年和1970年每年又追加投资70万元至80万元。在偏远的云南省，省革委会确认，广播事业经费列入各级预算，决定每年财政补助拨款100万元，用于农村广播网的事业建设。就连比较穷困的陕西省也在1972年投资270万元，用于发展农村有线广播网事业。至1973年，全国有线广播网已基本普及。全国95%的生产大队和91.4%的生产队通了广播，61.5%的农户有了广播喇叭。全国农村有线广播喇叭已达9900万只，比“文革”前的870万只增加了10倍以上。

1973年9月，在全国广播事业规划座谈会上，有关部门制定了巩固提高和积极发展农村广播网的方针：继续建设好以县广播站为中心、以公社广播放大站为基础、以专线传输为主的质量高、效能好、适应战备需要的农村广播网。经费要贯彻国家、集体、个人三级负担的原则。在网路建设中，则要贯彻“三为主”的精神，即办有线广播以专线为主，广播专线以钢筋混凝土电杆为主，钢筋混凝土电杆以自己制作为主。1974年8月，《农村有线广播技术标准和技术管理规程（试行）》颁发，1978年颁布正式本。从此，农村有线广播走向逐步正规和提高质量的阶段。到1976年，全国就已建成县级有线广播站2503座，安装有线广播喇叭11325万只。97%的人民公社、93%的生产大队和86%的生产队都通了有线广播，农户安装广播喇叭的也达60%。有线广播一跃而成为当时中国普及最广、受众数目遥遥领先的大众传媒。十年“文革”，“经济没有发展，政治没有发展，文化、教育、科学均没有发展，但广播喇叭却得到了世界历史上不曾有的飞速发展”。这一奇特的历史景观，被有的学者称作“‘文革’十年中唯一值得称道的奇迹”①。

二、彩色电视开播

我国彩色电视的起步较早，在1959年即黑白电视开播后的第二年就开始研究、试验。但“文化大革命”开始后，彩色电视暂时停止了研究和试验。直到

① 朵生春：《中国改革开放史》（上卷），红旗出版社1998年版，第14页。

1969年，彩色电视的研究和试验才重新开始。1970年，中央广播局与国家计委、解放军通信兵部、四机部和邮电部联合发起，在北京召开了全国电视专业会议，会议确定，今后将集中主要技术力量研制彩色电视，同时适当发展黑白电视。之后，恢复和建立电视台，以及对彩色电视技术进行联合攻关，成为中央及各省（区）、直辖市电视机构的工作重点。

北京、天津、上海等地关于彩色电视制式的“攻关会战”陆续开始。参加彩电会战的地方电视台、科研单位和工厂企业很多。但是，在“文革”时期，由于缺乏必要的条件，技术过不了关，有些元器件质量明显不行，而且指导思想上又急于求成，虽然花费了大量的人力、物力开展攻关会战，但没有研制出我国自己的彩电制式。为了尽快开办彩色电视，经国务院批准，1972年10月，我国先后派出技术人员赴法国、瑞士、联邦德国、荷兰和英国，考察他们的彩色电视制式，并对选购彩色电视设备问题进行了详细的调查和探讨。考察团回国后，经过深入讨论，反复论证，最后决定中国的彩色电视暂用PAL制式。因为要与D制的黑白电视兼容，故中国的彩电制式全称为PAL-D制。1972年年底到1973年年初，北京电视设备厂、上海广播器材厂等单位的工程技术人员克服种种困难，研制出彩色电视转播车和彩色电视中心设备。

毛泽东等党和国家领导人十分关心中国彩色电视的发展，1973年2月23日，毛泽东亲自审阅了中央广播局关于北京电视台“五一”彩电试播准备工作的简报。

经过一番艰苦细致的筹备，1973年5月1日，北京电视台彩色电视试播。10月1日，北京电视台对外正式宣布彩色电视播出，使用八频道，面向首都观众，每周4次播出；1974年5月后改为每日播出。8月1日，上海电视台开始试播彩色电视。10月1日，天津电视台、成都电视台也开始了彩电试播。8月7日，北京电视台的彩色电视节目开始通过京津、京沪微波线路向外地传送，每周一次，以后逐步增加。1974年10月1日，北京电视台对外正式宣布彩色电视播出。至1975年，北京电视台通过微波向外地传送的节目已由黑白、彩色交替播出改为全部彩色播出。

三、电视传输技术的进步

有线电视也叫电缆电视（Cable Television，CATV），它是相对于无线电视

（开路电视）而言的一种新型电视传播方式，就是把录制好的节目通过线缆（电缆或光缆）传输，将电视信号送给用户，再用电视机重放出来。由于电视信号通过线缆传输，不受高楼山岭等的阻挡，所以收视质量好。而有线电视台不需要昂贵的发射机和巨大的铁塔，所以建台费用低，有助于快速发展。1964 年，中央广播局立项对共用天线系统进行研究，拉开了中国发展有线电视的序幕；1974 年，中央广播局设计院等单位在北京饭店安装了中国第一个共用天线电视系统，标志着中国有线电视的诞生；1976 年 4 月，北京东方红炼油厂建立了我国第一个有线电视中心，可以同时转播北京地区三套电视节目，自办两套节目。

随着国家邮电通信用微波中继干线的逐步建成，广播电视开始利用这一网络传送节目。各大城市间的微波中继干线相继开通。从 60 年代起，陆续有一些省份开始利用微波传输线路接收北京电视台的节目。1974 年 10 月 1 日，中央广播局首次租用邮电部微波干线，由北京向部分对外广播发射中心传送节目。此后，微波线路也纳入中央广播传送网，各地记者站还能通过微波与北京电视台通话或传递稿件。1976 年年底统计，电视广播的全国人口覆盖率已达 36%。北京电视台的彩色节目通过微波线路，已覆盖全国除山东、内蒙古、新疆、西藏和台湾以外的 25 个省、自治区和直辖市。

第三节　逆境中的抗争

历时十年的“文化大革命”，使中国广播电视队伍遭到前所未有的冲击和破坏。从中央到地方的广播电视部门，以梅益、丁莱夫为首的一大批主要领导干部，统统被作为“反革命修正分子”“黑帮分子”“走资派”揪出来批斗。其他各级干部被以各种名义批斗的不计其数。大批的业务和技术骨干也因种种原因被迫离开了广播电视岗位。不少从事对外广播工作的新中国成立初期回国的中青年华侨，也受到了不公正的对待，严重地伤害了他们的感情。另外，北京广播学院作为我国唯一的广播电视高等院校也被迫撤销，致使人才培养中断八年之久。林彪、江青反革命集团利用“文化大革命”对广播电视队伍进行的摧残和破坏，严重影响了我国广播电视事业的发展。

一、人民群众对广播电视极“左”宣传的抵制

“文革”期间，广播电视中充斥着不切实际、上纲上线的宣传鼓噪。不少群众忍不住写信给广播电台、电视台，对此提出了严厉的批评和指责，这种批评和指责可以说是从“文革”一开始就有了。广大群众对于“四人帮”控制下的广播电视宣传的不满情绪，在1976年周恩来逝世以后表现得尤为明显。愤怒的群众撕毁节目表，卖掉电视机，甚至摔掉收音机。党的宣传工具在人民群众中的威信下降到如此程度，可以说是有史以来从未有过的。人民广播在革命战争年代建立起来的崇高信誉，被“四人帮”一伙破坏殆尽。

周恩来总理在世时，“四人帮”千方百计地利用种种手段（其中也包括广播电视），诬陷、折磨和迫害他。周恩来逝世后，“四人帮”特别是姚文元利用手中的权力，连续下达了种种命令，多方刁难，百般破坏广播电视对周恩来治丧活动的宣传报道。

对周恩来的逝世，人民群众万分悲痛。在讣告播出后的几天里，对人民群众自发的悼念活动，中央电台、北京电视台都没有反映。1976年1月11日，当周恩来的灵车从北京医院缓缓驶向八宝山时，首都百万群众冒着严寒，自动伫立在十里长安街上送别总理，群情悲痛，景况感人。而此时中央电台照旧播放音乐和“样板戏”，激起听众的极大愤慨。在周恩来逝世以后的一个星期内，中央广播局接到各地电话2000多次，来信200多封，充分表达了广大听众、观众对周恩来总理的无限怀念，对“四人帮”控制下的广播电视压制、贬低周恩来治丧报道活动的强烈不满。

二、广播电视界的抗争

对广播电视工作者来说，许多人其实与人民群众一样，不愿制作假大空的宣传报道，但因受到种种“宣传纪律”的约束，无法通过广播电视表达出来。但是，也有少数干部职工在反思十年“文革”的过程中，较早地认清了“四人帮”的真实面目，直接地、勇敢地投入反对“四人帮”的斗争中去。

窦守芳是中央广播局大修队的一名普通政治干事。1975—1976年，他先后给邓小平和其他中央领导写了9封信，历数“四人帮”篡党夺权和祸国殃

民的罪行。

周恩来总理逝世期间，几百万群众自发地来到首都天安门广场，敬献花圈、花篮，张贴传单，朗诵诗词，发表演说，表达对总理的深切怀念之情，痛斥“四人帮”的倒行逆施。中央广播局的青年录音员刘万勇到天安门广场把人民的呐喊、战斗的呼唤和深情的怀念用录音机记录下来。

据统计，1966 年春天以来，在“四人帮”的淫威下，中央广播局有 133 人上了“黑名单”，他们当中许多人遭到了残酷迫害，有的被关押、批斗，有的被开除党籍、公职，直到 1978 年 5 月才平反昭雪。

1976 年 10 月 6 日，以华国锋、叶剑英、李先念等为代表的中央政治局，采取断然措施，将王洪文、张春桥、江青、姚文元实行隔离审查。当晚，耿飚①根据华国锋、叶剑英的指示接管了中央广播事业局等新闻机关。18 日，中共中央发出《关于王洪文、张春桥、江青、姚文元反党集团事件的通知》。粉碎“四人帮”反革命集团的胜利，标志着历时十年的“文化大革命”从此结束。广播电视事业重又回到正常轨道，并逐步走上健康发展之路。

① 耿飚（1909—2000），原名耿俊勇、耿润德。1925 年 5 月加入中国共产主义青年团，1928 年 8 月转为中国共产党党员。中华人民共和国成立后，长期任驻外大使。1971—1979 年任中共中央对外联络部部长。

第八章 改革开放前后的广播电视事业

（1976—1983）

“十年动乱”结束后，党和国家面临着拨乱反正的艰巨任务。但起初由于尚未彻底肃清“左”的流毒以及“两个凡是”方针的影响，各项事业一度徘徊不前。

1978 年，中共十一届三中全会召开。会议重新恢复了“解放思想、实事求是”的思想路线，提出把全党工作重心转移到社会主义现代化建设上来。贯彻落实中共十一届三中全会精神，广播电视系统再次“自己走路”，宣传面貌逐步改观。

第一节　两年徘徊期间的广播电视

1976 年 10 月 6 日，也即隔离审查“四人帮”及其党羽的同一天，中共中央委派耿飚和邱巍高①到中央广播局，统一领导中央三台的宣传工作，同时还派人控制了曾被“四人帮”一伙长期盘踞的人民日报社、新华社、光明日报社等新闻舆论机构，并在把握宣传口径上做了同样的工作。

耿飚在中央广播局工作十天后即调往中央宣传口任负责人，中央广播局的工作则由对外联络部副部长张香山②负责。1977 年 1 月 17 日，张香山被任命为中央广播局局长。1977 年 10 月中央宣传部恢复后，张香山出任中宣部副部

① 邱巍高时任北京卫戍区副司令员。

② 张香山（1914—2009），笔名张莳人、时仁等，浙江宁波人，日本东京高等师范肄业。1932 年参加革命，1938 年加入中国共产党。1976 年 10 月调入中央广播局主持工作，1977 年 1 月至 1982 年 5 月任局长。全国政协五届、六届常务委员，中国亚洲团结委员会副主任。1982 年 5 月离休。

长，仍兼中央广播局党组书记、局长，统一主持局内的业务和揭批“四人帮”的运动。

一、从理论节目开始拨乱反正

“十年动乱”期间，林彪、“四人帮”利用党内长期存在的“左”的指导思想，以及毛泽东晚年发动和坚持“文化大革命”的错误，肆无忌惮地歪曲、随心所欲地解释马克思列宁主义、毛泽东思想，并且通过他们把持的广播电台和电视台广为传播，为他们篡党夺权大造舆论。广播电视中唯心主义和形而上学的内容、杜撰的“事实”和捏造的谎言俯拾皆是，真伪难辨，严重损害了广播电视业自身的声誉。

“十年动乱”结束后，广播电视宣传的一个首要任务，就是要揭露和批判林彪、“四人帮”在思想理论战线上的错误，恢复党的新闻工作的传统，讲真话、不讲假话，讲道理、不打棍子，用客观的事实去说服、教育和鼓舞人民，使全党的工作转到真正的马克思列宁主义、毛泽东思想的轨道上来。

但不久，1977 年 2 月 7 日的中央两报一刊发表社论《学好文件抓住纲》，公开提出了“两个凡是”的方针。即“凡是毛主席作出的决策，我们都坚决维护；凡是毛主席的指示，我们都始终不渝地遵循”。这一方针的提出，无疑是延续了“文化大革命”的教条主义和个人崇拜错误，给全党和全国人民的思想带来极大困扰，在党内高层领导中也引起很多争议。

1977 年四五月间，邓小平在正式出来工作之前就明白无误地指出，“两个凡是”的观点是错误的，必须准确、完整地掌握毛泽东思想体系。这一论断得到了党内外普遍的拥护。按照马克思主义的观点，判定某一认识和理论是不是正确，只能拿到实践中检验，实践是检验真理的唯一标准。党内最高领导层在思想理论观点上的重大分歧，在全国引发了一场真理标准的大讨论。1978 年 5 月 11 日，《光明日报》以特约评论员的名义发表了题为《实践是检验真理的唯一标准》的文章。该文是经当时中央党校常务副校长胡耀邦审阅修改定稿的。文章尖锐地提出，“四人帮”加在人们身上的精神枷锁还远远没有完全解除，对“四人帮”设置的禁区要敢于去弄清是非，“两个凡是”从理论上讲是根本错误的。当天，新华社向全国播发了这篇文章的全文，第二天《人民日报》《解放军报》等转载此文，以后，各地报纸均先后转载，广播电视也做了报道。

中央电台经过几个月的准备，在1978年11月的《学习节目》中，播出了《理论和实践问题——实践是检验真理的唯一标准》讲座（共13讲）。讲座全面阐述了真理标准问题，反复强调，理论和实践的统一是马克思主义一个最根本的原则；检验真理的标准，只能是社会实践；马克思主义理论在实践过程中，必然要不断增加新的观点、新的结论，抛弃那些不适合新情况的个别旧观点、旧结论。讲座通过实事求是的论证，通俗、明了的说理，对“句句是真理”“一句顶一万句”和“两个凡是”进行了具有很强说服力的批判。像中央电台办的这种系统性的真理标准讲座，在全国还是第一个。除了《理论和实践问题——实践是检验真理的唯一标准》外，《学习节目》中的讲座还有《谈谈革命和生产的辩证关系》《社会主义经济问题》《知识分子问题》等，这些讲座的内容，绝大部分是通过阐述马克思主义的基本原理，着重批判“四人帮”的反革命谬论，有力地配合了当时揭批“四人帮”罪行活动的开展。

一些省市级电台、电视台也举办了类似的讲座。安徽电台的《理论和实践》节目先后推出《学习〈实践论〉》和《学习马克思主义认识论》两个讲座，上海电台举办了《关于真理标准问题》的专题讲座，上海电视台也开设《实践是检验真理的唯一标准》的电视讲座。

在拨乱反正的过程中，广播电视系统根据中共中央的指示，一方面深入揭批“四人帮”利用广播电视制造篡党夺权舆论的罪行，清理有关涉及林彪、江青反革命集团的各种问题，另一方面播出大量的报道、评论、讲座和各界人士的谈话，澄清人们思想观念上的是非曲直，努力解放人们长期被压抑、被束缚的思想。从1977年到1978年，仅中央电台在《学习节目》中，针对林彪、“四人帮”搞乱了的思想理论是非，以及实际工作中提出的新问题，就举办了18个理论讲座。

理论节目是我国广播节目的一个传统，更是我国广播节目在特定历史阶段的特殊表现形式。在粉碎“四人帮”之后的头几年，对于大多数被搞乱了头脑的中国人来说，广播中播出的大量理论节目起到了较好的正本清源的作用。

二、广播电视宣传初步改观

伴随着思想的逐步解放，“文革”期间曾经被错误批判的一些广播电视节目陆续恢复，一批新的知识教育性节目陆续创办起来。

“文革”期间，在“阶级斗争为纲”的口号下，中央电台一些老牌的专题广播节目（也称教育性节目），如《科学常识》《讲卫生》《在祖国各地》《星星火炬》《小喇叭》，还有当时十大名牌节目的《历史故事》《阅读和欣赏》等，都被视为宣传封、资、修的“大毒草”，受到了错误批判，许多节目还被迫停止播出。上述节目中，除《科学常识》和《讲卫生》在1973年春就已恢复外，其余都在粉碎“四人帮”后陆续恢复。

1978年3月，在北京召开的全国科学大会上，邓小平指出，“科学技术是生产力”。中国终于迎来了“科学的春天”。为了充分宣传科学技术知识，中央电台的《科学知识》节目邀请一批我国著名的科学家介绍当代科学技术的新水平。例如，请钱学森谈系统工程，请王守武谈半导体科学技术，请王葆仁谈高分子，请冯秉铨谈信息科学，请宋健谈现代自动化技术，请严东生谈材料科学。同时，《科学知识》节目还配合科学大会上提出的八种带头学科，在节目中举办了《电子计算机讲座》《激光和现代化讲座》《能源知识讲座》《材料世界漫谈》等系统讲座。

各地方电台也纷纷恢复或新办了科学知识节目，像浙江电台的《科学技术》、陕西电台的《科学知识》，就是在1978年上半年新出台的。地方电台的科普节目，注重从本省、自治区、直辖市的实际出发，服务于当地的经济建设和人民生活。

在这期间，电视科普节目也开始复苏。在全国科学大会精神的鼓舞下，北京电视台的《科学与技术》节目充分运用电视的特殊手段，把人类已经掌握的科学技术知识，以及先进的科学思想、科学方法，通俗、形象地传播到广大观众中去，取得了良好的社会效益。许多地方电视台也相继充实或开办了科学知识节目。

广播电视文艺节目也逐步丰富起来，初步满足了人民群众文化生活的需要。广播电台、电视台尽最大努力，克服当时存在的实际困难，恢复文艺节目，增加节目播出的数量。中央电台到1978年下半年时，其音乐节目播出的曲目已是数以千计。一些文艺专栏节目，如《星期音乐会》《音乐厅》《银幕上的歌声》《听众点播的音乐节目》《京剧选段》《地方戏选段》《小说连续广播》《阅读和欣赏》等，都相继恢复播出。1978年2月6日，北京电视台还举办了春节晚会，这是粉碎“四人帮”后北京电视台举办的第一次春节晚会。

在对外广播中，过去那种内外不分、强加于人的错误做法也得到部分纠正，对外广播的对象化意识初步确立。

粉碎“四人帮”后，对外广播端正了宣传的指导思想，彻底否定了对国外广播应面向“坚定的革命左派”的论调，重新确认对外广播的主要任务是介绍中国，为我国的社会主义现代化建设事业和独立自主的和平外交路线服务，为世界和平、加强各国人民之间的友谊以及人类进步服务，其服务对象是国外广大听众。由于严格遵循了“内外有别”和“外外有别”的原则和本身的特点，从节目的内容、风格到形式，都照顾到国外听众的收听动机和心理承受能力，讲究宣传艺术，注重宣传效果，因而中国的对外广播又逐渐吸引了外国听众的收听。

为了适应我国对外广播事业发展的需要，1978 年 5 月 1 日，担负对国外广播工作的中央广播事业局对外广播部，改名为中华人民共和国国际广播电台。同一天，北京电视台改名为中央电视台，英文缩写为“CCTV”，对外称中华人民共和国中央电视台。中央人民广播电台、中国国际广播电台和中央电视台简称为“中央三台”。它们作为国家台，共同担负着向国内外进行广播电视宣传的重要任务。

北京电视台易名为中央电视台后，西安、哈尔滨、成都、太原、武汉、兰州、长春等电视台，先后改成以省的名称命名的电视台。1979 年 5 月 16 日，北京市市级电视台——北京电视台开播。至此，全国省级电视台全部成立。

“文革”过后的最初三年，广播电视部门为拨乱反正做了不少努力，取得了一定成绩。但由于当时的党中央没有在指导思想上彻底清理“左”的错误，又受“两个凡是”方针的影响，全国各项工作进展缓慢，出现了两年徘徊的局面。广播电视事业也不例外，宣传工作虽有变化，前进的步伐却不大，许多带有理论性的根本问题还没有突破原来的束缚，宣传上仍留有“文化大革命”的痕迹，对马克思列宁主义、毛泽东思想的宣传仍有断章取义的地方。文艺节目也没有完全摆脱“左”的影响，不适当地宣传了个别领导人的个人作用。在反映工农业题材的作品中，出现了一些不科学的提法，甚至有错误的口号。这些现象，到中共十一届三中全会后才逐步改变。

第二节　改革开放初期的广播电视

1978 年 12 月召开的中共十一届三中全会，批判了“两个凡是”的错误方针，决定把邓小平提出的“解放思想，开动脑筋，实事求是，团结一致向前看”

作为全党工作的指导方针，并提出把全党工作的重点和全国人民的注意力转移到社会主义现代化建设上来。中共十一届三中全会的召开，为广播电视事业的改革和发展指明了方向。

一、确立新时期广播电视的基本任务和奋斗目标

为了进一步贯彻中共十一届三中全会的精神，1980 年，中央广播局先后召开了全国广播事业规划会议和第十次全国广播工作会议。全国广播事业规划会议确定，以建设卫星广播系统为重点，把加速发展电视事业放在优先地位，通过卫星广播系统的建设，实现电视在全国的覆盖；积极发展中波、调频广播网，充分利用卫星广播提供高质量的节目源，实现广播在全国的覆盖；加速发展对外广播，实行中、长、短波相结合，以短波为主，对全世界进行覆盖；中央广播局和地方广播局利用邮电部微波干线，建设一个广播电视节目传输网；普及收听、收看工具。

第十次全国广播工作会议的任务，是总结新中国成立 30 年来广播电视宣传工作正反两个方面的经验，明确新时期的基本任务和奋斗目标，加强对广播电视工作的领导，动员从事广播电视工作的全体人员，坚持自己走路，发挥广播电视长处，充分利用广播电视这一现代化的宣传工具，为提高全民族的科学文化水平，实现四个现代化做出更大的贡献。会议充分肯定了 30 年来广播宣传工作取得的成就，并对过去广播宣传工作的经验教训进行了着重总结。这些经验教训概括起来主要有四点：一是要正确认识广播电视的性质，正确宣传党的方针政策，密切联系群众，这样才能发挥广播电视的巨大宣传作用。二是坚持正确的思想路线是搞好广播电视宣传的关键。三是充分掌握广播电视的特点，扬长避短，提高各种节目的质量，满足人民群众的需要。四是中央广播与地方广播、无线广播与有线广播有分有合，互为补充，构成宣传整体，以充分发挥广播电视这个现代化宣传工具的作用。

会议提出，根据党在新时期的总路线、总任务和国内外形势发展的需要，广播电视宣传的基本任务是："把马列主义、毛泽东思想的普遍真理同实现"四个现代化"的伟大实践密切结合起来，正确地宣传党的路线、方针、政策，进行政治思想教育，普及科学技术知识，丰富文化生活，提高人们的社会主义觉悟，提高全民族的科学文化水平；在国际问题方面，对国内人民主要是进行爱国主义和

国际主义教育，使人民关心国际形势的发展，了解和支持我国的外交政策。对国外的广播，主要是宣传我国政治、经济、科学、文化，特别是在建设四个现代化方面所取得的新成就，宣传我国反对霸权主义，维护世界和平，争取人类进步的对外政策。”广播电视宣传的这一基本任务如果简要表述，就是“在党的工作着重点已经转移到社会主义现代化建设上来的新时期，广播电视宣传的中心任务，就是为经济建设服务，为实现四个现代化服务”。

根据世界广播电视的基本发展趋势，会议制订了明确的奋斗目标，即“到本世纪末建成完整的、自成体系的广播和电视宣传网，中央台、中央电视台和省、自治区、直辖市广播电台、电视台，分别成为全国和本省、自治区、直辖市的新闻舆论中心之一，成为电化教育、科学普及、文艺欣赏和娱乐的重要阵地；国际广播电台要经过努力提高节目质量，使它成为世界各国人民心目中一支可以信任的舆论力量”①。

1980 年 5 月 4 日，国务院批转中央广播局《关于加强地方广播事业管理工作的请示报告》。报告提出，各省、自治区、直辖市广播事业局受该省、自治区、直辖市人民政府和中央广播局双重领导，以同级政府领导为主。省、自治区、直辖市广播局的广播宣传工作，受省、自治区、直辖市党委领导和中央广播局指导；广播事业建设受省、自治区、直辖市人民政府和中央广播局双重领导，以同级政府领导为主。

1981 年 1 月 29 日，中共中央发出《关于当前报刊新闻广播宣传方针的决定》。该决定强调对报刊、新闻、广播、电视的工作，应该加强集中统一的领导，使它们能够切实坚持党性原则，密切联系群众，发扬实事求是、旗帜鲜明、真实准确、生动活泼的优良作风，为进一步实现经济调整和政治安定做出更大的成绩，从而为下一步的广播电视宣传指明了方向。

1982 年 5 月 4 日，第五届全国人民代表大会常务委员会第二十三次会议通过《关于国务院部委机构改革实施方案的决议》，宣布撤销中央广播局，成立广播

① 参见中央广播事业局办公室编内部资料《全国广播工作会议文件选编》（1982）。

电视部。吴冷西①出任广播电视部第一任部长。广播电视部成立后，各省、自治区、直辖市广播事业局也陆续改为广播电视厅或广播电视局。

广播电视部的主要任务是领导中央电台、中国国际广播电台和中央电视台的对国内外宣传工作；领导中国唱片公司和中国广播电视出版社的图书、杂志、录音录像制品的出版发行，以及中国广播艺术团和中国电视剧制作中心的节目制作；指导全国广播电视宣传工作；管理全国广播电视事业；领导和管理部直属单位的干部工作，加强思想政治工作和业务建设，逐步改善工作条件和生活条件；主办和归口管理广播电视系统的外事工作；归口管理全国录音录像制品的出版和发行工作。

这一管理体制的调整，成为 1983 年广播电视改革的先声。

二、重申“自己走路”方针，努力办好各类节目

第十次全国广播工作会议重申了广播电视要“自己走路”的方针。张香山局长在会议报告——《坚持自己走路，发挥广播电视长处，更好地为实现四个现代化服务》和会议结束时的讲话中，对“自己走路”的必要性做了详尽的阐述，并将其内涵概括成七个方面：

（一）根据党的路线、方针、政策和党委的指示，根据形势发展的需要，独立自主地确定广播电视每一时期的报道思想，制订报道计划，编采或拍摄广播、电视新闻，撰写广播、电视评论，对一些重大问题敢于和善于发表意见。

（二）要深入实际，联系群众，扩大新闻的来源，不断研究和反映新情况，解决新问题，包括群众提出的各种实际问题，并在广播电视中开展适当的批评和自我批评。

（三）要加强国际问题的研究，收录外国新闻稿和广播，经过比较、分析、

① 吴冷西（1918—2002），原名吴仕占，广东新会人。20 世纪 30 年代参加革命，后参与延安《解放日报》、新华社等党的新闻工作。中华人民共和国成立后，曾先后任新华社总编辑、社长，《人民日报》总编辑兼新华社社长，中共中央宣传部副部长等职。“文化大革命”期间，他数度遭受“四人帮”的残酷迫害。1972 年恢复在人民日报社的工作。1975 年成为《毛泽东选集》材料组的领导成员，并担任国务院政治研究室的领导成员。粉碎“四人帮”后，1976 年 10 月参加负责筹建毛泽东著作编辑出版委员会的临时领导小组工作，1977 年 3 月任中共中央毛泽东主席著作编辑出版委员会办公室副主任、党委副书记。1980 年 4 月任广东省省委书记，1980 年 5 月至 1982 年 4 月还兼任中央文献研究室副主任。1982 年 4 月至 1985 年 5 月任广播电视部部长、党组书记。著作有《忆毛主席》《十年论战：1956—1966 中苏关系回忆录》等。

判断，编发消息，以丰富国际新闻的来源，增强国际新闻时效，还要增加国际评论的比重。

（四）精心选择通讯社和报刊的消息、文章加以改编，使之适合于广播电视而有别于文字宣传。

（五）要建设一支能独立工作的编采队伍。中央电台、中央电视台、国际广播电台不但要在各省、自治区、直辖市驻有广播电视记者，而且在世界重要国家的首都，也逐步派驻广播电视记者。各省、自治区、直辖市广播电台、电视台，也要建设自己的记者站和通讯网。

（六）要充分发挥广播文艺、电视文艺的巨大作用，积极发展广播剧、广播小说和电视剧、电视小品。要加强中央台、省台以及各省台之间的协作。要重视依靠社会上的文艺力量，吸引他们参加广播文艺、电视文艺的创作活动。

（七）要逐步地用新的现代化通讯、采访、制作手段装备起来，改变广播电台、电视台编播设备陈旧、技术落后、质量差、效率低、故障多的状况。

"自己走路"方针的重新确立，解放了广播电视工作者的思想，调动了他们的积极性，激发了他们的创造力。从第十次全国广播工作会议到1983年3月第十一次全国广播电视工作会议召开的两年多时间里，各广播电台电视台努力探索和尝试"自己走路"，使得媒介自身特色逐渐彰显。主要表现在：

其一，电台、电视台自己的以"短""快"为特点的新闻明显增多。20世纪80年代以来，中央电台恢复和扩大了在首都北京和各地方的记者队伍，加强了采访力量，并且恢复了地方电台作为中央电台集体记者的职责，新闻节目中"本台消息"的数量显著增加。《各地人民广播电台联播》节目播出的本台消息，所占比重稳定在60%至70%；《新闻和报纸摘要》节目中的本台消息，一般情况下占35%左右，遇到重大事件的报道，则可占到60%或70%以上。各地方电台在本省、自治区的联播节目中，均以自采自编的消息为主。各电台的消息字数都大大缩短，这就使得节目容量得以扩大，报道面得以拓宽，从而增加了信息量，丰富了节目内容。

在"自己走路"方针的指导下，电台新闻节目的时效性大大增强，那些"最近""近来""不久前"之类时间概念模糊的字眼大为减少，很多电台的新闻节目，不仅"今天"的新闻日见增多，而且都争取在新闻事件刚刚发生或正在进行时就发消息。如1981年1月25日上午11点多，最高人民法院特别法庭对林彪、江青反革命集团两案的10名主犯刚宣判完毕，中央电台中午12点的新闻节目就播出了本台记者采写的消息。

为了增强新闻的时效性，电视台也采取了很多措施。中央电视台1978年1月1日开播的《新闻联播》节目，在全国电视系统的努力下，仅用几年的时间就发生了很大变化。在国内新闻方面，为了提高新闻时效，中央电视台从1978年12月起开始使用仅有的两台ENG电子新闻采访设备，使录制的新闻节目2—3小时后即可播出，告别了手洗电影胶片的技术落后状态。1980年10月20日，《新闻联播》又开始播出通过微波干线收录各省、自治区、直辖市电视台的回传新闻，在时间上比原来寄送录像带提前了一两周。1981年年底，全国已有20多个省市可以通过微波向《新闻联播》节目传送电视新闻，新闻时效大为提高。而到了1982年8月，除内蒙古、新疆、西藏外，全国各电视台均已能向中央台传送本台新闻并转播《新闻联播》节目，《新闻联播》的每期国内新闻数量基本保持在15条左右。而在国际新闻方面，一是改变以前的传统，对于党和外交部尚未表态的重要新闻及时播报，二是“过去出现在我们电视屏幕上的人物，往往只许是我们支持的人物，而我们所反对的一些人物则不行”①。1980年后，对中国不友好的国家元首的重要新闻不时出现在《新闻联播》中，与相对沉闷、单调的国内新闻相比，短短几分钟的国际新闻往往充满战争、灾害、冲突等负面信息，画面生动，引人入胜，是观众最为满意的一个部分。

其二，广播评论重新上马，电视评论初现荧屏。评论是新闻单位的旗帜，是完成党的宣传任务的重要手段之一。广播电台、电视台没有自己的评论，就不能成为名副其实的重要舆论阵地，无法更好地发挥舆论导向作用。中央电台自重新提出广播要“自己走路”以后，即积极筹备本台评论的上马。1979年4月26日，《各地人民广播电台联播节目》播出了本台评论员郭平的文章《改善中越关系的根本办法》。这是新时期中央电台播出的第一篇广播评论。1980年9月28日播出的中央电台自己写的评论《大快人心的审判》，是各新闻单位第一篇有关审判林彪、江青反革命集团的评论。这一年，中央电台的《各地人民广播电台联播》节目和《新闻和报纸摘要》节目，共计播出广播评论132篇，开创了中央电台评论工作的新局面。

中国国际广播电台于1980年正式组建了评论队伍，并经常就国际形势的新发展和一些重大国际事件发表评论，表达了中国人民维护世界和平，以及发展与

① 中央电视台研究室编印：《全国电视工作会议资料汇编（一）》，1984年，第104页。

各国人民友好关系的愿望和要求，也反映了中国政府对国际形势和国际事件所持的立场、主张和态度，阐明中国的外交政策。有一些评论性稿件，因有较强的针对性和说服力，在国外听众中引起强烈反响，并得到我国有关部门的肯定。

地方电台也紧密结合本地的实际工作和群众希望了解的问题，以及社会上带有倾向性的错误思想和各种歪风邪气进行评论，言之有物，态度鲜明，起到了很好的引导作用。

电视中的评论，一种是在新闻节目中就某一新闻事件发表议论，就是在某一条新闻的前面或后面加上简短的评语；另一种是举办评论性专栏，如《电视论坛》《观察与思考》《国际瞭望》《国际纵横》等。创办于 1980 年 7 月的《观察与思考》，是中央电视台第一个评论性的专栏，也是第一个探索电视深度报道的栏目。这个专栏的宗旨是：通过对具有普遍意义的或群众关心的事件、问题或人物进行调查、介绍、分析和研究，说明某种道理，引起观众思考，以起到影响舆论、推动舆论和引导舆论的作用。第一期《北京居民为什么吃菜难》以老百姓关心的社会热点问题为话题，播出后在社会上引起了很大反响。

其三，文艺节目日渐繁荣。广播剧、电视剧、广播小说受到了听众和观众的欢迎，广播电视文艺演出活动也日益活跃。尤其是电视剧，至 1983 年第十一次全国广播电视工作会议时，已发展到相当繁荣的程度。1978 年 5 月 22 日，中央电视台播出了粉碎“四人帮”后的第一部电视剧《三家亲》。这一年，中央电视台共播出 8 部电视剧。1979 年 8 月，在北京召开的第一次全国电视节目会议上，中央广播局副局长李连庆提出了大办电视剧的号召。他建议各地电视台凡是有条件的都来录制电视剧。之后电视剧发展的速度大大加快。从中央电视台播出的电视剧数量来看，1979 年 18 部，1980 年 103 部，1981 年 117 部，1982 年 235 部（集）。全国各地电视台录制的电视剧，远远超过了中央电视台播出的数量。

为了扩大电视剧来源，中央电视台从 1979 年开始，从国外购进一些电视剧和影片，组织专门人员译制。1980 年 10 月，由上海电影译制厂和中央电视台译制组联合译制的美国惊险电视系列片《加里森敢死队》（26 集）开始在中央电视台播出，剧中人物的言行引起一些青少年的盲目模仿，产生了一定的消极影响，在播出 12 集后停播。

为了推动电视剧的繁荣，1982 年 7 月还成立了电视剧艺术委员会。1983 年 10 月，中国广播艺术团和中央电视台电视剧部、电视剧艺委会的制作部合并，成立了力量雄厚的中国电视剧制作中心。

其四，广播电视远距离教育有了较快发展。所谓远距离教育，就是以广播电视作为主要手段的办学形式。在我国，这种办学形式始于20世纪60年代。1960年创办的北京电视大学，是我国第一所利用电视进行教育的大学。随后，上海、天津、沈阳等省市相继试办了面向本地区的电视大学。“文化大革命”中，各地的电视大学都相继停办。中共十一届三中全会以后，我国进入了以经济建设为中心的历史新时期，国家的经济建设急需大批掌握科学文化知识的专业人才。在农村，广大农民群众为了提高生产力，勤劳致富，迫切要求学习、掌握农业科学技术。但我国现有的办学条件，不能满足人们学习科学文化知识的要求，与尽快地提高全民族的科学文化水平发生了尖锐的矛盾。正是这种情况下，广播电视部门充分发挥自己的优势，运用无线电传播和录像、录音等教育条件，大力发展远距离教育。1979年和1980年先后创办了中央广播电视大学和中央农业广播学校（1987年1月更名为中央农业广播电视学校）。在这种特殊学校的“课堂”里，一个老师讲课，可以同时教授几万、几十万乃至几百万学生，人们管它叫“空中课堂”“没有围墙的学校”。

其五，广告节目重现声屏。1979年1月28日（农历1979年春节），上海电视台为解决进口设备经费的燃眉之急，播放了中国大陆的第一条电视商业广告；同年3月5日，上海人民广播电台也在大陆广播电台中率先恢复了广告业务；4月，广东电视台开始推出商业广告；11月，中共中央宣传部发出《关于报刊、广播、电视台刊播外国商品广告的通知》，对大众传媒播发商业广告的行为给予认可。文件下发一个月后，中央电视台同时在第一和第二套节目中推出了商业广告。1979年9月30日，中央电视台播出了第一条有偿广告——美国威斯汀豪斯电器广告。1979年12月中央电视台播出第一条自制广告“首都出租汽车公司”；不久又为河北冀县暖气片厂制作并播出了广告。这一时期，中央电视台分别在两套节目中播出广告，每天五分钟。1980年1月，中央电台开办了《广告》节目，广告业务迅速在全国大众媒介中推广开来。广告业务的恢复和开办，使长期以来全部费用都依赖国家拨款的广播电视事业有了另一条经费来源渠道，而广播电视广告在宣传商品、引导和扩大消费、促进生产等方面所发挥的多种作用，也越来越引起企业界的重视。

1980年以来，主持人节目成为广播电视中广泛采用的节目样式。1980年7月12日，在第一期开播的《观察与思考》中，记者庞啸以主持人的身份（屏幕上正式打出“主持人”这一称谓）和观众谈“北京居民为什么吃菜难”的问题。

在这期节目中，主持人和采访记者、编辑同为一个人，在演播室出镜，面对面地与观众交流（播出的节目中穿插有到新闻事件现场调查采访、发表议论的声画内容）。这种注重调动电视手段，主持人采用无稿播出、不化妆、衣着朴素、态度平易的评论性电视栏目，一改过去“居高临下”“我说你听”“我打你通”的评论模式，增加了与观众的贴近性和互动性，使评论具有亲和力和感染力。继《观察与思考》后，1981 年元旦，中央电台对台湾广播开办了由徐曼主持的《空中之友》节目，同年 4 月，广东电台推出了由李一萍、李东主持的《大众生活》。之后，四川、江苏、浙江、黑龙江等省级电台和一些市台也相继办起了主持人节目。中央电视台由沈力主持的《为您服务》节目，虽创办于 1979 年，但一直到 1983 年才成为设有固定主持人的专栏节目。迅速崛起的主持人节目，以其个性化、人格化和对象化特征赢得了受众，给不同类型的节目带来了生机和活力。

总之，两年多来，在“自己走路”方针的指导下，我国的广播电视事业取得了很大成绩。这些方面所做的事，还基本属于恢复性质，是拨乱反正的继续。但像新闻、评论、广播电视教育、电视剧以及广告都比过去有了很大发展，本身就已蕴含着改革的成分。

第九章 全面改革时期的广播电视事业

（1983—1992）

1983年3月，第十一次全国广播电视工作会议在北京召开。这是中央广播局改为广播电视部后第一次召开的本系统全国性的工作会议。与机构名称的变更相对应，会议名称也加上了“电视”二字。会议总结了第十次全国广播工作会议以来的经验，确定了改革和发展广播电视事业的一系列重大方针、政策。① 这次会议所确立的一系列方针和政策，对以后的广播电视发展产生了深远的影响。以此为标志，广播电视业步入全面改革时期。

第一节 以新闻改革为重点的广播电视宣传改革

第十一次全国广播电视工作会议强调，广播电视工作的改革，应当从宣传改革入手。而宣传工作的改革，则要以新闻改革作为突破口。广播电视要“坚持‘自己走路’，扬独家之优势，汇天下之精华”②。贯彻这一精神，广播电视界走上了探寻各自传播特点和规律的发展之路。

① 1983年10月26日，中共中央批转了广播电视部党组《关于广播电视工作的汇报提纲》，即《中共中央关于批转广播电视部党组〈关于广播电视工作的汇报提纲〉的通知》【中发（1983）37号文件】。

② 广播电视要“扬独家之优势，汇天下之精华”，最初是在1982年10月在无锡召开的华东七省市广播电台第二次新闻节目经验交流会上提出的。在第十一次全国广播电视工作会议上，吴冷西对其作了进一步的深入阐释。它是广播电视要“自己走路”方针的重要补充和生动形象的阐述。

一、以新闻改革作为广播电视宣传改革的突破口

中央电台采取了以下两大举措来推进新闻改革：一是加强驻地方记者的力量。1984年增建了北京、重庆、大连、香港4个记者站；之后不久，又建立了深圳记者站。从1987年起，地方记者站统一称为“中央人民广播电台、中国国际广播电台驻××记者站”，仍受广电部和当地党委的双重领导，以广电部领导为主，委托中央电台统一管理（至1995年年底，驻地方记者站发展到36个，形成了一个遍布全国的广播记者网）。二是在1984年12月组建了中央电台范围内的广播新闻中心，在体制上实现了对全台新闻宣传业务的统一组织和领导。这些举措反映在新闻节目中，主要是信息容量扩大，特别是时效性有了提高。中央电台对1987年中共第十三次全国代表大会的报道，可以说是达到了先声夺人的要求。10月25日“十三大”开幕，中央电台进行了现场广播，在第一套节目直播的同时，第二套节目插播会议开始举行的消息。11点40分开幕式结束，12点就播出“十三大”报告的要点，13点播出开幕的录音新闻。11月1日11点56分“十三大”宣布闭幕，4分钟后，听众就从广播中听到闭幕的消息，以及新选出的中央委员和候补中央委员、中顾委和中纪委委员的名单。11月2日15点，中共十三届一中全会举行，中央电台同步播出简讯，15点42分会议通过公报，过了41秒钟，中央电台就播出了公报的全文，时效之快在中国广播史上是罕见的。会议期间举行的中外记者招待会、酒会和代表接受记者采访的活动，中央电台都播出了录音剪辑。播出时间一般比电视早半个小时以上，在各种新闻媒介中是最快的。“十三大”期间，有些地方电台设专人收录中央电台的最新消息。中央电台新闻快，也使地方电台的新闻加强了时效性。

为强化新闻节目的主体性地位，中央电台根据广播特点和听众收听规律，对早、中、晚三段收听率较高时间的节目采取了如下编排方法：早晨（6：00—8：00）以新闻为主；中午（11：30—13：30）以综合性节目为主；晚上（18：00—23：00）以文艺节目为主。从整体上看，形成了以新闻为骨干，以文艺和专题为两翼，以服务性节目为补充的格局。1987年，中央电台创办了新闻综合节目《午间半小时》，在内容上注意把握时代脉搏，接触群众关心的热门话题，在反映群众意见和建议的同时，寓教育于谈天说地之中，进行正确的舆论引导。节目开办后很受听众欢迎。1988年7月，中央电台对新闻节目的布局作进

一步调整，第一套节目以新闻为主，基本上做到整点有新闻，次次有更新，时效性强的重要新闻随时插播。四川、浙江、吉林、河南、甘肃、黑龙江等省一级电台，也对节目的总体布局做了较大幅度的调整。在调整中，既注意开发和利用广播早、中、晚听众密集的“黄金时间”，又尊重一般听众的收听习惯和需要，注意节目结构的科学性、合理性。

电视新闻的改革，首先表现在增加新闻节目时间，扩大新闻节目的比重上。中央电视台1984年开办了《午间新闻》，1985年开办了《晚间新闻》，1987年开办了《经济新闻》（后改为《经济信息》）。中央电视台第一、二套节目中，每天播出的新闻节目（包括重播）至1988年已增加到10次。同时采取许多新的手段和方式提高新闻时效，比如在正常的播音时以插播新闻和飞字幕相结合的形式将最新的新闻及时传播出去。

许多省级电视台也增设了《晚间新闻》。广州、上海、北京等电视台还在早上开办了新闻节目，打破了早上没有电视新闻可看的局面。为了适应对外开放的需要，1986年和1987年，上海电视台和中央电视台先后办起了《英语新闻》节目。

拓宽报道面，增加信息量，增加新闻条数，是电视新闻改革的另一项措施。30分钟的《新闻联播》，大体播出35条左右新闻，不少可称为“一句话新闻”。同时，中央电视台对时政新闻进行了改革，压缩新闻长度和控制会议报道，这就为增加经济、科技、文化、体育、社会新闻和批评性新闻，以及国际新闻，腾出了节目空间，使电视新闻节目的内容更加广泛，信息量明显增多。

时效是衡量新闻价值的标准之一，也是电视新闻改革的一个主要的目标。电视具有可以在事情发生的同时，把现场的画面和声音传送到千家万户的特点，这是其他新闻媒体无法比拟的优势。中央电视台对一些重大政治事件和活动，或者是人们关注的体育比赛和文艺演出，都采取现场直播的做法。1985年3月第六届全国人民代表大会第三次会议召开，1987年10月中共第十三次全国代表大会召开，中央电视台均现场直播了开幕式，这在全国人代会和党代会的报道史上尚属首次。

争分夺秒的时效观念，在电视新闻的采录、编辑、传送、播出的各个环节得到了充分的体现，各电视台新闻节目中的当天新闻和刚发生的新闻所占的比例大大提高。1986年8月19日至21日，邓小平在天津视察，21日下午视察结束。邓小平在当晚进餐时，就从屏幕上看到天津电视台播出的《邓小平同志在天津视察》的新闻。邓小平高兴地勉励天津电视台的记者说："你们的效率很高，希望继续努力。"

在电视新闻改革中，各地电视台另一个被实践证明行之有效的措施，就是对一些群众普遍关心的问题或者一些突发性重大事件，采取连续报道、系列报道乃至现场报道的办法。1984 年，中央电视台就北京市民乘车难的问题，一连进行了 10 次报道。1986 年，四川电视台的记者、编辑，跟随洛阳长江漂流探险队，从长江源头到长江入海处吴淞口，采访达半年之久。四川电视台播发了 48 条新闻，中央电视台采用了其中的 28 条。1987 年，东北大兴安岭发生特大火灾，从 5 月 11 日到 6 月 9 日的 28 天中，中央电视台的《新闻联播》对火灾情况作了 22 次连续报道。为了配合中共十三大的召开，中央电视台和山西、广东、广西、北京、江苏、黑龙江、上海、陕西、大连、安徽、天津、山东等电视台合作，共同完成《改革在你身边》大型系列新闻报道。中央电视台从 1987 年 9 月 30 日至 10 月 24 日一共播出 25 集。1987 年 3 月，第六届全国人大第五次会议召开。会议期间，中央电视台播出了 8 次记者招待会的录像剪辑，社会上反映很好。这次实践，不但使电视工作者加深了对电视功能的认识，也使各级领导更加重视电视的作用。中央批准的《关于改进新闻报道若干问题的请示》中，在回顾了六届人大五次会议期间电视播出记者招待会实况录像剪辑的情况后写道："广播电视是同人民群众对话的新闻渠道中最迅速、最广泛、最直接，为广大群众喜闻乐见的现代化工具，具有文字报道不可替代的作用"，"今后应推广这一经验，把利用广播电视同人民群众对话的工作经常化、制度化。"此后不久，中央电视台录像剪辑播出国务院处理大兴安岭地区特大森林火灾问题的常务会议，这在国务院会议报道史上是第一次。

二、增办多种形式的综合性信息节目

第十一次全国广播电视工作会议后，各电台改变传统的办专题节目思路，注意发挥广播特点，采用主持人、大版块的新形式，取得了可喜的成果。中央电台在 1985 年 11 月提出了缩短战线、精办节目、提高质量、全面调整的改革设想和接近群众、接近生活、接近现实的方针。经过一年的准备，从 1987 年 1 月 1 日起，全台进行节目调整和改革，《历史故事》等 7 个节目停办，腾出时间和人力增办融新闻性、知识性、服务性为一体的《午间半小时》。《午间半小时》时代

感强、包容性大、内容丰富、格调清新、形式别致、雅俗共赏，受到广大听众的青睐，在广播界风靡一时。各级地方电台也纷纷推出这类节目，如河南经济广播电台的《空中大观园》、安徽电台的《空中交流》、湖南电台的《今天好时光》、吉林电台的《多彩的60分钟》等。这些综合性的主持人版块节目的出现，使电台专题节目面貌焕然一新。

1984年年底，中央电视台成立了经济部。次年元旦，一个专门进行经济宣传的专题节目——《经济生活》在荧屏上出现。这个节目一出台，就受到中央领导同志和社会各界的重视。1985年3月8日，中共中央书记处书记胡启立电话传达国务院副总理万里的意见："要办一个经济电视台，着重播经济新闻、经济信息、商业行情和广告。"1986年3月，国务院电子振兴办公室给中央写了《关于购买国际卫星转发器开办国内教育电视节目和综合性经济信息节目的请示报告》，李鹏在报告上批示："今年年底，中央电视台开办一套经济信息节目，以适应四化建设的需要。"1986年12月，广播电影电视部专门召开会议，研究和部署了加强经济宣传和中央电视台第二套节目向全国传送的问题。会议决定，中央电视台第二套节目以传播综合经济信息为主，从1987年2月1日起通过国际通信卫星向全国传送。

1987年2月1日，中央电视台第二套节目开始向全国播放。其中的《综合经济信息》《经济博览》《世界经济之窗》《科技与效益》《企业家园地》《信息发布会》《消费者之友》等栏目，在社会上引起强烈反响。《综合经济信息》每天40分钟，取代了原来的《经济生活》，主要任务是宣传党和政府的经济政策，传播国内外经济信息和商品行情，沟通城乡，以及国内外产供销渠道，当好企业和消费者的参谋，为四化建设服务，为人民服务。到1987年年底，全国已有120家省、市电视台转播这一节目。同时，各省、市电视台也纷纷办起了形式多样的为经济建设服务的专题节目。1988年12月，以湖北电视台第二套节目编辑部为班底组成的江汉经济电视台正式开播，成为全国第一个挂牌的经济电视台。

1989年12月18日，中央电视台第二套节目在对《综合经济信息》改版的基础上，推出了新开办的经济栏目《经济半小时》。从1989年12月18日至1992年8月，在不到三年的时间里，《经济半小时》播出了许多优秀节目。《中国质量万里行》《"3·15"国际维护消费者权益日消费者之友晚会》《架金桥，觅知音》《改革特写》《七十二行展播》《改革与人》等一系列特别节目在社会上引起强烈反响。许多观众写来感谢信，称赞这些节目"信息量大、实用，给企业界、经济界和广大消费者提供了许多信息，对生产生活起到了良好的参谋作用”[①]。

为了更好地利用电视传播公共教育信息，开展全民教育，1986年6月23日，国家教委、国家计委和广电部等九部委联合发出《关于利用卫星电视开展教育工作的通知》。根据该通知要求，同年7月1日，中国教育电视开始试播，10月1日正式播出，台标为“中国教育电视”，英文缩写为“CETV”。1987年10月6日，在庆祝卫星电视教育频道开播一周年之际，中国教育电视台宣布成立。该台为国家教委直属的专业广播电视事业单位，具有新闻传播、远程教育、学校教育、社会教育、文化资讯、信息服务等多种功能，是全国教育战线广大师生与社会各界获取公共教育信息的重要渠道，也是中国了解世界、世界了解中国的重要电视窗口。

三、文艺节目的改革

文艺广播包括音乐、戏曲、文学、广播剧和曲艺以及综合性节目，是电台广播中的重要组成部分，播出时间长，节目和栏目多，拥有的听众群也最为庞大。中央电台文艺广播实施精品战略以来，《阅读与欣赏》《今晚八点半》《音乐大世界》《空中大舞台》《文学之窗》《小说连续广播》等很快成为知名的品牌栏目。据调查，1985年中央电台的《小说连续广播》《听众点播的音乐节目》和《曲艺》节目在农村听众中的收听率达50%以上。[②] 在地方电台中，河南电台的《群众文艺宫》、上海电台的《上海欢乐时空》、北京电台的《空中百花园》等在当地听众中也享有很高的知名度。

改革开放以来，电视文艺节目有了很大发展和提高，逐步摆脱了对剧院舞台的依赖，改变了播出舞台演出实况录像为主的格局，以自办的具有独特的电视特色的各类文艺栏目，奉献给电视观众。中央电视台在文艺栏目的建设上下了很大力气，加强栏目播出的计划性和规范化，使文艺栏目不仅富有欣赏性、娱乐性，而且具有较高的艺术品位。从1984年到1988年，一批经过精心设计的文艺栏目，如《艺苑之花》《音乐与舞蹈》《曲艺与杂技》《周末文艺》《戏曲欣赏》

① http：//www. cctv. com/financial/special/C11066/20031016/101390. shtml。

② 参见中国广播电视年鉴编辑委员会编：《中国广播电视年鉴（1986）》，中国广播电视出版社1987年版，第571页。

《百花园》《电视剧场》《文艺天地》《旋转舞台》《花信风》《短剧与小品》等相继出台，令人耳目一新。

地方电视台的文艺节目也有了长足进步。一些地方电视台没有用过多的精力去增加新栏目，而是在已开办的栏目上做文章，苦心经营，使得这些专题文艺栏目内容不断丰富，形式新颖别致，深受广大观众的喜爱。上海电视台的《大舞台》《大世界》栏目自开办以来，平均收视率一直在全台名列前茅；北京电视台的《大观园》，在节目的编排方式上有所创新，增强了节目的可看性；天津电视台根据本地观众的需要，对《曲艺大观园》栏目进行了重点改造，新设了主持人（其中包括邀请相声表演艺术家马三立担任主持人），并且在节目中穿插评论、轶事、典故等内容，使这个栏目增强了欣赏价值，提高了知名度。1986 年，天津电视台为了加强文艺宣传，开办了全国第一家电视文艺台。第二年，湖南电视文艺台宣告成立。电视文艺台的出现，标志着我国电视文艺迈上了一个新的台阶。中央和地方电视台的文艺栏目，都注意做到雅俗共赏，寓教于乐，取得了较好的社会效益。同时，由于各文艺栏目分工明确，风格鲜明，制作规范，播出时间固定，有利于培养固定的收视群。

在电视文艺节目中，最引人注目、在社会上反响最大的，莫过于一年一度的春节联欢晚会。1983 年，中央电视台第一届春节晚会亮相，由马季、姜昆、王景愚、刘晓庆轮值主持，李谷一则成了当晚正式登台的第一位歌手，一曲《乡恋》让无数人留下深刻印象。这台晚会虽略显稚嫩，但却是中国电视综艺节目的一个里程碑。此后中央电视台每年都投入大量人力和物力，在农历除夕之夜举办一场春节联欢晚会，并逐步形成固定的传统。它成了中国人的新民俗和每年除夕夜必看的电视大餐。据统计，历年春节晚会的收视率都在 70%以上；海外的不少华侨、华人也是这台晚会的热情观众。

此外，中央电视台每逢新年、五一劳动、国庆节等节假日或重大的活动，都举办大型的综艺晚会。各省级电视台这时也都举办富有地方特色的综合文艺晚会，以满足当地观众的需要。

四、纪录片和电视剧特色凸显

这一时期广播电视改革的另一个主要成就，就是涌现出一批优秀的系列片和纪录片。中央电视台 1983 年 8 月播出的 25 集《话说长江》；1986 年 7 月播出的

32 集《话说运河》；为纪念中国人民解放军建军 60 周年，在 1987 年七八月间播出 12 集《让历史告诉未来》；1987 年 11 月播出的由北京、天津、河北、辽宁、内蒙古、新疆等 10 个省、自治区、直辖市电视台联合摄制的 37 集《万里长城》等大型系列节目，题材分量重，容量大，播出持续时间长，艺术上力求创新，取得了良好的社会效果。1990 年，中央电台制作播出的广播特写《可爱的大熊猫》第一次获得亚广联广播奖。

第十一次全国广播电视工作会议以后，电视剧的题材更加广泛，品种日趋丰富，质量有了进一步的提高。电视剧的年产量已大大超过电影。中央电视台播出的电视剧，1982 年是 235 部，至 1991 年已增加到 1030 部 5304 集，增加了将近 4 倍。一批优秀的电视剧，像《蹉跎岁月》（中央电视台）、《今夜有暴风雪》（山东电视台）、《四世同堂》（北京电视制片厂）、《红楼梦》（中央电视台、中国电视剧制作中心）、《西游记》（中国国际电视总公司）、《严凤英》（南京电影制片厂、江苏音像出版社）、《末代皇帝》（中国电视剧制作中心）以及《渴望》（北京电视艺术中心）、《编辑部的故事》（北京电视艺术中心）等，播出后在社会上引起了轰动效应。1990 年 11 月，由北京电视艺术中心编导摄制的 50 集大型室内剧《渴望》在北京电视台开播，受到了观众热烈欢迎。该片接着在全国数十家电视台播映，迅即形成了波及全国的"《渴望》热"。其社会反响之热烈，在我国电视剧创作史上可谓空前绝后。由此可以看出，20 世纪 80 年代以来的电视剧已经成为电视节目中一大支柱，占据着举足轻重的位置，成为在人民群众中有着广泛影响的艺术品种。

但在我国电视剧年产量迅猛增长的同时，电视剧制作过程中人力、设备、财力等方面条件不足的问题日益暴露出来，甚至出现了一批平庸之作乃至劣次产品。自 1988 年起，电视部门开始实行"提高质量，控制数量"的方针，一定程度上遏止了这种不良趋向。

五、少数民族广播电视与对台湾广播的加强

第十一次全国广播电视工作会议以后，对少数民族广播电视和对台湾广播电视也加快了发展进度。中央电台的民族广播创建于 1950 年，1960 年停办，1972 年起陆续恢复，办有蒙古、藏、维吾尔、哈萨克、朝鲜 5 种少数民族语言节目。内蒙古、西藏、新疆、广西、宁夏、云南、贵州、青海等省、自治区电台和一些

自治州、盟广播台站，也办有本地一种或几种民族语言广播节目。1983 年，中央电台创办了第一个用汉语普通话广播的民族专题节目——《民族大家庭》。《民族大家庭》节目内容丰富，形式活泼，编排灵活，可听性较强，拥有不少听众，对增进各民族之间的相互了解，促进民族大团结，开创民族工作的新局面，提供了一个良好的舆论环境。

中央电视台于 1983 年 10 月开播了《兄弟民族》专栏，每周一期，介绍中国各少数民族的情况。其中播出的《中国朝鲜族》《高原彝家》《基诺族的黎明》等，真实地展现了每个民族的历史、文化和新的生活，被誉为“形象的民族史”。此后，中央电视台的民族宣传实现了栏目化和经常化。内蒙古、新疆、广西、宁夏、西藏五个自治区也相继开办了一些具有浓郁民族特色和地方特色的节目和栏目。

在祖国大陆和台湾不能通邮、通航、通商，两岸同胞音信受阻的情况下，大陆电台的对台湾广播始终是海峡两岸同胞沟通联系、加深了解、增强感情的主要渠道。中央电台从 1982 年 10 月开始对台湾广播频繁调整节目。在内容上加强了服务性、娱乐性，在形式上推陈出新，不断推出适合台湾听众收听的新节目，迎来了蓬勃发展的阶段。① 1984 年 1 月 1 日，中国人民解放军对台湾广播的专门电台——福建前线广播电台，改名为中国人民解放军海峡之声广播电台，呼号为“海峡之声广播电台”。电台改名，在台湾和香港引起了反响。台湾听众反映，这个做法“对增进和解有利”。香港报纸认为，“一名之改，隐含着政策的变化，气氛的变化”，“是和平政策指引下的一个举动，进一步体现了和谈诚意”。

江苏电台从 1982 年 7 月起就开办了对台湾广播节目。为了适应对台工作的新形势，进一步发挥沿海对台宣传阵地的作用，广播电视部在 1985 年年底批准江苏电台对台湾广播改用“金陵之声广播电台”的呼号，使用短波频率，于 1986 年 11 月 12 日正式开播②。金陵之声广播电台面向台湾各界民众，侧重于江苏和华东地区的去台同胞，兼顾港澳同胞和东南亚华侨。1986 年 10 月，厦门电台开办《为金门同胞服务》节目。这个节目于 1990 年 7 月改为对台湾广播。1987 年上海电台筹办专门对台湾和海外广播的浦江之声广播电台，并于 1988 年元旦正式播音。1988 年 7 月，福州电台开办对马祖广播，1991 年改为对台湾广

---

① 参见杨波主编：《中央人民广播电台简史》，北京广播学院出版社 2000 年版，第 256~281 页。

② 1986 年 11 月 12 日为孙中山先生诞辰 120 周年纪念日。

播。1991 年 11 月，福州创办的华艺广播公司①用五个频率对台湾广播。1993 年元旦，东南广播公司（其前身是福建电台对台湾广播，1972 年中断）作为福建电台的系列台之一，重开对台湾广播。至此，全国已有 8 家电台办了对台湾广播，充实了对台湾广播宣传的力量。

六、广播电视对外宣传的发展和对外交流的加强

第十一次全国广播电视工作会议强调："对国外广播，要努力为全世界人民服务，如实而又鲜明地树立社会主义中国的形象。要实事求是地向各国听众介绍中国的现状和历史，介绍我国的政策和主张，增进各国人民对中国的了解，发展我国和各国人民的友谊。"为了加强对外广播的实力，国际电台注意建设驻外记者队伍，提高了国外新闻报道的时效性和准确性。自 1980 年在日本东京建立第一个驻外记者站之后，陆续在贝尔格莱德、巴黎、伊斯兰堡、墨西哥城、华盛顿、波恩、曼谷、开罗、莫斯科、纽约（驻联合国）、哈拉雷、堪培拉、布宜诺斯艾利斯、布鲁塞尔和中国香港设立了常驻记者站，到 1988 年年底已达到 16 个。国际电台驻外记者积极开展工作，发稿数量逐年增加。1988 年发回新闻 7974 条，专稿 623 篇，总的发稿量比 1986 年增加了一倍。

20 世纪 80 年代以来，我国的外事活动日益活跃和频繁。国际电台为此建立了一支精干的时政记者队伍，采访我国和世界各国领导人之间的互访等重大外事活动。国际电台的外事记者，绝大部分精通外语，熟悉有关国家和地区的情况，独具优势。因此，国际电台采写的时政消息时效快，准确性和针对性强，受到各国外交机构、新闻界和广大听众的重视和欢迎。

国际电台在宣传改革中，除了注重充实节目的内容以外，对节目的形式做了大胆改革。外语节目的构成，从过去总是新闻、专稿、音乐三大块的生硬、呆板的模式，改为集新闻性、知识性、欣赏性、服务性为一体，并普遍设立节目主持人，改变了传统的播音腔，加强了与听众思想感情的交流，使节目更适应国外听众的收听习惯和心理承受力，具有较强的可听性和吸引力。另外，国际电台积极运用广播手段，发挥广播宣传的优势。比如，1984 年中华人民共和国成立 35 周年，国际电台用英语在天安门广场现场实况广播群众游行场面，这在我国对外广

① 华艺广播公司为国内首家经国家工商管理局注册的广播公司。

播史上还是第一次。之后，他们又两次和中央电视台合作，对春节晚会进行现场英语直播。在华外国人和旅游者可以通过广播，与中国人同享节日的欢乐。

自从中国实行改革开放以后，来中国工作、经商、学习和旅游的外国人越来越多，中国国际广播电台在1984年1月1日开办了对北京地区的英语广播（上海、天津、广州、沈阳、杭州、西安等地都加以转播），在1986年10月25日开办了对内的西班牙语广播，1988年5月1日和9月1日又先后增办了对内的法语、德语、日语广播。这些广播节目，不仅使在华外国人及时了解我国的内外政策，有助于他们正确认识中国，同时也为中国听众学习外语提供了条件。

在这个阶段，地方电台办的对外广播也有所发展。广西对外广播电台是中国首家对外广播的省级电台。为了加强对越南的宣传，1982年，广西对外广播电台经中央批准并投资建成。这个电台于1983年8月16日开始转播中国国际广播电台越南语节目，1984年12月1日正式播出自办节目。1986年10月1日，云南对越南广播的电台——云南对外广播电台也开始播音。此外，云南人民广播电台还办有《对国外的藏族同胞广播》节目。1988年，上海电台开设了英语调频广播。

我国对外广播的事业建设和技术设备比较落后，美洲、欧洲、非洲等离我国遥远的地区，往往听不到、听不好我们的广播，一直是我国对外宣传的薄弱环节。进入20世纪80年代，国际电台在有关部门支持下，与一些国家的电台经过谈判，达成了互转双方对外广播节目或租用对方发射机转播我国对外广播节目的协议。通过互转、租机，明显改善了我国远距离广播的收听效果。从听众反映中可以看出，在美国各地都可以收听到我国的广播。

由于我国对外广播的传输条件，以及节目的内容和形式有了明显的改善，中国国际广播电台的听众来信一年比一年增多。1988年收到来信16.9万多封，比1983年增加了一倍以上，创“文化大革命”以来22年的最高纪录。国际电台的英语、日语、西班牙语、德语广播节目，在国际评比中纷纷获奖或名列前茅。

中共十一届三中全会以后，中央电视台的国际节目交流工作有了较快的发展，除与英国维斯新闻社继续保持新闻互购关系外，1979年9月，又同美英合营的合众独立新闻社建立了新闻互购关系。这两家新闻社在香港收录中央电视台的《新闻联播》，并选择发行。从1980年起，中央电视台先后同美国的纽约宏声传播事业公司、旧金山华声传播公司、洛杉矶斯扬传播公司、加拿大的世界电视公司、华侨之夜传播公司、多伦多中文电视台、温哥华国泰华语电视台签订了供片合同，向他们提供电视节目。还委托香港东明企业公司复制和出售《中国电视》专题节目录像带。

1983 年 3 月 1 日，中央电视台参加了亚洲太平洋广播联盟成员国电视台之间通过国际通信卫星进行的新闻交换试验活动。中国与日本、澳大利亚、新西兰、韩国、香港六个国家和地区为 A 区。1984 年 4 月 1 日，中央电视台正式参加了亚广联 A 区每周的定期新闻交换，还通过亚广联与欧洲广播联盟等国际新闻机构的交换关系，将节目传播到欧、美、拉、非的许多国家。

1983 年 8 月，广播电视部在北京召开了第一次全国电视对外宣传工作会议，专门就电视的对海外宣传进行了研讨。1984 年 10 月，广播电视部又在宁夏银川召开了第二次全国对海外电视宣传工作会议。在一年多的时间里召开两次同类型的全国性会议，是前所未有的。在这两次会议的影响和推动下，地方各级政府更加关心和重视对海外的电视传播工作，在人员编制、经费和设备等方面都给予大力支持，对外宣传机构日臻健全。1984 年，中央电视台率先将国际部改为对外部。各地方电视台也相继建立起对外宣传机构，投入一定的人力、物力，专门负责制作适合对外又各具地方特色的电视节目，直接或通过中央电视台向海外交换、播发。各台节目水平也有大幅度提高。

1986 年 12 月 30 日，中央电视台第一个面向外国观众的外语栏目——《英语新闻》开播。这些栏目的开办，很快引起中外观众的关注，一些外国驻华使领馆的官员及部分外国观众分别来信祝贺。上海电视台首先于 1986 年创办了《英语新闻》，还成立了国际部，积极组织电视节目出口。仅 1988 年一年，该台出口的各类电视节目就达 330 个小时。同时与 40 多个国家和地区的电视界保持经常的业务往来，并举办了日本、南斯拉夫电视节目展播周，组织了“上海—奥地利文化”等电视对话节目，增进了相互了解和友谊。同年，江苏电视台成功地举办了“中国江苏电视艺术节”，联邦德国、加拿大、日本以及中国香港的电视同行前来参加。山东电视台的对外报道节目已形成了一整套录、产、销体系，向外赠送了《仙境蓬莱》《黄海明珠》等一批介绍山东自然风光和建设成就的专题片。同时与省外办联合举办了“国际友好城市电视节目展播”活动，并与法国电视三台布列尼塔分台及日本山口放送建立了业务关系。

1990 年，成立不久的国务院新闻办公室召开了全国对外宣传工作会议，强调要加强对外宣传的力量。于是，在 1991 年 7 月，中央电视台将第一套节目送上了俄罗斯静止卫星，扩大了节目覆盖面，使电视对外宣传前进了一大步。同时把对外部改为对外中心，加强了领导和制作力量。1992年，中央电视台依靠自筹资金开办了第四套节目，覆盖亚洲、大洋洲、独联体、东欧、北非等60多个国家和地区，1993年又开始利用卫星向北美传送一小时节目，覆盖美国、加拿大、墨西哥和加勒比海地区；同年8月，中央电视台还同美国3C集团合办了《北美洲东方卫星电视》，每天向美国、加拿大、墨西哥播出12小时节目。

随着国内政治形势的稳定和国际关系的好转，我国的对海外电视宣传很快有了新的起色。主要表现为：1989年一度中断的业务关系得到了恢复，同时又发展了一些新的合作者。如中央电视台在与美洲一些华语电视台恢复供片关系的同时，又和美国洛杉矶熊猫电视台、北美卫星电视台等新建了供片关系，并增加了在海外电视台播放英语节目的新项目；在欧洲利用《同一世界频道》的卫星，向西欧十多个国家播出；在美国旧金山，支持彩虹电视台开办英语的中国电视节目，向当地的美国人播出。此外，还及时采制了新闻杂志节目《中国报道》，其中的《今日中国》还制作了英语版和法语版，分别在华盛顿、洛杉矶、芝加哥和法国电视三台向当地观众播出。

地方电视台的对海外电视宣传也有了新的发展，与外台合作办固定栏目、定时在外台播出节目逐渐增多。1991年8月，山西成立了向美国斯科拉（SCOLA）电视台提供节目、报道中国的专业电视台——中国黄河电视台。斯科拉电视台是一家以知识阶层为服务对象的非营业性电视机构，其任务是向各大、中学校和研究、教学单位播放世界各主要国家与地区电视台的电视新闻及专题片。黄河台在斯科拉台设有演播室，开始每周播出1小时节目，共有《中国新闻》《经济报道》《科技纵横》《文化长廊》《炎黄子孙》等20多个栏目以及语言教学节目。此后，辽宁、吉林、黑龙江、浙江、山东、广西等电视台，也都借助于黄河台在斯科拉电视台设有定期播出的窗口。黄河台的节目受到了斯科拉台负责人和广大观众的欢迎和赞扬。此外，天津电视台、福建电视台、山东电视台、广东电视台、上海电视台、北京电视台、浙江电视台也分别在美国和日本的电视机构建立了固定的播出窗口。

第二节　事业建设和发展方针的调整

第十一次全国广播电视工作会议研究和确定了广播电视事业的奋斗目标：

“到本世纪末，要在我国建成一个具有社会主义中国特色的，中央和地方、无线和有线相结合的，广播和电视、城市和农村、对内和对外并重的广播电视现代化宣传网。这个宣传网，要与我国经济和社会发展相适应，与我国国际地位相称，使我国广播电视事业无论在事业规模和技术水平方面都进入世界先进行列。”① 为实现这一目标，会议对广播电视的事业发展方针和技术政策提出了一系列调整措施。

一、“四级办”事业建设方针的确立

中共十一届三中全会以后，我国各方面实行了一系列的改革，形势发生了很大变化。其中有些变化与广播电视有关，对广播电视的事业建设提出了新的要求，最突出的有以下三点：

1. 地方自主权扩大，机动财力增加，自筹资金发展广播电视事业的积极性提高了。

2. 农村实行了家庭联产承包责任制，农民经济条件有了改善，他们迫切要求听广播、看电视，发展农村的广播电视势在必行。

3. 在经济发达地区，中央决定以中心城市带动农村，逐步实行市领导县的体制。这一体制改革，激发了中等城市办广播电视的积极性。

在此形势下，第十一次全国广播电视工作会议决定，在事业建设上实行“四级办广播、四级办电视、四级混合覆盖”的方针。即除了中央和省、自治区、直辖市两级办广播电台和电视台以外，凡是条件具备的省辖市、县，也可以根据当地的需要和可能开办广播台和电视台，除了转播中央和省的广播、电视节目外，可以播出自办的节目，覆盖各该市、县。

1983 年以前，我国广播电视事业建设的实际做法是四级办广播（中央、省、市三级办无线广播，县办有线广播）、两级办电视、分级覆盖。这个方针存在不少弊端，限制了广播电视事业发展的规模和速度。中国地域辽阔，地形复杂，由中央和省两级来实现广播电视覆盖十分困难，特别是资金投入过大，单靠国家财

① 有关第十一次全国广播电视工作会议的材料，均引自广播电视部政策研究室、《当代中国的广播电视》编辑部编：《方向与实践——第十一次全国广播电视工作会议文件和典型材料选编》，中国广播电视出版社 1984 年版。

力是远远无法满足需要的。而市、县两级自办电视的愿望很强烈，却又得不到决策部门的支持，控制很严。到1983年，全国仅有24个市开办了电视台，自办电视节目。

“四级办”的方针极大地调动了地方市、县两级发展广播电视事业的积极性。由于市、县两级党委、政府可以使用广播电视这个强有力的宣传工具，因而增加了对广播电视事业的投入和支持力度，从而大大加速了广播电视事业的发展，扩大了广播电视的覆盖。从1983年到1988年，我国广播电视事业建设迎来了有史以来发展最快的时期。全国普遍兴起办广播、办电视的热潮，广播电台、电视台的数量逐年递增，递增幅度平均每年30%以上。

在“四级办”的基本架构下，第十一次全国广播电视工作会议进一步明晰了新形势下的广播电视事业领导和管理制度。

会议提出，从中央到地方，实行相互协作的“三位一体”的部、厅、局管理体制。省、自治区、市广播电视厅（局）受该省、自治区、市人民政府和广播电视部双重领导，以同级政府领导为主。同时，省、自治区、市广播电视厅（局）的宣传工作，受省、自治区、市党委领导和广播电视部指导；事业建设受省、自治区、市人民政府和广播电视部的双重领导，以同级政府领导为主。这些原则，也适用于省、自治区、市广播电视厅（局）与省辖市、县广播电视局之间的关系。

到1984年年底，全国除台湾地区之外的29个省、自治区、直辖市都建立了广播电视厅（局），还建有地区省辖市广播电视局（处）350个，县级广播电视局1700个。在建立和健全了各级广播电视机构以后，从中央到地方各级广播电视机构根据自己的实际情况，创造了多种体制管理模式。这些体制模式归纳起来大致分为这样几类：一是厅（局）台分设，政事分开，两台为一级或二级新闻单位，独立负责地开展新闻宣传工作，厅（局）对台不进行直接管理，更不越级插手台里的工作，主要进行宏观指导，台拥有完整的党、团组织和人事、财务、工作决策以及其他方面的权利。这一类体制在全国占大多数。二是厅（局）台合一型，即广播电视厅（局）、广播电台、电视台三者合为一体。对外呼号为广播电台或电视台，但实际上两台的一切职能均由厅（局）里充当。三是厅（局）台名义上分设，但明分实合。两台的人权、财权和工作决策权等，均由厅（局）里掌握，厅（局）领导时常直接指挥台里的工作。在地市级广播电视体制中还有这样一种形式：两台与报社一样，都是市委和市政府直接领导的独立的新闻事业单位，没有一个管理他们的广播电视局。

会议决定广播电视部成立“三位一体”的领导体制。即在宣传工作方面，实行总编辑负责制，由部长任总编辑，副部长和中央电台、国际广播电台、中央电视台的台长任副总编辑；在技术工作方面，实行总工程师负责制，由总工程师协助广播电视部领导处理技术工作，加强技术建设；在行政管理工作方面，实行部长负责制，几位副部长协助部长分管宣传、技术、行政工作，同时设秘书长、副秘书长，协助部领导处理日常工作，使部领导能够集中力量来考虑重大方针政策问题，实现思想政治领导、方针政策领导。同时建议省、自治区、直辖市的广播电视厅（局）参照广播电视部的做法，从各自的实际出发，进行必要的改革。但是，由于多种原因，“三位一体”的领导体制没有能按构想落实。

1985 年 6 月 18 日，第六届全国人民代表大会常务委员会第十一次会议决定，任命艾知生①为广播电视部部长，免去吴冷西的广播电视部部长职务。

1986 年 1 月 20 日，第六届全国人民代表大会常务委员会第十四次会议审议通过了《关于广播电视部改为广播电影电视部的决定》。对电影和电视事业实行统一领导后，电影局由原属文化部成建制地划归广播电影电视部领导。广播电影电视部部长仍由艾知生担任。

根据国务院的有关规定，广播电影电视部的职能为加强广播电视新闻宣传工作，领导和管理“中央三台”，把握舆论导向，加强对全国广播电影电视事业发展的规划和政策、法规、标准的制定以及监督、检查协调服务。

二、事业发展方式的变革

第十一次全国广播电视工作会议在提出“四级办”方针的同时，确定对广

---

① 艾知生（1928—1997），湖北汉阳人。1948 年 4 月参加革命工作，1948 年 7 月加入中国共产党。1946 年在清华大学土木工程系学习，加入中华民族解放先锋队，任地下党支部书记，团总支部副书记。1950 年任清华大学党总支部副书记。1951 年任清华大学党委副书记兼宣传部部长、党委办公室主任、校团委书记。1960 年任清华大学党委副书记。1966—1971 年“文化大革命”中受冲击，下放劳动。1971 年任清华大学革委会副主任。1973 年再次受冲击，下放劳动。1977 年任清华大学水利系三门峡基地领导小组组长。1978 年任清华大学核能技术研究领导小组副组长、党委副书记、党委书记。1979 年任清华大学党委副书记、副校长。1983 年 8 月任国务院副秘书长、国务院机关党组成员、党组副书记。1985 年 4 月任广播电视部部长、党组书记。1986 年 1 月任广播电影电视部部长、党组书记。八届全国政协常委。中共十二届中央候补委员，十三届、十四届中央委员。

播电视经费管理体制进行改革，在经费来源上放开搞活，由过去单纯依靠国家财政拨款，改为经费来源渠道多元化，广泛开辟财源，以弥补国家拨款的不足。

此后，各级广播电视部门一方面加强了广告经营，另一方面积极开展多种渠道的创收集资活动；同时，中央和地方财政对广播电视事业建设的拨款数额也不断增加。1984 年，全国广播电视财政拨款（包括事业费和基本建设费）为 13.2 亿元，到 1987 年时就已达到 22 亿元。不仅如此，各级财税部门还对广播电视系统实行了减免税收和免征“两金”（“能源交通重点建设资金”和“预算调节基金”）的优惠政策；海关总署也对省以上的广播电台、电视台进口广播电视专用设备免征进口关税。但由于广播电视事业发展速度快，规模大，再加上物价上涨、通货膨胀等因素，国家拨款和广播电视部门创收集资所得，仍不足以使广播电视事业完全摆脱经费不足的困境（缺额一般占 20%到 50%），严重制约了事业的进一步发展。

1988 年召开的全国广播电视厅局长会议再次强调，各级广播电视部门必须进一步开源节流，通过各种渠道和方式增加自筹资金，增强自我发展能力。会议根据当时国家正在实行治理整顿、几年之内对广播电视的拨款不可能有较大幅度增长的实际情况，对各级广播电视部门又提出了若干经营创收的新思路。包括：把一些广播电视节目投放市场，收回制作成本，增强再生产能力；广播电台、电视台同音像单位密切合作，增加录音录像制品的出版和发行量，积极开展出租业务，占领音像市场；同社会各界合办节目、实行有偿服务；积极、慎重地与国外合拍、协拍电视节目，在坚持政治原则的前提下，多接待一些外国摄影队来我国采访拍片，既有利于开展对外宣传，又可以增加外汇收入。

各级电台电视台还积极拓展业务领域，把优秀的节目推向国内外市场。1984 年，中央电视台为促进中外电视业务的交流和贸易往来，成立了“中国电视国际服务公司”，后改为“中国国际电视总公司”，围绕电视节目开展多方面的经营活动，如电视节目和录像制品的进出口、同国外合拍电视节目、向全国各无线和有线电视台供片，以及与广播电视业务有关的其他业务等，几年下来，业绩不凡。

两年一次交替举行的上海电视节和四川电视节，是又一个国内外电视节目交易的重要场所——为增进与国内外同行的电视节目交流，1986 年 12 月，由上海市政府外事办公室和上海电视台联合举办了“上海国际友好城市电视节”（第一届上海电视节），邀请 16 个国家 19 个友好城市的 24 家电视台参加，共为电视节提供了电视剧和歌舞片、风光片等各类专题片 105 部。到 1988 年第二届上海电视节时，电视节目的成交量已达 1000 多小时，成交额约 100 万美元。上海电视节也因之被称为“亚洲最大的电视节目市场”。上海电视节每逢双年 11 月举办一届，由六大主体活动组成：白玉兰奖电视节目评选；电视节目交易会；电视学术交流；广播电视设备展览；开幕式；颁奖典礼暨闭幕式。1991 年 9 月，在四川成都举行的第一届“中国四川国际电视节”上，来自 14 个国家和地区的 170 多家电视台、电影电视制作公司和音像出版社（公司）参加了这次节目交易会。会上，我国向国外影视机构出售电视片 213 部，成交额达 40 余万美元；引进海外影视剧 29 部 620 集。通过这些交易会，不仅使国内电视台尤其是地方电视台向海外输出电视节目的信心大为增强，也使国内电视界同行对海外电视节目市场的需求动态有了大致的了解。

利用系统内的技术优势和人才资源从事广播电视技术经营活动，也是广播电视系统从事多种经营的一个方面。技术经营包括广播电视基础设施的工程设计和技术器材的销售，以及广播电视系统的设备制造和安装等业务。广播电影电视部设计院是广播电视系统唯一的设计院，其天线、声学、高塔结构的专业水平居于国内领先地位。从 1984 年开始，在“事业单位，企业化管理”的体制下，该院积极开展了以企业经营机制为模式、以广播电视技术为指导、以专业设计为主体的多种服务性业务，除为本系统设计了一大批大中型广播电视发射塔、彩电中心、电台业务大楼等工程（包括中央电视塔、中央彩色电视中心、国际电台中心大楼、中央电台业务大楼和众多省、市、县的广播电视基础设施）外，还先后为几十个国家设计了广播电台、电视台、发射台、转播台和议会大厦、国际会议中心、体育场馆等工程项目，仅 1991 年的综合产值就达 370 万元，年收入 291 万元；其中包括设计收入 276 万元，工程承包收入 14.6 万元。1992 年 6 月，外经贸部下发文件，批准广电部设计院为首批拥有对外经营权的设计单位。

自 20 世纪 80 年代末期起，广播电视界在从事行业内相关业务的经营活动的同时，还积极拓展渠道，纷纷把经营触角伸向跨行业领域。1989 年，四川广播电视实业开发公司与美国百事可乐公司签订了《引进百事可乐的一揽子意向性协议》，生产百事可乐饮料。1992 年，为保障上海东方明珠广播电视塔建设资金的充足供应，上海广播电视发展公司联合上海电台、上海电视台等单位，共同发起组建了上海东方明珠股份有限公司。公司拥有一系列子公司，经营范围包括广播电视传播服务，广告经营业务，环保、气象、地震、公安、消防、邮电等综合服务设施的租赁，旅游观光，特色餐饮，健康娱乐，商业服务，房地产经营和出租汽车经营等。

由于放开搞活，广为开辟财源，使得各级广播电视部门的自筹资金逐年增多。“1982 年，全国广播电视部门的收入只有 0.72 亿元，1992 年达到 20.9 亿元，增长了 28 倍还多，相当于当年国家拨款的 85.7%。虽然从总体上看，财政拨款仍然是我国广播电视事业经费的主要来源，但在一些经济发达和经济比较活跃的地区，自筹资金在广播电视经费支出中的比重，已经超过国家的拨款。如北京、上海、广东、湖南、山东、辽宁、江苏、浙江、四川、湖北、福建等省的收入都已经超过亿元，还出现了一批收入过千万元、百万元的市、县，收入过十万元的乡镇。”

自筹资金的不断增加，一定程度上弥补了广播电视事业正常经费的不足，提高了广播电视事业自我发展的能力。1982 年至 1992 年十年间，广播电视多种经营收入的73%都用在了事业发展上，有的地方甚至高达90%以上，总计金额约有 60 亿元。利用这笔款项，广播电视系统改造了一批陈旧设备，添置了一批先进的制作播出设备，还增加了对电视剧和大型节目的投入，不仅提高了节目制作能力，也改善了节目播出效果和传输手段。广播电视资金来源的日益多元和经营规模的不断扩大，也对计划经济体制下所建立和完善起来的一整套僵化的经营管理体制提出了加快改革的客观要求。

1987 年，上海市广播电视局率先提出了“只有发展产业，才能建设事业”的口号；5 月，经中共上海市委批准，上海人民广播电台和上海电视台引入社会化专业化生产模式：广播电台分为“上海人民广播电台新闻教育台”“上海人民广播电台经济台”和“上海人民广播电台文艺台”；电视台则分为负责新闻、文艺类节目的“上海电视台一台”和负责经济、体育、社教节目的“上海电视台二台”；此外，上海市广播电视局还成立了一个上海电视剧制作中心、一个技术服务中心、一个生活服务中心，这就是著名的“五台三中心体制”。这一举措出台后，各机构之间责、权、利的关系更为明晰，大大加快了上海市广播电视产业化运营的步伐。

广东省广播电视的改革也颇有特色。1988 年 1 月，广东省广播电视厅提出，“让广东电视台实行企业化管理，让它自我积累、自我壮大”。同年 3 月，广播电影电视部在就此事向中共中央宣传思想工作领导小组的汇报中指出：“多年来的实践证明，电视台完全依靠国家拨款很难满足事业发展的需要”，“因此我们同意对电视台实行事业单位内部按企业管理办法管理的体制，通过这种体制，鼓励电视台开拓多种渠道，自筹一部分资金，弥补国家拨款的不足。”1989 年 2 月，中共广东省委正式批准广东省广播电视厅实行事业单位、企业化管理的新体制。1991 年和 1992 年，中央电视台、中央电台则在财务制度上先后实行了财务预算包干管理的办法，也取得了良好的社会效益和经济效益。

三、广播电视技术政策的调整

第十一次全国广播电视工作会议正式做出决策，决定采用卫星转播广播电视节目的先进技术，以加快对全国的覆盖。

长期以来，我国广播电视的传送手段一直比较落后。20 世纪 70 年代初，建成了三条调频节目接力传送线路，向全国传送中央电台的第一套节目。电视节目的传送，主要是依靠高山骨干台。到 70 年代中期和 80 年代初，才开始分别通过国家的微波干线，传送中央电台和中央电视台的节目。但是，这种传送手段仍不能适应需要，必须采用广播卫星覆盖的办法。卫星广播比建设地面传输系统省工、省时又省钱，而且传送质量高，收听收看的效果好。当时建立一个卫星地面收转站大约需要 5 万元，由受益单位自筹资金来建设是完全可能的。

1984 年 4 月，我国自己研制的第一颗试验通信卫星发射成功，进行了多路传输广播电视节目的试验。这次试验成功，基本上解决了中央电台向全国各省、自治区传送广播节目的问题。原来利用微波线路传送，质量无法保证，像新疆、西藏、青海这些边远地区更不能畅通，还得依靠短波。有了这颗卫星，这些地区转播中央电台的节目，声音清晰多了。1988 年 9 月，卫星传输广播节目从 15 路扩容到 30 路，国际电台的节目也上卫星传送。

1985 年 10 月，根据国务院的决定，中央电视台租用国际通信卫星向全国传送第一套节目，使原来靠微波传送到达不了的地方（如山区、边远地区、海岛），可以收看到中央电视台的节目。同时，原来利用差转台看不好电视的地区，也改善了收看质量，可以接收到稳定的图像。从 1986 年开始，中央电台和中央电视台每天通过卫星向全国传送多套广播节目和两套电视节目，不但有效地提高了节目传送的质量，而且为扩大覆盖率，特别是电视的覆盖率，创造了有利条件。通过卫星转播广播电视节目，是我国广播电视事业建设上的一件大事，是广播电视技术的一大飞跃。

通信卫星上天以后，全国各地的卫星地面接收站发展迅速。到 1988 年，全国的卫星地面接收站总数达到 8233 座，超过原计划两倍。同时，各省、自治区按照第十一次全国广播电视工作会议提出的要求，积极建设本省、自治区内广播电视节目传送专用微波线路，大力发展小功率电视转播台，逐步形成了一个以卫星传送为主，微波、地面收转和差转多种技术手段相结合的高质量、高效率的广播电视节目传输、覆盖网络。

1988 年 3 月和 12 月，我国自行研制的两颗通信卫星先后发射成功。星上的天线是国内波束的天线，因此地面接收的效果大为提高。另外，卫星上的转发器增加到 4 个，除中央电视台两套节目外，新疆、云南、贵州、西藏、四川等省、自治区的电视节目也可以分时段传送，解决了长期困扰地处边疆和多山的省、自治区的电视覆盖难的问题。1991 年 5 月，广播节目传送转移到亚洲一号卫星，每天传送中央电台和国际电台的节目达 378. 5 小时。由于采用了卫星和微波相结合的办法，从根本上改善了广播节目传送的质量。1993 年 7 月 16 日，中星五号卫星启用。这个卫星上可以用于广播电视的转发器比较多，中央电视台的第一、二、三套节目和新疆、西藏、四川、山东、浙江等省、自治区的电视节目先后使用中星五号卫星传送。云南、贵州两省电视节目租用亚洲一号卫星分时段合用一个转发器传送。

第十一次全国广播电视工作会议制定的一项重要的技术政策是大力发展调频广播。调频广播也是一种先进的技术手段，有很多优点，不仅音质好，抗干扰性能强，而且在同等功率的情况下，覆盖面积广，节省电台的建设投资。会议要求中央、省、市、县都要积极开办调频广播；有条件的大城市可以开办立体声调频广播；在农村有线广播架设专线有困难的地区，县调频广播台可以同有线广播结合起来，既满足群众直接收听，又可为乡广播站传送节目。这些政策规定有力地促进了全国调频广播的发展。

20 世纪 80 年代，我国的行政区域性有线电视系统发展很快，广东佛山和韶关、湖北沙市和黄石、贵州都匀、湖南衡阳、浙江金华、山东济宁市中区、上海闵行开发区、北京丰台区等地，相继建立了有线电视台。其中，湖北沙市有线广播电视台是广播电影电视部确定的全国城市发展电缆广播电视的试点工程，也是第一个获得广电部批准成立的有线广播电视台。

有线电视从 1988 年开始向农村发展，速度之快是人们始料未及的。据广东省的调查，到 8 月底已经有 48 个县办起了有线电视台。这一年，其他省份如四川、辽宁、吉林、山东、福建、湖北、贵州、青海的农村，也开始建设有线电视。农村有线电视的建设，采用音频广播和电视共缆传输的技术。也就是用一根电缆，把原来的有线广播和电视信号同时送到农民家中。截至 1995 年年底，全国经广播电视行政管理部门同意建立的有线电视台已有 1200 座，有线电视用户达 3000 多万。

有线电视画面声音质量优良，而且频道数量多，可供观众选择的余地大，成本较为低廉。有线电视还为开展增值业务提供了可能，因此在全国各地发展极为迅速。1990 年 11 月 2 日，国务院批准了《有线电视管理暂行办法》。这标志着我国有线电视事业走上了有章可循、有法可依的轨道。

1987 年年底，列为国家重点工程的中央电视台彩电中心大楼，经过四年多的建设基本完成。1988 年 3 月，中央电视台迁入新址办公。彩电中心大楼使用面积 8 万多平方米，拥有大中小演播室 20 多个，其中最大的演播室 1000 平方米，属全国第一。彩电中心的技术装备达到世界一流水平。彩电中心的建成和使用，标志着中央电视台的事业建设进入了一个新的阶段。

一些省级和市级电台、电视台，也陆续兴建广播电视中心大楼。这些基础设施的建设，对于各地提高节目制作能力和制作能量，改善播出条件，起了重要作用。

从 1983 年开始，我国广播电视事业建设进入有史以来发展最快的时期。到 1992 年年底，全国广播电台达到 812 座，电视台 586 座，卫星地面收转站 3. 9 万座，电视发射台和转播台 3. 2 万座。同时，调频广播的发展也相当快，基本上形成了全国的调频广播网。农村有线广播经过整顿，到 1992 年全国共有市县广播台站 2452 个，广播喇叭 8900 万只，喇叭入户率为 39%。各省、自治区、直辖市的广播电视专用微波线路建设也得到迅速发展，达到 4. 9 万公里。这些天上和地上、无线和有线结合，多种技术手段并用的广播电视设施，在全国形成了多层次的比较完善的广播电视节目传送网和覆盖网，使广播和电视人口覆盖率有了进一步的增长，1992 年与 1982 年相比，广播人口覆盖率从 64. 1%提高到 75. 6%；电视人口覆盖率从 57. 3%提高到 81. 3%。[①] 电视的影响力逐渐超过广播和报纸，成为中国人获取信息的首选渠道。

---

① 数据引自中国广播电视年鉴编辑委员会编：《中国广播电视年鉴（1992—1993）》，北京广播学院出版社 1993 年版，第 13 页。

第十章 深化改革时期的广播电视事业

（1992 年至今）

1992 年 6 月，中共中央、国务院发布《关于加快发展第三产业的决定》，正式把广播电视业列入第三产业，指出要“以产业化为方向，建立充满活力的第三产业自我发展机制。大多数第三产业机构应办成经济实体或实行企业化经营，做到自主经营、自负盈亏。现有的大部分福利型、公益型和事业型第三产业单位要逐步向经营型转变，实行企业化管理”。同年 10 月召开的中共第十四次全国代表大会，确定我国经济体制改革的目标是建立社会主义市场经济体制，强调必须抓住机遇，加快我国经济、社会的发展。以此为契机，广播电视业的改革进一步走向深入，广播电视节目栏目则在对象化、专业化和频道（率）化变革的同时，注意细分受众市场，以更好地适应和满足不断变化的受众需求。

第一节　市场经济条件下的广播电视体制改革

一、广播电视结构的调整和优化

广播电视业内部的结构调整是在各台的具体实践中产生的。1992 年，广东电台开始按照产业化的需要，调整频率资源配置，以促使广播的主功能和多功能全面发挥。经过改革，电台的社会效益和经济效益全面提高。同年，上海东方明珠股份有限公司在上海证券交易所上市，成为我国首家文化企业股份有限公司。1993 年 5 月，中央电视台《东方时空》率先实行节目的成本核算制度，并在用人方面实行聘任制，打破了以往的财务制度和用人机制，提高了节目的质量，降低了节目成本。这一做法很快在全国电视台得到推广。

从全国广播电视的整体布局看，20 世纪 80 年代以来，由于“四级办”政策的实施，各地办广播电台电视台的热情空前高涨，电台电视台数量成倍增加。但在这一过程中，也出现了不顾条件，强行建台、乱播节目的情况。大量的重复制作、重复播出、重复覆盖导致了重复投入，增大了支出成本，造成了很大的社会浪费。同时，由于各级电视台之间的无序竞争，相互瓜分观众群，致使覆盖效益降低。个别小台为维持生计，从音像市场购买廉价的海外影视剧，乱播滥放，对中央电视台和省级电视台主频道的主导地位形成冲击，“散”“乱”成为 20 世纪 90 年代电视事业发展的一个严重障碍。1996 年 12 月 14 日，中共中央办公厅、国务院办公厅联合发出《关于加强新闻出版广播电视业管理的通知》。根据该通知精神，广播电影电视部在 1997 年 1 月提出，要强化广播电视管理，做好治散治滥工作，按照“控制总量、调整结构、提高质量、增进效益”的原则，重点解决擅自设台建网、重复建台和乱播滥放问题，力争在三年内基本改变散滥状况，促进广播电视事业逐步形成“布局合理、结构优化、效益明显、富有活力的发展格局”。据统计，治理前，1997 年年底全国有广播电台 1363 座、电视台 923 座，此外还有有线电视台 715 座、企业电视台 558 座、国家教委批准的教育电视台 593 座。另省级广电厅、局或当地党委、政府还批准设立了一批广播电视播出机构。所以，全国实际存在的广播电视播出机构总量达到 4000 座以上。经过治理，到 1998 年年底，全国地市级以上广播电台有 298 座、电视台 347 座、有线电视台 217 座、县级广播电视台 1287 座，教育电视台 75 座，企业电视台全部改为广播电视站。至此，《关于加强新闻出版广播电视业管理的通知》规定的广播电视台的治理任务基本完成。

1997 年 10 月，广播电影电视部召开的“对广播电视播出机构重新审核登记工作会议”，正式提出了调整和优化广播电视体制的问题。市场经济是竞争经济，广播电视在产业化过程中要由粗放经营型向集约化的方向发展。以资产为纽带，按“产权明晰、权责明确、政企分开、管理科学”的现代企业制度的规范模式组成的广播电视集团，相对于分散经营来说，可加强集中统一，实现资源共享、优势互补，扩大对外影响力，获得规模效益。在中共十五大之后的五年内，以突出规模效益为目标的广播电视集团的组建与发展呈蓬勃之势，也成为广播电视体制改革向纵深方向发展的主干内容。

1998 年 3 月 10 日，第九届全国人民代表大会第一次全体会议审议通过了

《国务院机构改革方案》，为推进政治体制改革迈出了重大步伐。根据《改革方案》和《国务院关于机构设置的通知》，广播电影电视部改组为国家广播电影电视总局（正部级，以下简称国家广电总局），列入国务院直属机构序列，为国务院主管广播电视宣传和广播电影电视事业的直属机构。首任局长田聪明①。2000 年 6 月起，中共中央宣传部副部长徐光春②继任局长。2004 年 12 月，安徽省人大常委会原主任王太华③调任中宣部副部长、国家广播电影电视总局局长。

1999 年，国家广电总局提出了地（市）县广播电视播出机构职能转变，有线电视网、台分离，有线台和无线台合并的重大举措，这是广播电视体制改革的一项跨世纪工程。改革的目的和基本框架主要是：除省会城市和计划单列市外，地（市）县播出机构逐步转变为主要转播中央和省级台的广播电视节目；职能调整完成后，广播电视系统实行中央和省（区、市）两级管理体制，地（市）县以下实行省（区、市）垂直管理。

2002 年 7 月，全国各省、自治区、直辖市同时推出省级电视公共频道。这是酝酿已久的广播电视体制改革的重大举措。电视公共频道的正式启播，是广播电视体制改革的重要产物，即要将原有的“四级办电视”改为“三级办电视”，这意味着县级电视台的自办电视频道将全部取消，把主要职能转为转播中央、省和市级电视台的节目。

---

① 田聪明（1943—2017），陕西府谷人。历任中共内蒙古自治区党委办公厅政研室副主任、研究室主任，自治区党委常委、秘书长、直属机关党委书记、自治区党委副书记；西藏自治区党委副书记；广电部副部长，部编委会副总编辑；广电部党组副书记。1998 年 3 月起任国家广电总局党组书记、局长，后被推选为中国广播电视学会会长，1999 年 5 月起兼任总局编委会总编辑。2000 年 6 月调新华通讯社任社长。中共十五届中央纪律检查委员会委员、十六届中央委员。

② 徐光春（1944— ），浙江绍兴人，高级记者。历任新华社安徽分社党组书记兼副社长，中共安徽省委候补委员，新华社上海分社党组书记兼社长，新华社北京分社党组书记兼社长，《光明日报》副总编辑、总编辑，中共中央宣传部副部长兼机关党委书记。2000 年 6 月任国家广电总局党组书记、局长，后又被推选为中国广播电视学会会长。中共第十五次全国代表大会代表，担任中共十五大新闻发言人，并当选为中央纪律检查委员会委员。中共十六届中央委员。同时担任中国新闻摄影学会名誉会长、中国记协常务理事、中国报业协会顾问。著有《哲学与新闻》《漫谈新闻出版》《我说新闻》《新闻纵横谈》等书。

③ 王太华（1945— ），江西兴国人。历任中共江西省赣州市委常委、宣传部部长，江西省赣州地区行署副专员，中共江西省委常委、宣传部部长，安徽省委常委、合肥市委书记，中共安徽省委常委、副书记、中共安徽省合肥市委书记，中共安徽省委副书记，安徽省副省长、代理省长，安徽省省长，中共安徽省委书记、安徽省人大常委会主任。是中共十四、十五届中央候补委员，十六届中央委员。

二、广播电视集团化的探索

20世纪90年代以来广播电视事业得到了迅速发展的江苏省无锡市，在1999年6月9日，正式成立组建了无锡广电集团。这是在各县（市）、郊区“三台合一”“局台合一”的基础上，通过组建集团，实行“多台合一”“局台合一”，对现行广电管理体制和运行机制进行改革，以优化结构和资源配置，增强事业发展的动力和活力的重大举措，也是对广播电视体制改革的前沿探索。

2000年，国家广播电影电视总局《2000年广播电影电视工作要点》第一条指出：加快广播电视管理体制改革，组建广播影视集团，推进我国广播影视管理体制向中央和省两级管理、地市以下实行由省垂直管理的方向发展。同年，国家广播电影电视总局发布《关于广播电影电视集团化发展试行工作的原则意见》，要求组建集团要统筹规划，分步实施。

2001年，中共中央宣传部、国家广电总局、新闻出版总署联合下发的《关于深化新闻出版广播影视业改革的若干意见》的通知（即17号文件），明确提出了要积极推进媒体集团化改革，组建跨地区、多媒体大型新闻集团的目标，对比较敏感的传媒业融资问题、媒体与外资合作、跨媒体发展等问题都做了积极、具体的表述。以此为标志，广播电视业进入大整合、大汇流的全新产业化发展时期，并成为新兴文化产业的重要部分。

在此政策背景下，广播电视集团化的进程进一步加快。2000年12月27日，湖南广播影视集团在长沙正式挂牌成立，这是我国第一家省级广播影视集团。湖南广播影视集团属于事业性质，实行企业化管理，是独立的事业法人实体。集团以广播影视为主，依托广播、电影、电视、报刊、网站等多种媒体，兼营广告、网络、会展、投资、房地产和影视摄制基地等相关产业，有7个电视频道，4个广播频道，还拥有网络中心、节目中心、音像资源中心等十多家影视音像制作和技术、传输单位。

2001年1月19日，山东省广播电视总台暨山东广电网络有限公司成立，自身定义为多媒体、多渠道、多层次、多功能的综合性传媒集团。由山东电台、山东电视台、影视剧制作中心、广电信息网络中心、视网联网站、音像出版社等单位组成。

2001年4月19日，上海文化广播影视集团正式挂牌成立。集团以广播、电影、电视、传输网络、网站、报刊为主业，兼营其他相关产业，包括上海电视台、东方电视台、上海人民广播电台、上海东方广播电台、上海每周广播电视报社、东方网络有限公司、上海国际影视公司、广电影视制作有限公司、上海东方明珠股份有限公司（600832）、上海国际会议中心、上海电影电视（集团）公司、上海永乐电影电视（集团）公司、上海影城、上视大楼、国际会议中心、上海大剧院等机构。总资产达 142 亿元。

2001 年 5 月 28 日，北京广播影视集团成立。新成立的集团包括的企业单位有北京人民广播电台、北京电视台、北京广播影视报刊社以及北视、中北两大电视艺术中心，包括的事业单位有歌华文化、歌华有线电视网络、紫禁城影业、北京音像公司等事业单位。总资产 50 亿元。

经过长时间论证后，中国广播电影电视集团于 2001 年 12 月 6 日挂牌成立。集团由国家广电总局下属的中央电台、中国国际广播电台、中央电视台、中国电影集团公司、中国广播电视传输网络有限责任公司、中国广播电视互联网 6 家中央级传媒实体，以及若干科研院所、艺术团体、新闻出版、企业公司等单位组成。集广播、电视、电影、传输网络、互联网站、报刊出版、影视艺术、科技开发、广告经营、物业管理于一体。中国广播影视集团成立之初，有员工 2 万多人，固定资产 214 亿元人民币，是当时国内最大的传媒集团。

随着广播电视集团化的探索，广播电视节目生产机制的改革成为核心内容，广播频率和电视频道的专业化也向纵深发展。20 世纪 90 年代中期，卫星电视技术的出现和数字化技术推动有线电视网络传输能力的增强，为频道资源的增加提供了技术基础。广播电视频道频率数量的激增，使一般城市的受众都可以收看到十几个到几十个不同的频率频道。然而，这种表面上的繁荣却无法克服各个频道（频率）运行模式的单一、节目类型的雷同与观众需求日益增长之间的矛盾。同时，广播电视的受众也从被动接收向主动选择过渡。在这样一个竞争压力与发展机遇并存的时候，专业化的经营管理和频道运作方式就成为广播电视寻找未来出路的重要选择。

2003 年召开的中共十六大明确提出要积极发展文化产业，并将其视为国民经济结构调整的一项重大战略任务。广播影视产业是文化产业的重要组成部分，加速广播影视产业的发展，是摆在广播影视决策者面前的重要任务。为此，国家广电总局于 2004 年颁布《关于促进广播影视产业发展的意见》。该意见分析了当前我国广播影视产业发展面临的形势，阐释了发展广播影视产业的指导思想和基本思路，提出了发展广播影视产业应该采取的相关措施。广播电视业对于该意见内容的贯彻实施，意味着广播影视逐步成为国民经济的新型产业和体现先进文化精神产品的重要生产基地。

2006年1月，中共中央、国务院发出《关于深化文化体制改革的若干意见》。该意见的实施，对于加快发展中国文化事业和文化产业，推进社会主义先进文化建设，促进文化建设与经济建设、政治建设、社会建设全面协调发展，具有极其重要的意义。以此为指针，广播电视业的体制改革走向纵深。

第二节　广播电视宣传的综合创新

1992年后，广播电视节目栏目的改革也在面向市场、服务大众的指导思想下有了新的变化。广播电视节目内容更加细化和对象化，节目栏目的设置大多已实现版块化和频道（率）化。

一、节目栏目的版块化、频道（率）化和对象化设置

1992年后，中央和地方广播电台在继续抓好新闻改革，提高舆论引导水平的基础上，进一步合理配置广播资源，大力调整节目的结构和布局，全面提高广播节目的质量，增强本身的竞争能力，满足听众各方面的需要。

中央电台经过调查论证和充分准备，在1992年一次推出了6个大型综合性版块节目。如经济版块节目《经济生活》、知识和服务性版块节目《科技·知识·生活》、思想教育版块节目《439播音室》和外国音乐版块节目《海外乐坛》等。它们和原有的《午间半小时》《法制园地》《对农村广播》《今晚八点半》等节目配套，使中央电台在早晨、上午、下午和晚上都有丰富多彩的各类综合节目，节目的构成趋于合理化。这6个大型版块节目的宗旨，都要求做到内容上高层次，格调上高品位，编排上高技巧，主持风格上百花齐放，因此一出台就引起广大听众的关注。

1994年，中央电台又对第一、第二、第三套节目进行改革。第一套节目继续完善国家电台的传统形象，调整后的新闻节目次数增加了将近一倍，听众随时

可以从中了解最新的重要消息；以经济、信息和科技为主体的第二套节目强化了服务功能；第三套立体声文艺广播进行改革后，不但使节目的设置更为合理，而且强化了民族文化的传播。为加强对珠江三角洲和港澳地区的广播，中央电台在 1994 年 6 月 18 日开办了第七套节目，呼号是“华夏之声”。这套节目的开办，使中央电台的播音时间由原来的 107 个小时增加到 128 个小时，是中央电台历史上每天播音时间的最高纪录。1995 年，中央电台对台湾广播的第五、第六套节目也进行了改革，以适应海峡两岸形势的发展。

经过两三年的充实、调整和改造，中央电台的整体宣传水平有了很大提高。《今晚八点半》《空中大舞台》成为全国观众耳熟能详的节目。

2002 年，中央电台在原有基础上进行频率调整。2004 年 1 月 1 日，第一套节目以“中国之声”全新呼号登场。中国之声实现全天滚动播音，分八大节目版块，由频率总主持人和栏目分主持人合作全程直播。改版后的新频率新闻性、贴近性、权威性、可听性等核心指标取得长足进步，品位和影响力大幅提升。2007 年年底，“中国之声”又进行了全频率的改版，实行 24 小时播出，成了中国首个全国性全天候播出的广播频率。而中国之声的两大老牌旗舰节目——《全国新闻联播》和《新闻和报纸摘要》也实现了直播。截至 2007 年年底，中央电台共办有 9 套节目，每套节目各有重点、各具特点：第一套是新闻综合频率中国之声；第二套是以经济、科技信息和生活服务为主的经济之声；第三套是调频立体声音乐节目音乐之声；第四套是面向北京地区的都市之声；第五套中华之声、第六套神州之声是对台湾广播节目；第七套是普粤双语的华夏之声，对香港特别行政区、澳门特别行政区及珠江三角洲地区广播；第八套民族之声是民族语言广播节目，使用蒙、藏、维、哈、朝 5 种少数民族语言和汉语普通话播出；第九套是以评书、小说连播等语言类文艺节目为主的文艺之声。经过多次节目改革，中央台的广播节目设置、制作运行模式逐步实现了“频率专业化、听众目标化、服务对象化”。

各地方电台在深化宣传改革中，也大力调整节目的结构和布局，形成数量丰富、质量较高、对象性强、分工科学的节目体系。如河北省是个农业大省，80% 的人口在农村。为了满足农村听众求知、求富、求乐的需要，河北电台在 1988 年开辟了一个从晚上 8 点开始的 105 分钟的对农村广播区间，设置了《广播书场》《农村天地》《乐在戏中》《农村经济信息》《农民技校》5 个栏目，方便农民收听。其他省份如山东潍坊人民广播电台开办的《农民之友》等节目，也深受当地农民喜爱。

电视节目也逐步实现了频道化、对象化和专业化的设置。自 1999 年起，中央电视台以“频道专业化、栏目个性化、节目精品化”为目标，顺利完成了专业化的频道布局。1999 年开办电视剧频道；2000 年开办英语国际频道；2001 年开办科教频道、戏曲频道；2002 年开办西部频道；2003 年开办新闻频道、少儿频道；2004 年开办音乐频道、西班牙语法语频道，并将西部频道置换为社会与法频道。同时，整合频道资源，突出专业频道特色，调整频道结构，各套节目不断完善改版，加强统一的包装、编排，形成了以第一套节目综合频道为龙头的综合频道、专业频道门类日趋齐全，专业频道特色日益彰显，相互支持、互为补充的覆盖国内国际的频道格局。这 17 个频道为：综合频道、经济频道、综艺频道、中文国际频道、体育频道、电影频道、军事·农业频道、电视剧频道、英文国际频道、科教频道、戏曲频道、社会与法频道、新闻频道、少儿频道、音乐频道、西班牙语频道、法语频道，内容几乎涵盖社会生活的各个领域。地方电视台也在 2000 年后相继完成了频道的布局和分工。

二、新闻改革多头并举

在市场经济条件下，广播电视要得到持续、快速、健康的发展，应遵循市场经济规律，适应受众的需求，加快自身的改革。在此方面，新闻节目作为广播电视的“主”业，在多方面进行了大幅度的改革、调整，并一直走在改革的前面。这主要表现在：

第一，整点新闻得到进一步充实和完善。1993 年年初，中央电视台制定了新的发展战略，提出要建设成同中国大国地位相称的具有世界先进水平的电视台的奋斗目标。要成为世界一流的电视台，就得有世界一流的节目，作为电视节目主体的新闻节目，更应具有世界一流的水平。为此，中央电视台对新闻节目进行了大幅度、深层次的改革。自 1993 年 3 月 1 日起，中央电视台第一套节目每天的新闻节目由 4 次增加到 12 次，并且除了《新闻联播》外，全部实现了直播（《新闻联播》于 1996 年 1 月 1 日开始直播）和滚动播出。1994 年 4 月 1 日，第一套节目的《晚间新闻》从内容到形式全面改版，增加了与人民群众生活密切相关的新闻。同一天，又推出一个专门播送国际新闻的栏目——《世界报道》。这个栏目在 1995 年 9 月 1 日与《晚间新闻》《体育新闻》合并成为一个版块，叫作《晚间新闻报道》。这一年4月3日，安排在每天中午12点播出的《新闻30分》出台，取代了原来的《午间新闻》。《新闻30分》讲求时效，题材贴近群众，并且经常采用记者现场报道的形式，吸引了相当多的观众。1995年，中央电视台早6点新闻的播出，使第一套节目每天播出的新闻达到13次。不仅“央视台”，地方电视台也纷纷开办整点新闻，实行新闻滚动播出。不仅如此，各地有线电视台和各省级台上星频道的建立，大大加强了新闻传播的力量。

地方电视台也从当地的需要和各自的具体条件出发，对新闻节目进行调整和改革。例如，辽宁电视台1995年新闻播出时间由原来每天25分钟增加到60分钟，由两个播出时段增加到五个播出时段。同一年，北京电视台在加强《北京新闻》和早、中、晚间新闻节目的同时，新开办了《交通新闻》《财经新闻》《教育新闻》《北京特快》等栏目。而天津电视台对第43届世乒赛也进行了实况转播。68场，102小时，在全国创造了单项赛事电视转播的次数和时间的最高纪录。

广播界的整点新闻早于电视界。上海电台于1983年就开办了整点新闻。中央人民广播电台从1988年起在第一套节目中开始设置整点新闻。1994年，中央电台充实和完善整点新闻播出机制，第一、第二套设有的纯新闻节目由20世纪80年代中期的16次增加到21次，到1998年，综合性新闻节目增加到24次，并设有信息节目12次。除中央电台外，地方广播电台也开办了整点新闻，最新消息随时播发，从而大大增强了新闻的时效性。

第二，两大新闻节目继续改进。20世纪90年代以来，中央人民广播电台的《新闻和报纸摘要》为了让英雄人物、先进个人和集体重新回到新闻舞台，先后组织了对典型人物、对精神文明典型人物和典型单位以及在改革开放、现代化建设中成绩突出的省市和地区的宣传报道。为了把“汇天下之精华”的口号落到实处，《新闻和报纸摘要》还于1994年开辟专栏《介绍地方台播出的部分内容》，采用全国所有省级电台和许多省会城市电台、城市台的稿件。从1995年起，它摘编介绍的全国报刊多达110多家。1997年，《新闻和报纸摘要》节目进一步实施以增加信息量为主的改革。除党和国家领导人重要活动等报道外，一般新闻稿件由过去的300字左右减少为180字左右，简讯则控制在40字左右。

中央电视台的《新闻联播》节目在20世纪90年代继续加快改革的步伐，发生了较大的变化。一是物质技术手段的改进和更新，使其时效性大大增强。中央电视台于1988年3月迁入新建的彩电中心，实现了采、编、播“一条龙”体制和采、编、播设备的更新。1995年，在卫星技术发展的推动下，《新闻联播》把过去由地方台每周固定用微波或卫星传两三次新闻的方式，改为24小时随时约传加传。1996年，《新闻联播》节目的记者开始装备笔记本电脑，使记者在世界各地都能通过普通电话线路与台内网络相连，使流动采访成为可能。1998年，中央电视台记者赴伊拉克报道武器核查问题时携带的便携式海事卫星电话，标志着《新闻联播》节目在物质技术手段方面已达到世界先进水平。二是继续改进节目编排。1994年7月21日，“亚太一号”卫星发射时，《新闻联播》节目采用直播方式进行了报道。这标志着电视新闻由“刚刚收到”和“最新消息”向正在发生的直播报道发展。三是加大了批评性报道的力度。90年代以来，《新闻联播》中的批评性报道不断出现，离不开中央领导人的大力支持和广大群众的拥护。如江泽民同志多次对《新闻联播》节目报道的事件作出批示。

第三，新闻杂志型栏目和新闻类谈话节目问世。1993年5月1日开播的《东方时空》，是一个新闻杂志型栏目，每天一期，每期40分钟，它的开办，结束了中央电视台早晨7点至8点无新闻节目播出的历史。该栏目最初由五个版块即《新闻》《东方之子》《金曲榜》《生活空间》和《焦点时刻》组成。2000年11月27日，《东方时空》将原来40分钟的栏目扩展为150分钟，设《早新闻》《时空资讯》《传媒链接》《直通现场》《面对面》和《百姓故事》等栏目，并在周末版连续播出子栏目《纪事》《世界》和《直播中国》。《东方时空》的推出和改革，推动了电视改革向纵深方向发展。1996年3月，中央电视台推出了一档新闻类谈话节目即《实话实说》。《实话实说》以社会问题谈话和新闻谈话为主，它的成功在于其独到之处，一是定位平民化，二是选题贴近生活，贴近百姓，紧跟时代的步伐，三是推出了一个与众不同的节目主持人。在《实话实说》栏目开办前后，谈话类节目在全国电视屏幕上可谓是遍地开花。据统计，有80多个以谈话为主要形式的栏目。在广播电台方面，也出现了许多新闻类谈话节目，其中不少在全国有一定的影响，如上海电台1992年10月开办的直播新闻类谈话节目《市民与社会》等。

第四，新闻评论性栏目的创办。1994年4月1日，中央电视台创办了一档新闻评论性栏目即《焦点访谈》，该栏目定位于舆论监督，其批评性报道约占三分之一，中性报道约占三分之一，其他报道约占三分之一。三类报道抓住群众关心、领导重视、普遍存在的社会现象和热点问题进行分析评述。一些久拖不决、难以解决的问题，通过《焦点访谈》的曝光，往往立即引起有关领导部门的重视，并使问题很快得到解决。正因如此，《焦点访谈》在全国人民心目中有很高的权威性。《焦点访谈》得到了中央领导的关心、指导和肯定，李鹏、朱镕基等多次会见该栏目的记者、主持人和编辑，并为《焦点访谈》题词。中央领导的关心和支持，鼓舞了广大工作人员，成为他们进一步做好工作的动力。1996 年 5 月 17 日，在《焦点访谈》开播两年后，一档容量更大、更有深度的大型新闻评论性栏目即《新闻调查》问世，从而使中央电视台新闻改革迈上新的台阶，也使广播电视舆论监督的力度进一步加强。《新闻调查》每周播出一期，节目长度为 45 分钟。这是国内最长的深度报道栏目。它以记者调查为主要叙述形式，以具有社会性和新闻性的事件、人物、舆情、言论及话题为调查对象，并致力于从新闻规律和电视规律出发，确立稳健务实的调查理性。这种调查理性的基本特征是：冷静、平视的调查视角；厚重、大气的调查风格；探索、求证的调查样式。《新闻调查》以其颇有深度的节目内容和深厚、扎实的记者功力著称；播出后收视率逐步上升，为业内专家和观众所称道。

各级广播电台从加强舆论监督的角度出发，创办了一批社会评论性节目。如中央电台 1994 年 10 月 1 日开播的《新闻纵横》节目，山东电台的《新闻焦点》、河南电台的《新闻瞭望》等。

20 世纪 90 年代后期，各广播电视机构不仅在节目栏目的结构调整和整体设置等方面进行了可贵的探索，而且在新闻报道方面也积极采用高科技手段，运用新的思维和方式，力求使新闻报道在时效性和现场感方面有更大的改善。

90 年代晚期的重大事件现场报道，已经不限于一个地点，而可以做到多点异地同时进行；不再是单纯的实况转播，还有现场采访、背景介绍、专家评述等内容；既有记者在事发现场报道，又有演播室的主持人串联、主持、总揽全局。多点直播报道，能最大限度地发挥电视新闻的优势。

1997 年，大范围、长时间直播重大新闻事件较多，被人们称为新闻直播年，其中最重要的就是 6 月 30 日至 7 月 3 日直播的香港回归。香港回归祖国，是 20 世纪末重大的国际政治事件。1997 年年初，中央电视台引进了移动卫星地球站，使多点直播成为可能。中央电视台于 1997 年 6 月 30 日 6 时开始至 7 月 3 日 6 时结束，历时 72 小时，向全世界报道了香港回归盛况。其中有香港政权交接仪式、中国人民解放军驻港部队入港、香港特区政府宣誓就职仪式、首都各界庆祝香港回归祖国大会、庆祝香港回归大型文艺晚会《回归颂》等 25 次重大活动的现场直播。此外，还有新闻背景，详尽介绍了香港历史；新闻的滚动播出；25 辑庆回归音乐电视，内容丰富，形式新颖。在这次报道活动中，中央电视台动用了11辆转播车，21个卫星转发器和3架直升机，在香港建起了540平方米的报道中心。同时派记者在全国8个重点城市和海外15个大城市采访报道。香港回归直播报道创造了中央电视台重大政治活动报道的许多新纪录：连续播出时间最长，报道规模最大，新闻时效最快，收视率最高，覆盖面最广等。据调查，重要活动的收看人数达到8亿以上，在中国广播电视发展的历史上写下了光辉的一页。

澳门回归祖国也是永载史册的盛事。澳门回归的特别报道也成为中国新闻史上的又一件大事。中央电视台第一套节目从12月19日9点至21日9点连续48小时对澳门回归庆典及相关活动进行全程递进式的直播报道。这次报道以现场直播为主，以背景性和时效性的专题节目和包装节目为辅；新闻实行滚动播出，并随时插播重要新闻；邀请境外嘉宾共同主持。在重大政治事件直播报道中采用外方嘉宾做主持，对中央电视台来说还是首次。

此外，有些地方电视台如上海台、东方台、山东台、广东台、广州台等，也都对这些重大新闻事件、重大活动进行了现场直播报道。

1997年4月24日下午，中央电台电视台还在莫斯科现场直播报道了中国、俄罗斯、哈萨克斯坦、吉尔吉斯斯坦、塔吉克斯坦五国签署边境裁军协定仪式。

中央三台庆祝中华人民共和国成立50周年的宣传报道都是规模空前、效果显著的。他们综合运用演播室、专题和记者现场报道等手段，展现共和国五十年的光荣历史，反映亿万人民的爱国情怀。直播报道气势恢宏、热情激越。

2003年，中央电视台对伊拉克战争的直播报道成为最大的亮点。在伊拉克战争爆发8分钟后，中央电视台综合频道就开出了直播窗口，国际频道和英语频道也分别进行了直播，形成全面开花的态势。这次直播在中国电视发展史上具有极其重大的意义。在此次伊拉克战争直播报道中，中央电视台大量使用了现场实况信号。据统计，报道中含现场实况内容的占总节目量的85%以上，其形态包括：全屏幕现场直播信号、与前方记者对接的双视窗、演播室同声传译或解说与前方现场直播图像信号同屏的双视窗、多视窗报道。大量使用美联社、路透社、CNN等西方通讯社和传媒信号的同时，也大量使用了卡塔尔半岛电视台、阿布扎比电视台、阿拉伯卫星电视台、伊拉克国家电视台等来自阿拉伯世界的现场信号，并对以上二者进行梳理评判，很好地把握了分寸和尺度，既独立又平衡。除此之外，中央电视台派出的水均益等九位报道人员在伊拉克和周边国家进行了现场报道，传回了大量第一手消息；主持人白岩松、康辉等人各施所长，与邀请的空前强大的专家嘉宾阵容一起在演播室内很好地控制了整个战争直播报道。

第五，新闻频道（率）开播。1999 年，福建电视台新闻频道开播，这是国内第一家电视新闻频道。2003 年，中央电视台新闻频道开播（CCTV-新闻）。《面对面》《新闻会客厅》《央视论坛》等一批新推出的新闻栏目也受到观众的广泛喜爱和好评。在此前后，广播电台电视台纷纷开播 24 小时新闻频道（率），每遇重大问题或关系国计民生的突发性事件，各广播电台电视台都进行全方位的报道。为了更好地整合新闻报道力量，2009 年 7 月，央视还把新闻、经广（经济广告）、海外、社教、文艺五大节目中心的新闻采编系统进行了合并，成立了统一的新闻中心。

三、经济宣传持续强化

1992 年后，各级电视台贯彻邓小平南方谈话和中共十四大精神，把经济宣传作为中心任务，运用电视这一现代化工具独有的优势，为发展社会生产力，建立社会主义市场经济体制服务。1992 年 5 月下旬，由中央电视台组织召开的全国经济宣传座谈会在天津召开。会议建议中央电视台开办《经济信息联播》节目，并尽快建立全国电视经济宣传协作网。天津会议后，中央电视台经过研究，决定在继续办好《经济半小时》栏目（1989 年创办）的前提下，加强与全国各省、市电视台的广泛合作，开办《经济信息联播》节目。8 月 31 日，《经济信息联播》在中央电视台第二套节目中正式开播。这个节目的内容主要是传播各类经济技术信息，以沟通产供销渠道，为繁荣社会主义商品经济服务，成为生产者的参谋，经营者的顾问，消费者的知音。《经济信息联播》问世后，受到了观众的普遍欢迎，收视率不断上升。1992 年 10 月 21 日，邓小平的秘书打电话给中央电视台转达他的意见。邓小平称赞：“《经济信息联播》专门谈经济，开办得及时。《经济信息联播》时间虽不长，仅有 30 分钟，但每期的内容丰富，节奏明快，信息量大，对我国经济发展，社会主义市场经济的发育，将会起到积极作用。”

1996 年 7 月，中央电视台加大经济宣传力度，在第二套节目中集中推出了《经济半小时》（新版）、《财经报道》《生活》《环球经济》《企业家》《供求热线》等经济类新栏目，初步形成了中央电视台第二套节目以经济节目为特色的格局。

2000 年 7 月 3 日，中央电视台第二套节目经过几次调整，形成以经济、生活、服务报道为主的“经济·生活·服务”专业频道，每天平均播出 20 小时左右。在已形成品牌效应的《经济半小时》《生活》《中国财经报道》等栏目的基础上，继续推出众多各具特色的栏目：《中国证券》《对话》《地球故事》《幸运 52》《开心辞典》等。

2003 年，中央电视台进一步调整第二套节目定位，致力于把第二套节目建设成为“经济资讯频道”，进一步明确频道定位，强化经济资讯为主线，以大经济作为频道的受众定位和内容选取，以大资讯作为频道的报道方法和性质指向，以实效信息作为频道的传播态度和效果诉求，以“受众至上、内容为主、形态取胜”为频道建设的衡量标准和基本准则，形成一个龙头突出、主干强劲、枝叶丰满、底座宽厚的经济资讯频道。

这几年迅速发展起来的省、市经济电视台，为电视经济宣传提供了宽阔的空间。继 1988 年湖北建立全国第一个经济电视台后，新疆、内蒙古、湖南、广东、吉林、河南、四川、山东、河北、江苏、甘肃、云南、天津、辽宁、福建等省（自治区、直辖市）以及杭州、成都、济南、深圳、温州、青岛、沈阳等城市先后建立了经济电视台。至 1995 年年底，全国省、市级的经济电视台有将近 30 个。

中央人民广播电台在 1992 年年初开办了重点经济节目《经济生活》。节目方针是：宣传经济政策，追踪经济热点，研讨经济现象，传播经济信息，沟通产销关系，引导群众消费。节目以新闻性专题为主，兼有服务性。1994 年 10 月，中央电台在办好《经济生活》的同时，增办了新的经济节目，新的经济节目和《经济生活》一起，都采用直播形式。2000 年年底，中央电台确定第二套节目以经济、科技、生活服务为主，从而正式开始了频率专业化的路子，为中央电台经济节目的下一步改革提供了思路。2002 年，中央电台经济之声频率开播，其中的《天下财经》《财富广场》等节目很快成为品牌栏目。

四、社教类和文艺类节目日趋繁荣

20 世纪 90 年代以来，无论是电视台，还是广播电台，都从节目内容、节目形式等方面对社会教育性专题节目积极探索，并取得了丰硕的成果。

广播电台的社教节目有了新的发展。一是涉及社会改革与发展的专题节目不断增多，如中央人民广播电台的《对农村广播》节目中，1990 年至 1994 年间先后播出了《科教兴农》《农村政策问答》《减轻农民负担》《农村保险征文》等。二是一些兼具教育、服务、新闻等多种信息功能的综合性节目成为社教节目的主流特色，如中央电台的《午间半小时》。三是对象性、公众性节目趋向综合化。如中央电台的《民族大家庭》《科技、知识、生活》等。四是节目形态样式不断创新。主持人的播音与主持方式从读稿、半脱稿的录播方式向全脱稿和无纸化直播的方向演变。

电视台在社教节目方面的改革和探索可以说表现在多方面。

一是纪录片的成熟和发展。与 20 世纪 80 年代相比，90 年代的电视纪录片中反映重大题材的比例越来越大。这些反映重大题材的纪录片中，既有介绍重大人物的，如中央电视台与中共中央文献研究室经多次合作拍摄完成的文献纪录片《毛泽东》《邓小平》《朱德》《刘少奇》《周恩来》等；也有记述重大历史事件的，如中央电视台拍摄的《胜利》《解放》《香港》等；反映国家重大建设工程的，如中央电视台与三峡工程建设委员会联合摄制的大型系列片《大三峡》、中央电视台拍摄的《大京九》等；还有讲述普通人生活的，如中央电视台与安徽电视台联合制作的《远在北京的家》、中央电视台拍摄的《最后的山神》等。

二是对象性栏目的蓬勃发展。1992 年元旦前夕，中央电视台推出以大学生为主要收视对象的《十二演播室》。1993 年，中央电视台把儿童节目《七巧板》和《天地之间》合并，定名为《大风车》，新的少年栏目定名为《第二起跑线》。1996 年元旦，中央电视台开办了卫星少儿电视节目。在有关政策的鼓励下，电视动画片获得迅速发展，成为少儿电视节目内容的重要组成部分。除青少年节目外，军事报道、农业报道、女性报道、职业报道等对象性节目也都取得新的发展。1991 年中央电视台创办《军事天地》栏目。1996 年元旦，中央电视台开办的第七套节目中，每天用三个多小时播出军事报道，其余时间则是针对“三农”而播出的农业专题节目。1993 年中央电视台创办的《夕阳红》，由于满足了不同层次老年人的要求而成为老年人的知心朋友。1995 年中央电视台创办的《半边天》栏目则是从社会性别视角出发而成长起来的名牌栏目。1997 年，中央电视台又开办了《当代工人》栏目。

三是体育频道的创办和发展。中央和地方许多电台电视台的体育节目拥有大量的观众，20 世纪 90 年代后期，国内外重大赛事频繁举行，为受观众喜爱的体育节目提供了广阔的表现天地。中央电台的《体育天地》栏目就一直受到广大听众的欢迎。但我国电视中体育节目的时间已越来越难以满足广大观众日益增长的对体育节目的需求。为此，中央电视台决定开设专门的体育频道。经过多方面的努力，1995 年 1 月 1 日，我国第一个自办的体育频道开始播出。起初每天播出的时间为 8 小时，不久又通过卫星向全国播出，并增加到 16 小时。中央电视台在体育报道赛事转播方面拥有了《体育新闻》《体育世界》《体坛快讯》《足球之夜》《天下足球》《早安中国》《全明星猜想》《体育人间》《健身房》等深受广大观众欢迎的栏目。同时，国内第一个大型直播体育谈话节目《体育沙龙》也在体育频道登台亮相。为了增强时效性，提高收视率，体育频道的体育节目对重大的体育比赛多是采用现场直播形式。仅 1999 年，直播的节目就达到了 800 多场，直播最多的一天达到 9 场。同时，为了满足广大体育爱好者对体育赛事深入了解的需求，体育节目还强化了体育评论。经过几年努力，体育频道拥有了一批质量高、有影响的栏目，如《体育新闻》《足球之夜》等。

中央电视台体育频道开播后，各省市台也纷纷创办自己的体育频道，满足了广大观众特别是体育爱好者的需求。不仅中央电视台的体育转播水平有了大幅度的提高，地方电视台在这方面也有新的突破。

进入 20 世纪 90 年代后，广播电台的文艺节目更加花样翻新。中央电台于 1992 年元月推出《音乐天地》《海外乐坛》《空中大舞台》三大版块文艺节目。1994 年 10 月《音乐天地》和《海外乐坛》合并成大型音乐版块《音乐大世界》。这期间，几乎所有的省级电台和大部分市台也都开办了这类版块式的综合性文艺节目。例如：河南电台的《群众文艺宫》，甘肃电台的《祝你愉快》、云南电台的《艺术宫》、江苏电台的《文艺天地》、福建电台的《空中你和我》、天津电台的《红绿灯》、上海电台的《上海欢乐时空》、湖南电台的《欢乐星期天》、北京电台的《空中百花园》等。

电视文艺则出现了音乐电视（MTV）、电视戏曲艺术片、电视文学（包括电视散文、电视小说、电视报告文学等）、电视专题艺术片、音配画之类新的电视文艺品种。中央电视台还从 1993 年到 1995 年，连续三年举办中国音乐电视大赛。参赛单位有音像部门、电视台，还有一些文艺团体、社会团体和企事业单位。在广播电视界的努力下，电视文艺逐步成熟。主要表现在：

一是大量文艺节目成为知名品牌。中央电视台从 1993 年起建立了一系列高品位、高水准的新栏目。包括《东西南北中》《大剧院》《音乐桥》，以及《九州戏苑》《地方文艺》《每周一歌》《中国音乐电视》等。同时，《综艺大观》《正大综艺》《曲苑杂坛》《旋转舞台》等名牌栏目不断进行调整和改版，一直保持较高的收视率。到 1996 年文艺和戏曲 · 音乐频道开播之后，中央电视台的文艺栏目已达 47 个，每周播出 300 多小时。1996 年 5 月中央电视台专门成立的“心连心”艺术团，多年来坚持到革命老区和工矿、农村、部队基层演出并现场录像然后播出，引起了良好的反响。地方电视台也有一批办得好的栏目，包括山西电视台的《五彩世界》，青海电视台的《河湟风》，西藏电视台的《七色风》，山东电视台的《星光 50’》，四川电视台的《综艺大世界》，吉林电视台的《农村俱乐部》，湖北电视台的《欢乐今宵》，浙江电视台的《文化时空》，上海电视台的《共度好时光》，杭州电视台的《明珠欢乐夜》，山东淄博电视台的《齐天乐大传送》等，深受广大观众的喜爱。

二是文艺频道的专业化设置。1996 年，中央电视台开办了专门的文艺频道（第八套节目）和戏曲 · 音乐频道（第三套节目）。1999 年，第三套节目改为文艺频道，而第八套节目则改为影视剧频道。2001 年 7 月，中央电视台开办了专门戏曲频道。2004 年 3 月，中央电视台又开办了音乐频道。电视文艺频道的不断设置，为电视文艺发展提供了更多的平台。

三是大型文艺晚会的探索。为了满足广大观众对电视文艺晚会的需求，中央电视台于 1992 年举办的《丰收大地》和《中秋月正圆》两台大型文艺晚会，标明了电视文艺晚会的两个基本发展走向：其一是内景剧场式晚会，如春节文艺晚会、《光明赞》《回归颂》等；其二是外景广场式晚会，如《黄河魂》《欢庆香港回归》、“心连心”演出活动等。

四是音乐电视的起步。自 1993 年起，中央电视台开始每年举办中国音乐电视大赛。这一赛事推动了中国音乐事业的发展，也从中发现了大批的人才。

20 世纪 90 年代以来，中国电视剧继续保持快速发展的势头。1994 年，我国制作电视剧 6000 集，1995 年突破一万集，成为世界上制作电视剧最多的国家之一。90 年代以来制作的电视剧，弘扬时代主旋律、反映改革开放和现代化建设的作品不断涌现，如描绘工业战线改革的《车间主任》《人间正道》等作品，描绘农村改革发展的《篱笆 · 女人和狗》等三部曲，反映反腐倡廉的《苍天在上》《纪委书记》《省委书记》等。中国电视剧的民族艺术风格和流派逐渐形成。如《四世同堂》《末代皇帝》《渴望》《编辑部的故事》等作品，具有“京派”文化的特点；《围城》《上海的早晨》《上海一家人》《儿女情长》等具有“海派”文化的特点；《公关小姐》《外来妹》《情满珠江》《英雄无悔》等具有“岭南派”

文化的特点；《篱笆·女人和狗》《赵尚志》等具有“关东派”文化的特点。民族艺术风格和流派的逐渐形成，显示了中国电视剧正走向成熟。

五、对边远地区和对港澳台宣传的质量明显提高

随着广播电视改革的深化，节目制作水平的提高，我国的少数民族语言广播在水平上也有了很大进步，少数民族语言广播的收听率显著提高。1996—1997年，中央电台的藏语、蒙古语、维吾尔语、哈萨克语和朝鲜语的五种少数民族语言广播先后上了卫星。随后，广电部又解决了上述少数民族语言广播在民族地区接收卫星广播的问题，收听效果有了明显改进。与此同时，解决北京上空民族语言广播的覆盖问题也提上了日程。长期以来，中央电台的少数民族语言广播在少数民族地区收听效果较好，但在北京却听不到、听不好，经过多方努力，中央电台于1999年8月1日启用调频101.8兆赫的频率全天播出中央电台的少数民族语言节目，从而结束了北京收不到中央电台少数民族语言广播的历史。

经过50年的发展建设，我国已经形成了从中央到各个民族自治地区的多语种多层次的民族广播体系。据不完全统计，到1999年年底，除中央电台外，全国共有165个广播电台、站（含调频广播），办有蒙古、藏、维吾尔、哈萨克、柯尔克孜、朝鲜、苗、壮、彝、布依、侗、瑶、白、哈尼、傣、傈僳、佤、拉祜、水、纳西、景颇、羌、土、锡伯族等24种少数民族语言节目。新疆、内蒙古、西藏、四川、云南、黑龙江的广播电台都已设置民族语言节目编辑部，有专用频率和发射台，各地举办的少数民族语言广播节目充分发挥当地的优势，时效性强，民族特色浓郁，栏目多，内容丰富，形式多样，深受当地少数民族听众的欢迎。

2000年8月11日至14日，国家广电总局在甘肃省兰州市召开了全国广播影视局长座谈会暨“‘村村通’广播电视”现场会。会议着重研究讨论了广播影视2001—2010年事业发展规划纲要和跨世纪发展的思路，以及在西部大开发中广播电视发展的基本要求。国家广电总局新任局长徐光春在会上作了题为《以“三个代表”为指针，以“三个创新”为动力，加快广播影视事业的改革和发展》的报告。会议指出，加快西部地区广播影视事业发展是实施西部大开发战略的重要内容，广播影视一定要抓住机遇，增强责任感和使命感，很好地贯彻落实，大力推进实施“村村通广播电视”。

2000年9月16日，江泽民对加强西藏、新疆等边远省、自治区广播电视工作做了批示，提出要在资金、技术和人员等方面采取切实措施，解决好这些地区广大人民群众听广播、看电视的问题，让党和国家的声音进入千家万户。根据上述指示，国家广电总局在国家计委、财政部、国家电力公司等部门和西藏、新疆、内蒙古、四川、青海、甘肃、云南等七省、自治区地方党委、政府的支持下，从10月开始了我国广播电视历史上空前规模的以加强对西藏、新疆等边远省区广播电视覆盖为主要任务的“西新工程”。

“西新工程”和“村村通”广播电视覆盖工程的实施，使西部地区实验总功率增加4倍，民族语言节目时间增加了一倍多。在广播覆盖任务最艰巨的新疆、西藏等地区的每一个县、村，都可以收听到5套以上的调频、调幅广播。而在此之前，一些边远偏僻、地理条件恶劣地区的群众，仍然很难利用现代的通讯方式看到外面的世界，听到外面的声音，我国西部相当于国土一半面积的地区还不能实现广播电视信号有效的覆盖。

为了适应海峡两岸新形势的发展，20世纪90年代以后，我们的对台广播电视宣传在形式和内容上有了极大的改进。

为了加强对珠江三角洲和港澳地区的广播，中央电台在1994年6月18日开办了第七套节目，呼号是“华夏之声”。这套节目的开办，使中央电台的播音时间，由原来的107个小时增加到128个小时，是中央电台历史上每天播音时间的最高纪录。1995年，中央电台又对对台湾广播的第五、第六套节目进行了改造、调整，以适应海峡两岸形势的发展。对台湾广播在此期间注意发挥广播系统的整体优势，开展反“台独”、反分裂，揭批分裂祖国言行的舆论攻势。1996年，全国8家电台的对台湾广播为配合中央对台舆论斗争的需要，发挥横向联合的优势，在共同开办大型系列报道《中国统一大家谈》基础上，同时合作举办“一国两制知识有奖征答”活动，在一个多月内，收到台湾、海外及祖国大陆各地听众寄来的答卷2万多份，取得了良好的社会效果。与此同时，还先后开设听众热线、听众点歌台等与台湾听众直接交流的节目渠道，增加节目吸引力。1998年，8家电台的对台湾广播再度联合，举办《两岸关系大家谈》有奖征文活动，又一次取得了很大的成功。事实证明，对台湾广播的横向联合，无论在宣传报道声势还是在宣传报道效果上，都远胜于“单兵作战”。

1998年5月和1999年8月，中央电台对台湾广播分别在云南和内蒙古举行台湾听众座谈会，邀请台湾岛内的听众30多人与会，就现阶段对台湾广播的节目进行了深入坦诚的探讨。这是对台湾广播尚无条件到台湾岛内进行听众调查工作的情况下所采取的变通措施。来自台湾岛内的听众在座谈会上所提出的意见和建议，对于如何办好对台湾广播，提高宣传报道效果，具有极为重要的参考价值。例如，关于对台湾广播中各种时段收听情况的评价，以往只能凭借间接的了解主观判断，而由台湾听众直接提供的第一手资讯，最具真实性和可靠性。根据台湾听众的要求和建议，中央电台对台湾广播自 1998 年起，开始组织一系列宣传报道重大项目，如《台湾问题知多少》有奖征答活动等。

1998 年 6 月，中央电台“华夏之声”节目部与对台湾广播部正式合并，组成中央电台台港澳广播中心。为适应港澳宣传的新形势，发挥台港澳广播中心的整体优势，1999 年 1 月 1 日，对港澳广播节目再次进行调整：原新闻节目《华夏新闻网》和原对台部的新闻节目合并为《新闻》和《新闻广场》，覆盖台港澳和东南沿海地区。对港澳地区广播的《华夏之声》节目增加了粤语专题《华粤星空》、军事节目《现代国防》、体育节目《体育天地》、对台湾广播节目《空中之友》、方言节目《闽南话广播》《客家频道》等。由台港澳广播中心制作的节目为 16. 5 小时，其余 4. 5 小时转播中央电台第一、第二套节目。

自 1994 年 6 月《华夏之声》节目正式开播以后，为配合香港、澳门回归，先后举办了多次大型宣传活动，并制作了一批较有影响的节目。其中最具代表性的是 1997 年 6 月，《华夏之声》节目联合中央电台其他几套节目共同举办了“迎香港回归优秀歌曲展播月”活动，并且联合中央电视台、中国国际广播电台举办了迎香港回归优秀歌曲电视晚会。

中央电视台 1992 年创办的《天涯共此时》和 1996 年创办的《海峡两岸关系论坛》是对台宣传节目的优秀代表。1992 年 5 月 29 日，中央电视台正式推出了第一个以台湾观众为主要对象的综合性版块节目《天涯共此时》。这也是迄今为止播出历史最长的对台专题节目，该栏目集新闻性、知识性、趣味性、欣赏性于一体，为台湾与祖国大陆之间相互了解和沟通提供了一个窗口。2003 年 3 月开始，《天涯共此时》节目在台湾中天资讯台完整播出，迈出了大陆电视节目进入台湾主流媒体播出的实质性一步。

上海东方电视台与台湾电视公司保持着良好的关系。1997 年中秋之夜，上海东方电视台与台湾电视公司等联合，首次通过卫星双向直播传送“千里共婵娟——两岸情中秋夜”文艺晚会。1999 年 9 月 24 日，上海东方电视台与台湾电视公司联合举办《明月有情同胞心——’99 上海 · 台北中秋特别节目》，节目通过卫星连线的方式在上海和台北同时举行，共收到捐助款160多万元人民币，是台湾“9·21”大地震后中国大陆举办的第一场赈灾演出。

1996年2月3日，中央电视台开办了第一个也是唯一的涉台时事评论栏目《海峡两岸关系论坛》，该节目于1998年改名为《海峡两岸》。2003年4月，中央电视台和台湾中天电视台联合举办的首届海峡两岸知识大赛在中央电视台第一、第四套节目和中天电视台分别播出后，在海内外引起了强烈反响。这种与台湾媒体联合办节目，联合举办知识大赛，是大陆瓦解台湾当局收紧两岸新闻交流图谋、加强对岛内传播的重要举措。之后，海峡两岸电视台的节目合作经常进行。

六、对外传播的国际影响力进一步增强

进入20世纪90年代以来，国际电台坚持以新闻改革为突破口，侧重搞好国际新闻和国际时事报道，带动对外广播事业全面发展的业务方针，取得了新的进展。

1994年10月24日至27日，中国国际广播电台受中央外宣办及广电部委托，在北京召开了首届全国对外广播宣传协作会议。会议决定以国际台为龙头，以各省市电台为依托，建立一个相互支持的全国性广播对外宣传协作网。

第一，国际台驻外记者站在国外重大事件、重大活动的报道中发挥的作用越来越大。

1989年以后，国际电台先后在内罗毕、安卡拉、新德里、日内瓦、拉格斯建立了记者站。到1995年，国际电台驻外记者站已经增加到21个。驻外记者队伍的扩大，对进一步改善和丰富国际问题报道的内容，提高国际新闻报道的时效，起到了积极的作用。同时从根本上解决了对外广播的国际新闻来源问题，大大提高了国际新闻的时效，加强了对外广播的针对性，增强了我国国际广播的竞争力。

香港、澳门的回归是世界瞩目的大事件，是以“一国两制”伟大构想推进祖国和平统一的里程碑。国际台作为中央对外宣传的重要渠道，在香港、澳门回归的报道中按照中央有关要求，细致部署、严谨策划、周密组织，充分发挥广播自身特点，及时、充分地报道了香港、澳门回归祖国的重大事件，体现了时效、深度和权威，圆满完成了报道任务，收到很好的宣传效果。

1999年3月下旬开始，以美国为首的北约对南斯拉夫进行了惨无人道的狂轰滥炸，国际台驻南联盟记者王智敏、特派记者郭志家在贝尔格莱德连续奋战70多个昼夜，采写了大量新闻和报道。5月8日凌晨，他们得悉中国驻南使馆被炸后，立即赶到出事地点，冒着生命危险，不顾导弹袭击，在现场用手机向国内报告了我使馆被炸的详细消息。他们采写的《中国驻南联盟使馆遭北约导弹袭击》获1999年中国彩虹奖（政府奖）新闻类一等奖，战地连续报道《战火中的南联盟》（55篇）获专题类特别奖。因在北约轰炸南联盟的报道中表现出色，两位记者受到中共中央宣传部、人事部的表彰。王智敏被授予“优秀新闻工作者”荣誉称号，郭志家荣立一等功。

2003年3月20日上午9点至12点，在美英两国对伊拉克宣战的时刻，英语环球广播中心中断了正常的节目播出，开通了三小时的《伊拉克战争三小时特别直播节目》。在这三小时的直播过程中，根据战争局势的最新发展，不断连线前方记者，采访有关专家，报道国内外各界人士对战争的不同反应，不断向听众交代战争有关背景材料，为国内外听众搭建了一个“即时、丰富、全面、深入”的信息平台。

以中国国际广播电台为代表的我国对外广播在重大事件、重大活动的报道上一直表现出众，同时开辟多种渠道，扩大在国内外的影响。

第二，以改进新闻报道为突破口，改革对国内新闻时事节目。

对中国的人大、政协“两会”的报道，历来是新闻宣传的重头戏。改革开放以来，中国召开上述会议，几乎成了世界瞩目的焦点，每次都有几百名甚至上千名中外记者前来采访，成了中外新闻界激烈竞争的舞台。中国国际广播电台也不断增强重大会议的报道力量，改革报道方法，讲究宣传技巧和艺术，根据外国听众的理解水平和所关心的问题，把文件的精神实质尽可能通俗易懂地介绍出来，并且适当加进背景和解释性内容。这样报道，不仅有对外特点，稿件也缩短了，宣传效果比较好。2003年“两会”报道中，国际台特意开辟了“两会进行时”栏目，采取记者分析的手法，紧密结合“两会”的新闻点，查找大量的新闻背景资料，以对话形式写出稿件，全台43种语言广播均在各自相关的节目中播发。

第三，实施精品战略，细致生动办好专题节目。

对外国听众更深入细致、生动形象地介绍中国，还有赖于各种专题节目。进入20世纪90年代，中国国际广播电台在宣传上实施精品战略，专题节目更加丰富多彩。1992年全台开办的专题节目增加到400多个。华语部1994年3月开办的《匆匆十分钟》节目，融知识性、趣味性、哲理性于一体，向听众提供新鲜生动的文化快讯。在不到一年的时间里，就收到国内外听众来信2000多封，成为华语部的名牌节目。其他有特色的栏目还有《文化大观》《北京特快》《财富杂志》《文体周刊》等。

改革开放以来，国际台一直把经济报道放在突出地位。1992年邓小平视察南方谈话发表后，进一步加强了经济报道工作。这个时期的经济专稿，有反映经济特区发展的特区见闻、中国经济热门话题，以及经济开发区、乡镇企业、长江三峡工程、沿海开放城市、环境保护等方面的介绍，数量大约占国内专稿的三分之一。除了台发稿中心统一发的专稿外，各语言广播纷纷举办有特色的经济报道专题节目。

1997年，总建筑面积达5万多平方米的中国国际广播电台业务大楼正式启用。这座大楼集编播、语言录制、节目传送、通讯、楼宇自控、全台管理于一体，有由计算机控制的全数字音频广播系统，实现了节目制作、播出和传输系统的数字化、现代化和自动化，改变了我国对外广播技术长期落后的局面。同时，国家投资对原有的对外广播发射设备进行了大规模的更新改造，并建成10部500千瓦的大功率短波发射机及4部600千瓦的中波发射机，增强了我国本土广播的发射功率。此外，国际电台各语言节目已送上了亚洲二号和泛美二号、三号、四号卫星。这些措施连同开展与国外电台的互转、租机和传送、寄送节目等项目合作，使我国对外广播的技术实力显著增强，基本上实现了全球覆盖。

第四，实现对外广播的海外整频率落地。

2006年2月27日，国际台在海外开设的第一家调频电台——肯尼亚内罗毕调频台（CRI91.9FM）开播，开创了中国对外广播在境外整频率落地的先河。2006年11月19日，国际电台开设的老挝万象调频台（FM93）开播，中国国家主席胡锦涛与老挝国家主席朱马里共同出席了开播仪式并启动调频台的开播。截至2007年10月，我台在境外共有11个整频率调频或中波台，149家调频/中波合作电台（其中117家调频合作台，32家中波合作电台）以及4家网络电台。落地节目每天累计播出总时数达556.5小时，除国际台北京本部制作的英语、法语、西语、俄语、德语等30种外语、汉语普通话和4种汉语方言节目外，在北欧还合作制作芬兰、挪威、瑞典、丹麦语节目。中国国际广播电台在全世界的影响达到了前所未有的高度，成为世界上名副其实的影响较大的国际广播电台之一，标志着我国对外广播已进入世界一流的行列。

为了适应对外宣传发展的新形势，1991 年 7 月中央电视台成立了对外中心。新建了和美国洛杉矶熊猫电视台以及北美卫星电视的供片关系，逐步恢复了和其他华语电视台的供片关系，特别是加强了新闻的提供。中央电视台对外中心还发展了英语节目在国外电视台播放的新项目，开创了对外国主流社会的电视宣传。在欧洲与“同一世界频道”建立了联系，利用它的卫星频道向西欧十多个国家播出；在美国的旧金山，支持彩虹电视台开办英语的中国电视节目，向当地美国人播出。彩虹节目一度在纽约、费城等其他美国城市播出。为了把我国改革开放的真实情况有计划、系统地介绍给国外观众，中央电视台对外中心及时采制了专门对外的新闻杂志节目《中国报道》，以此为核心的《今日中国》英语版在美国华盛顿、纽约、洛杉矶、芝加哥等地每周定时播出；法语版在法国三台定时播出。

1992 年 1 月 1 日，中央电视台把每天一小时的中、英文对外节目，通过国际卫星送到美国，由美国芝加哥新世纪电视台把节目送上美国的 Ku 波段和 C 波段卫星，使整个北美都可以看到当天中国发生的重要新闻，这是中国对外报道工作的又一次飞跃。1992 年 10 月 1 日，中央电视台第一个国际卫星电视频道，即第四套节目正式创办并对外开播。同一天起《中国中央电视台新闻》播出第一期。这是中国电视对外报道史上的一件大事，也是电视对外宣传事业一个新的起点。从此，中央电视台对外报道有了自己的频道，电视对外宣传事业有了自己的阵地和舞台，中国电视从此开始大踏步走向世界。

1993 年 11 月，为了进一步集中和加强中央电视台对海外报道的力量，第四套节目部与对外中心合并，成立了中央电视台海外节目中心，这是中央电视台进一步拓展对外报道事业、实现 20 世纪末中国电视覆盖全球、走向世界战略目标的一个重要决策。从此，对外电视节目制作和编排播出形成合力，整体优势得到进一步发挥。

中央电视台海外中心成立后，进一步调整了第四套节目频道的栏目设置和编排，增加外语节目，加大了新闻和专题节目分量。1994 年 5 月 1 日，《中国中央电视台新闻》改为《中国新闻》。此后，还开办了《粤语新闻》，即《中国新闻》的粤语版。10 月 1 日，中华人民共和国成立 45 周年，为抓住这个有利时机，营造良好的国际舆论环境，进行了一场较大的对外宣传战役——在世界各地同时举办《中国电视周》。电视周期间，共有 127 个国家和地区的 150 家电视台参加，首次实现了中国电视大规模进入外国主流社会。

中央电视台中文国际频道是以新闻节目为主导、以文化和服务类节目为骨干、以娱乐节目为支撑的综合频道，其中包括具有鲜明对外特色的《中国新闻》《中国报道》《新闻 60 分》《环球时讯》《走遍中国》《中国文艺》等自办栏目，从 1995 年 1 月 1 日起，也开始选播在其他频道中播出的优秀栏目，如《东方时空》《焦点访谈》《经济半小时》《经济信息联播》《经济广角》《东西南北中》《旋转舞台》《大剧院》《夕阳红》《动物世界》等，同时，根据不同国家和地区的时差进行编排，开始实行全天 24 小时播出。5 月，《中国新闻》开始采用现场直播方式，每天滚动播出 8 次新闻，与国际电视新闻接轨。7 月 1 日，第四套节目对外播出呼号改为“中国中央电视台国际频道”，并启用了新的台标片头。如何使国际频道覆盖全球并进而使它的节目落地，从而实现中国电视进入外国主流社会，成为我国对外电视宣传的重大目标。经过多方努力，1996 年 4 月提前实现全球覆盖，到 1997 年在海外落地取得了突破性进展，基本实现了在亚洲、澳洲、欧洲、非洲、北美和拉丁美洲传送播出。2003 年，中央电视台国际频道再次改版，主要体现在以下几个方面：加强新闻报道，增加新闻时间；加强新闻述评，提高反应速度；加长整点新闻，合理安排时段；压缩部分栏目，确保新闻广告；实时调整播出，体现灵活机动。

2000 年 9 月 25 日，中央电视台第 9 套节目——英语频道正式开播，每天 24 小时不间断地播出以新闻节目为主的各类节目，对中央电视台节目进入西方主流社会起到了推动作用。英语频道为包括中国在内的世界各国英语观众提供以新闻及新闻性节目为主，专题、文化及服务类节目为辅的电视节目。新闻实行 24 小时滚动播出，专题按不同时区首播一次，重播三次。共播出《综合新闻》《环球瞭望》《亚洲新闻》《财经新闻》《文化报道》《体育报道》《今日中国》《学汉语》等 24 个栏目。经过 2002 年、2003 年两次改版后，CCTV-9 成为具有鲜明中国特色的对外新闻综合频道。频道采用新的节目编排形式，几乎所有栏目长度均为 30 分钟，以版块形式每天 4 次滚动播出，从而和西方国家收视习惯接轨。同时启用外国专家主持节目，取得了很好的效果。2010 年 4 月 26 日，央视英语国际频道改为英语新闻频道，呼号 CCTV-NEWS。2016 年 12 月 31 日，央视旗下的中国环球电视网（China Global Television Network，CGTN）正式成立，CCTV-NEWS 成为中国环球电视网的主流频道，并被重新命名为 CGTN。

2004 年 10 月 1 日，中央电视台西法语频道正式开播，以西法语播音，多语种对外宣传。2007 年 10 月 1 日，西法语频道拆分为西班牙语国际频道和法语国际频道。分频后的西语国际频道与法语国际频道 24 小时不间断播出。

从 1995 年国际频道的开创，到中、英、西、法文多个频道并举及实现全球覆盖，经历了一个艰苦创业的历程，使中国电视对外宣传，从整体上实现了从中国新闻航空寄送，转变为通过自己的国际频道卫星电视直接播出；从租台播出中央电视台节目转变为在国外建台播出；从免费寄送节目转变为建立节目销售网络；从单一语种节目转变为多语种节目；从面向海外华人转变为面向华人和面向外国观众并重。节目制作的精品意识不断增强，节目质量不断提高，制作出了一大批在国外产生重大影响的新闻、专题和文艺节目。在发展过程中，逐步形成了中央电视台国际频道向世界报道的风格，为中国走向世界和让世界了解中国，为配合我国政治、经济、外交活动，做出了重要贡献，为在世界上树立社会主义中国的良好形象发挥着对外宣传主渠道的作用。

第三节　广播电视法制建设的起步

广播电视系统的法制建设正式开始于 20 世纪 80 年代中期，由广播电影电视部具体承担并启动。此前，政府曾专门制定和颁布了一些管理广播工作的法规性文件，如 1955 年 9 月 12 日国务院颁布的《关于地方人民广播电台管理办法的规定》，对地方人民政府和中央广播局管理地方广播电台的职责范围做了明确分工；1963 年 3 月 25 日，国务院又发布《关于设置和使用无线电台的管理办法》，对国内无线电台的设置、使用、转移和停用以及检查和违章处理等问题作了规定。但由于众所周知的原因，直至改革开放前，与其他领域一样，法制建设一直是广播电视事业建设中的一个薄弱环节，对广播电视各项工作的管理，主要是依据各个时期的方针、政策，通过党政机关发布指示、命令等各种行政手段来进行，无法可依、无章可循的现象较为突出。

中共十一届三中全会在做出全党工作重点转移的重大战略决策的同时，强调了法制建设在有中国特色的社会主义现代化事业中的地位和作用。全会公报指出："为了保障人民民主，必须加强社会主义法制，使民主制度化、法律化，使这种制度和法律具有稳定性、连续性和极大的权威，做到有法可依、有法必依、执法必严、违法必究。"中共十五大会议更是明确提出了"健全社会主义法制，依法治国，建设社会主义法治国家”的目标。遵照中央的指示和精神，广播电视系统也开始建章立制，各项工作逐步走上了规范化和制度化轨道。

一、广播电视立法工作顺利开展

20 世纪 80 年代以来，在“四级办”政策的推动下，全国广播电视事业发展迅速。但在发展的过程中，许多新矛盾、新问题也层出不穷，如有的地方有线电视台因经营管理不善，致使播出的节目内容混乱；还有的卫星地面站任意播放其接收到的外国节目，在社会上造成不良影响；更有一些广播电视基础设施被人为破坏，严重时甚至威胁到正常的节目播出。类似事件发生后，司法机关在执法办案时却找不到相应的法律依据。由此，广播电视系统日渐认识到法制建设的重要性和紧迫性，立法工作被提上了重要议事日程。

作为国务院下属的广播影视主管部门，1986 年 1 月成立的广播电影电视部不仅担负着制定本部门规章的任务，还担负着《广播电视法》和广播电视行政法规的草拟任务。根据国务院部署，1986 年 1 月，广播电影电视部对“七五”期间本部门立法工作的指导思想、目标和具体项目进行了规划；同月成立了法规领导小组，在部政策研究室（后改为政策法规司）下设法规处，组织领导全系统的法制工作。同年 4 月，广电部下发了《广播电影电视部关于立法工作的若干规定（试行）》，进一步明确了上述各机构法制工作的职责、法规草拟和报批程序。随后部属各有关单位也成立了法规领导小组和法规、规章起草小组，各省、自治区、直辖市广播电视厅（局）有一位负责同志抓法制建设，另有专职或兼职的法制工作人员，从而为广播电视系统法制工作的开展提供了组织保证。

1986 年 5 月，广播电影电视部开始着手制定“七五”（1986—1990 年）期间的立法工作计划，在广泛征求意见的基础上，于 7 月拟出了计划初稿。8 月，在吉林省通化市召开广播影视法制工作座谈会，集中论证和修改初稿，同年 9 月上报国务院法制局，继而以“广发政字〔1986〕825 号文件”的形式下发到各广播影视机构。计划把广播影视系统的法规分为三个层次：全国人大颁布的法律，国务院颁布的行政法规和广播电影电视部颁布的规章。根据这一计划，“七五”期间，由广电部拟出草案，上报国务院审议，须经全国人大常委会制定公布的法律有《广播电视法》和《电影法》两件；由广电部拟出草案，须经国务院制定公布的行政法规有《广播电视设施保护条例》《有线电视管理暂行规定》《卫星地面接收设施接收外国卫星传送电视节目管理办法》，以及《电影片、电视片进出口条例》等16件；由广电部制定颁布的规章有《关于实行电视剧制作许可证制度的暂行规定》《广播电视广告管理规定》以及《电影审查办法》等25件。

《广播电视法》是同宪法相衔接、代表国家意志、实现党和政府对广播电视全面领导和管理的大法，是广播电视法规体系的核心。为保证这一法律规范的严肃性和科学性，自1986年开始，广播电影电视部就组织专人进行调研，次年拟出了《广播电视法》初稿，之后又多次召开会议，认真研讨和论证，在广泛听取意见的基础上反复修改。至1990年年底，已修改出第五稿，拟于1992年年初上报国务院。但此后由于广播电影电视部认为制定《广播电视法》的条件还不成熟，如与邮电等部门的工作关系还没有理顺、《新闻法》还没有出台等，因此，可以先从制定具体的行政法规入手。这样，《广播电视法》的出台便自然延期了。

进入20世纪90年代，随着有线电视、音像制品、卫星电视接收业务的进一步发展，以及电视剧摄制的部分社会化，广播电视部门面向社会的行业管理任务加重。为此，1990年10月，广播电影电视部党组决定，调整部法规领导小组，成立部行政复议委员会；1995年又成立了部知识产权办公室。与此同时，国务院、广播电影电视部还相继颁布和出台了一系列法规和文件。

在有线电视管理方面，有《有线电视管理暂行办法》（1990）、《有线电视管理规定》（1994）等。

音像制品管理方面有《音像资料管理规定》（1996）等。

卫星广播电视方面，有《卫星电视广播地面接收设施管理规定》（1993）、《卫星传输广播电视节目管理办法》（1997）等。

电视剧方面则有《中外合作制作电视剧（录像片）管理规定》（1995）、《电视剧制作许可证管理规定》（1995）等。

此外，在广播电视的行业技术标准管理、广告管理、保密管理以及综合管理等方面，也相继出台了一些法规性文件，如《广播电影电视技术标准管理暂行办法》（1993）、《广播电视赞助活动和赞助收入管理暂行规定》（1992）、《广播电台、电视台设立审批办法》（1996）、《广播电影电视行政处罚程序暂行规定》（1996）等。

1997年8月11日，由国务院发布的《广播电视管理条例》（以下简称《条例》）第一次以行政法规的形式，对我国的广播电视活动进行了全面规范。《条例》是在 1986 年起草的《广播电视法（草案）》的基础上重新修改、拟定的。《条例》根据我国国情，对新中国成立以来特别是中共十一届三中全会以来广播电视系统行之有效的管理经验进行了归纳和总结；以国务院行政法规的形式规定，广播电视必须坚持为人民服务、为社会主义服务的方向；肯定了广播电视宣传工作、事业建设和行业管理“三位一体”的具有中国特色的社会主义广播电视体制；对广播电台、电视台的建立，广播电视传输覆盖网的规划、组建、开发和管理，广播电视节目的制作、播放等具体问题，都作了较为详细的规定，是目前广播电视工作中覆盖面最宽、法律效力最高的行业性法规。

《条例》一方面根据广播电视的性质，明确规定广播电台、电视台只能由代表国家和政府的广播电视行政部门开办和管理，并对广播电台、电视台设立的资格条件、审批权限和程序分别进行了严格的规定。同时，为了防止一些单位不顾社会效益、乱播滥放，《条例》建立了制作、播放广播电视节目的审查制度，规定广播电视节目要由广播电台、电视台和经批准设立的广播电视节目制作经营单位制作；禁止制作、播放载有反动、淫秽、迷信或者法律、行政法规规定禁止的其他内容的广播电视节目；设立电视剧制作单位必须取得电视剧制作许可证；用于广播电台、电视台播放的境外广播电视节目包括影视剧必须经国务院广播电视行政部门或者其授权的机构审查批准；广播电台、电视台对其播放的广播电视节目要按照《条例》规定的节目标准进行播前审查，重播重审等。《条例》规定这些措施和制度，目的是保证广播电视节目的质量，增加国产优秀节目数量，更好地满足广大群众的精神文化需求，促进社会主义物质文明和精神文明建设。

《条例》还对政府在广播电视事业发展中的地位和作用作了明文规定。在《条例》总则第四条中指出：“县级以上人民政府应当将广播电视事业纳入国民经济和社会发展规划，并根据需要和财力逐步增加投入，提高广播电视覆盖率。国家支持农村广播电视事业的发展。国家扶持民族自治地方和边远贫困地区发展广播电视事业。”对于广播电台和电视台建设，《条例》第八条规定：“国务院广播电视行政部门负责制定全国广播电台、电视台的设立规划，确定广播电台、电视台的总量、布局和结构”，“中央的广播电台、电视台由国务院广播电视行政部门设立。地方设立广播电台、电视台的，由县、不设区的市以上地方人民政府广播电视行政部门提出申请，本级人民政府审查同意后，逐级上报，经国务院广播电视行政部门审查批准后，方可筹建。中央的教育电视台由国务院教育行政部门设立，报国务院广播电视行政部门审查批准。地方设立教育电视台的，由设区的市、自治州以上地方人民政府教育行政部门提出申请，征得同级广播电视行政部门同意并经本级人民政府审查同意后，逐级上报，经国务院教育行政部门同意后，逐级上报，经国务院教育行政部门审核，由国务院广播电视行政部门审查批准后，方可筹建。”①

《广播电视管理条例》的出台，是我国广播电视事业法制化进程中的一件大事，标志着我国政府对广播电视业的管理，已经由过去以人治为特征的经验式、行政化管理方式，向着以法制化、规章化为特征的现代科学管理方式的转变。

1998 年，适应改革开放形势的要求，广播电影电视部改为国家广播电影电视总局。6 月，国务院副总理李岚清到国家广电总局视察工作。在听取总局领导的工作汇报后，李岚清强调指出："广播影视要加强立法，目前的《广播电视管理条例》和《电影条例》力度不够，要变成法律。这样就可以依法管理。”此后国家广电总局的法制建设步伐进一步加快，仅 2000 年制定和颁布的规章就达 30 多件。

这期间，各省、自治区、直辖市也结合本地实际，由地方人民代表大会、政府或广播电视部门制定和颁布了一系列地方性的广播电视法规和规章。在出台法规和规章数量较多的吉林、山东、广东、湖北、河南、上海、甘肃、江苏等省和直辖市，有的地方性规章甚至填补了国家有关广播电视立法的空白。

立法工作不仅包括制定新的法律和规章，同时还包括对原有法规的整理、清理，这也是建立和完善广播电视法规体系的基础之一。1986 年以来，广播电影电视部法制机构在加快立法工作的同时，开始对新中国成立后至 1987 年以前颁布的广播电视法规规章和规范性文件进行整理，各省级广播电视厅（局）也进行了这项清理工作。经过系统地梳理和研究，除少数法规属于自行失效和废止外，大部分被认定继续有效。

二、广播电视执法和普法工作进展顺利

社会主义法制建设的基本原则是有法可依、有法必依、执法必严、违法必究。这四个方面，“有法可依”当然是第一位的，但当法规逐步健全、“有法可依”具备一定条件时，“执法必严”就成了法制工作的中心环节。

---

① 中国广播电视年鉴编辑委员会编：《中国广播电视年鉴（1998）》，北京广播学院出版社 1998 年版，第 148 页。

广播电影电视部的前身中央广播局及广播电视部，最初并不具备对社会行使行政管理的职能，而基本上属于一个系统内部的管理机构。在 1986 年 1 月改为广播电影电视部后，广播电影电视行政机关变为广播电影电视法规的执行机关，因此在一定程度上具有执法职能。在广播电影电视部政策法规司设立司法处后，许多省、自治区、直辖市广播电视厅（局）也建立了专门的执法机构和执法队伍。但对于长期习惯于遵照政策和文件办事的广播电视部门来说，却有一个熟悉和掌握基本的法律常识、强化执法意识的过程。经过几年的努力，各级广播电视行政管理机关及其工作人员依法行政的意识初步确立，依法办事的自觉性有了提高，广播电视行政执法工作取得了一定成果。如前文提到的广播电视设施屡遭破坏问题，自 1987 年 4 月《广播电视设施保护条例》颁布后，广播电视行政管理部门有了执法依据，可以放手大胆地强化对各种广播电视设施的管理工作；司法机关也可以依法对破坏、盗窃等违法犯罪活动进行惩治，使发案率明显减少。在广播电影电视部制定的关于电视剧制作许可证制度、音像制品管理、有线电视管理等方面的法规和规章实施以后，也都发挥了积极作用，制止和约束了某些违法行为。

各级广播电视部门还重视对广播电视法规执行情况的监督检查。监督检查的主要内容有：（一）检查法规是否得到正确贯彻实施，了解执行中存在的问题。对于没有正确贯彻实施的，要督促其贯彻实施。（二）对于法律、行政法规和规章本身不完善的，要通过立法工作予以完善。（三）如出现低层级的规范性文件与高层级规范性文件相抵触的情况，要通过法定程序对低层级文件予以撤销。对照上述几个方面，广播电影电视部在对 1986 年颁布的《关于实行电视剧许可证制度的暂行规定》《广播电影电视部立法工作若干规定（试行）》的执行情况进行检查时，发现在实施过程中出现了一些新问题，就对原规章加以修改，成了后来的《关于实行电视剧许可证制度的规定》《广播电影电视立法程序规定》。上海、山东、江苏、宁夏、河南等广播电视厅（局）也都每年组织几次系统内的检查，并依据有关地方性法规和规章对一些违法违章活动及时进行了处理。

法是带有强制性的行为规范。事实上，广播电视部门本身并不具有实施这种强制性手段的功能，而必须同公安、司法、工商、税务、海关等具有国家强制性力量的单位协调配合，实行联合执法，否则各项法规和规章将难以真正落实。从 1988 年起，上海音像管理机关针对原来存在的执法难、特别是处罚难问题，与当地的公安、工商部门建立了联合办公制度，实行三家联合审批、联合管理、联合查处。这种做法，大大简化了办案手续，方便了群众，避免了工作中容易出现的矛盾，堵塞了执法过程中的某些漏洞，同时也提高了执法工作的权威性，保证了执法的顺利进行，促进了上海音像事业的健康发展。

对广播电视系统来说，在不断加大执法力度的同时，积极采取各种方式，开展面向系统内外的普法教育和普法宣传，不仅有利于增强本系统工作人员的法律意识，而且也是党、政府和人民对它提出的基本要求。1985 年，全国人大常委会审议通过了《关于在公民中基本普及法律常识的决议》，中共中央、国务院也发出《关于向全体公民基本普及法律常识的五年规划》（即“一五”普法规划）。根据中央的指示和精神，广播电影电视部党组做出了《关于在职工中基本普及法律常识的决定》，并成立普法领导小组，对全系统的普法工作进行指导和管理。同时，制定普法计划，培训普法干部，并配备了相关的文字和音像教材。

在“一五”（1986—1990 年）普法阶段，广播电影电视部要求全体干部、职工，尤其是领导干部，要通过学习，基本掌握宪法、刑法、民法通则、经济合同法和治安管理处罚条例等法律知识，增强法制观念，提高守法和用法意识，以推动本部门的法制工作、特别是立法工作的顺利开展。在两年多时间里，广播电影电视部有 84%的人员通过了普法学习的考核，达到了规定要求，基本完成了普法任务。各地广播电视部门的“一五”普法教育活动也进展顺利，职工考核的合格率达 95%以上。其中，广东省广播电视厅曾被中宣部、司法部和广东省委、省政府分别评为全国和省级普法先进集体，四川省广播电视厅则被省委、省政府评为全省普法学习先进单位。

为了巩固“一五”普法成果，促进社会主义法制建设，1990 年年底和 1991 年年初，中共中央、国务院和全国人大常委会决定，从 1991 年起到 1995 年，在全国开展第二个五年普法教育活动。为此，广播电影电视部制定了《关于在广播电影电视系统开展法制宣传教育的第二个五年规划（1991—1995）》，下发到各省、自治区、直辖市、计划单列市广播电视厅（局）和部属单位。文件下发后，围绕广播电视各阶段的中心工作，各级广播电视部门普遍开展了以宪法为核心、以专业法为重点、以社会主义市场经济法律为补充的普法学习活动。其中需要学习的专业法规有《广播电视设施保护条例》《卫星电视广播地面接收设施管理规定》《有线电视管理暂行办法》《关于实行电视剧制作许可证制度的规定》等 47

个，相关法规有《保守国家秘密法》《著作权法》《行政复议条例》《广告管理条例》《经济合同法》等20个。1995年，广电部又专门成立普法领导小组，对全系统普法工作进行领导和管理，同时还开展了普法考核的验收工作，评选出110个普法先进单位，106个普法先进个人。此后各有关部门积极运用多种手段，加强对系统内外的法制教育宣传，都取得了一定成效。

截至2007年，我国广播电视事业的法制建设已取得很大成就，广播电视的法制环境已基本建立，不同层级、不同范畴的法律和规章共同构筑起了一个相对完善的广播电视事业法规体系。但相对于其他行业而言，层次高、法律效力等级高的广播电视专门法依旧没有出台，1998年，第九届全国人大一次会议第三次全体会议通过的国务院机构改革方案，使得《广播电视管理条例》的相关规定又面临着修改或重新修订的任务；对广播电视法规的监督和检查工作也还没有完全制度化，有法不依、有章不循、执法不严、违法不究的现象在一定程度上依旧存在。这也即意味着，在依法治国，建设社会主义法治国家的道路上，广播电视系统的法制建设和法治工作还亟待进一步加强。

第四节　广播电视教育和研究的发展

改革开放以来，我国的广播电视教育蓬勃发展，初步构建起多学科、多层次、多规格的教育网络，培养了大批的专业人才。广播电视专业社团也陆续出现。广播电视教育的蓬勃发展和广播电视学术社团的兴起，又促进了广播电视研究工作的深入开展。

一、广播电视教育蓬勃开展

1977年10月21日，新华社正式对外公布：中国政府恢复中断了11年的高考制度，我国的高等教育事业自此踏上正途。

在广播电视系统，1980年召开的第十次全国广播工作会议提出，要进一步办好北京广播学院；1983年召开的第十一次全国广播电视工作会议强调，首先要重点办好北京广播学院，并筹办第二所高等广播电视院校；其次要普遍开办广播电视中等专业学校；第三要争取有更多的大专院校增设与广播电视业务对口的专业。在国家教育和广播电视主管领导部门的重视下，广播电视教育事业迅速发展起来。

首先，作为广播电视教育事业主干高校的北京广播学院，办学规模日渐增多，师资队伍稳步壮大，办学结构和办学层次日趋合理。

北京广播学院的本科建设始于1959年，1979年开始招收硕士研究生，1981年成为首批硕士学位授予单位，后陆续增设了一批硕士点。1992年，经过调整论证，北京广播学院先行确定了9个院级重点学科，后经广电部批准，又确认其中新闻学、语言学（播音）、电磁场与微波技术和通信与电子系统4个学科为部级重点学科。1997年7月，经广电部聘请的专家组审定，又将新闻学、广播电视艺术学、语言学及应用语言学、通信与信息系统和电磁场与微波技术等5个学科列为重点学科，给予重点资助，以强化学科建设工作。

在上述基础上，1998年，北京广播学院又增设了广播电视艺术学、传播学、信号与信息处理和管理科学与工程4个硕士学位授予专业，总计达到11个硕士点。同年，经国务院学位委员会第16次会议批准，北京广播学院成为新增博士授予单位，新闻学和广播电视艺术学两个专业获得博士学位授予权，实现了广播电视系统博士点零的突破，使研究生的教育提到了新的层次。第二年，广播学院开始招收博士生。

其次，为适应广播电视发展对专业人才的需求，各地普遍开办了多层次的广播电视正规培训。从1984年起，北京广播学院开始承担广播电视高等函授教育的任务。1986年9月，广电部在浙江杭州开办浙江广播电视专科学校（1994年更名为浙江广播电视高等专科学校），即计划中的第二所广播电视高等院校，主要开设新闻学（原名新闻编采）和广播电视工程两个专业，培养大专学历的在职干部，学员以广播电视系统在职人员为主，兼及其他系统有关人员，为地市级广播电视部门培养新闻和艺术人才。同年在北京广播学院建立了广播电影电视部培训中心，担负短期培训国内外广播影视人才的任务。此外，广电部又于80年代中期办起华北广播电视学校（太原，1991年8月，以该校为基础，建立了广电部管理干部学院）和郑州广播电视学校两所中等专业学校，主要培养影视动画、录音艺术、摄像和广播电视技术人才，学制为2年到3年。1990年，广电部干部司原教育处升格为教育司，下设综合、院校和培训三处，主要职责为管理部属大中专院校，指导本行业的院校工作，负责组织全行业的人才的需求预测，参与制定行业的中、长期教育事业发展规划，负责干部出国进修和培训工作，以及大、中专毕业生的分配工作等。此外，还有17个省的广电厅（局）办有广播电视中专学校。

第三，从20世纪80年代中期起，综合大学的新闻院系陆续开设广播电视新闻专业，广播电视人才的培养已不再局限于广播电视系统之内。1985年起，中国人民大学、复旦大学、武汉大学、厦门大学等著名综合大学的新闻学院（系）先后开设广播电视新闻专业。90年代初期，南京大学、四川大学、杭州大学等新闻系的新闻学专业又先后开设广播电视专业方向。一些综合大学的中文系和电影戏剧专门院校依靠自身师资力量，开设了播音主持艺术、影视文化、广播电视编导等专业（或专业方向）。此外，一些著名工科院校的传统的无线电专业也都面向广播电视人才市场，培养相关的专业人才。上述现象的出现，使得广播电视部门的专业人才来源日益趋向多渠道，从而促进了广播电视从业人员素质的提高。

20世纪90年代以来，国家和广播电影电视部采取多种措施，加大了对广播电视教育特别是广播电视高等教育的投入。

1994年9月，广电部作出决定，从1994年7月1日起建立广电部教育基金。基金来源是从部属单位的广告总收入中按1%的比例提取，专项用于教育。根据广电部党组的决定，成立了教育司、计财司、中央电视台、中央电台负责人为成员的教育基金管理委员会，制定了《教育基金管理管理办法》和基金项目申请实施程序。1996年1月，广电部决定，教育基金改称教育专项补助金，从广告总收入中提取的比例增加到1.4%，同时修改了申报程序。在教育专项补助金的帮助下，北京广播学院、浙江广播电视高等专科学校和广电部（广电总局）管理干部学院等三所高等院校分别建立了一批独具特色的实验室，其中北京广播学院的信号与信息处理，广播电视传输与技术达到了部级实验室的水平，图书馆自动化管理系统经过专家组评审达到A级一等水平。

1996年，广电部对部属高校的科研采取了三项特别措施：一是开展部级科研项目立项评审；二是设立部级优秀科研成果奖；三是对确定为部级以上的科研项目，从教育专项补助金中给予经费资助。上述举措，大大调动了高校教师开展科研的积极性。

广电部还于1996年7月、1999年4月，先后两次向教育部递交了关于将北京广播学院建设为“211工程”院校的申请。所谓“211工程”，即面向21世纪，重点建设100所左右的高等学校（当时全国有普通高校1100多所）和一批重点学科的总称，是教育部于1993年7月设置的重点建设项目。围绕实施“211工程”这一主题，广播学院在深化教育改革、改善办学条件、提高教育质量和科研水平等方面做了一系列切实有效的工作。1998年12月，广电总局对前述1997年7月确定的广播学院的五个重点学科批准立项重点建设，并决定从1999年起，每年给予1000万元的专项资助。1999年6月，广电总局组织专家组对广播学院重点建设的三个文科研究基地和两个工科实验室进行评审验收，并正式批复“新闻学与传播学研究基地”“广播电视艺术学研究基地”“语言学及应用语言学研究基地”和“信号与信号处理实验室”“广播电视传输技术实验室”为部级研究基地和实验室。2000年9月，教育部批准广播学院的广播电视研究中心为国家级人文社科重点研究基地，这是全国高校中唯一的以研究广播电视为己任的基地，也是全国高校中三个新闻传播学研究基地之一。此外，广播学院还拥有由国家语委和原广电部共建的国家普通话水平测试中心。同年，广播学院又增列新闻传播学一级学科博士授权点和传播学、语言学及应用语言学、通信与信息系统和电影学4个博士点，增列了2个硕士点，使全院拥有1个一级学科博士学位授权点、6个博士点、13个硕士点，覆盖了广播电视高等教育的主要学科领域，广播电视研究型高层次人才培养体系趋于完善。重点学科建设带动了广播学院的全面发展，综合条件明显改善，办学实力进一步增强。

2000年，广播学院顺利地完成了“211工程”的“九五”期间建设项目，跻身于全国高校百强之列。全院在校生达到5500多人，比1995年增加一倍多，函授夜大在读生近7000人，比1995年增加将近一倍，教育学仪器设备投资达到1.5亿元，是1995年的7.5倍。

在广播学院蓬勃发展的同时，浙江广播电视高等专科专科学校，广电部（广电总局）管理干部学院以及全国的广播电视中等教育也都有了新的发展。改革开放20多年来，20所学校共培养中专毕业生2.9万多人，培训在职干部4万多人。

2000年2月，根据国务院《关于进一步调整国务院部门（单位）所属学校管理体制和布局结构的决定》和国务院办公厅转发《教育部等部门关于调整国务院部门（单位）所属学校管理体制和布局结构实施意见的通知》的精神，将北京广播学院划转教育部管理，浙江广播电视高等专科学校划转浙江省管理，后改为浙江传媒学院，国家广电总局管理干部学院划转山西省管理。2004年8月，北京广播学院更名为中国传媒大学。经过几十年的发展，中国传媒大学已形成以新闻传播、广播影视艺术、信息科学与技术为龙头，文学、工学、管理学、法学、经济学、理学等多学科协调发展，相互交叉渗透的学科体系，被誉为“中国广播电视人才摇篮”。

至此，一个多学科、多层次、多规格的广播电视教育网络已基本形成。

二、广播电视社团的建立和发展

为适应改革开放发展的需要，20 世纪 80 年代以来，我国涉及广播电视方面的社会团体从无到有，形成了相当的规模。其中社会影响较大，开展活动频繁的有中国广播电视学（协）会、中国广播影视报刊协会、中国电视艺术家协会、中国电影电视技术协会、中华广播影视交流协会和中国教育电视协会等。

中国广播电视学会（以下简称“中广学会”）于 1986 年 10 月在北京成立。中广学会成立后，以开展广播电视学术研究、建设发展中国广播电视学为己任，积极为广播电视事业的改革开放服务，为建设有中国特色的广播电视事业服务。首任会长吴冷西，历任会长为艾知生、孙家正、田聪明和徐光春等。中广学会有 30 多个专业研究委员会，中央三台、北京广播学院和各省、自治区、直辖市广播电视厅（局）均为中广学会的单位会员。1994 年，中广学会进一步健全了组织机构，明确了工作要点，更多地承担起广电部委托的适合于学术团体承担的各项任务，从理论研究、学术交流、节目评奖、人才培训等多方面开展工作，取得了显著的成果，组织撰写了《中国广播电视学》等著作，创办了《中国广播电视学刊》；从着重抓现实问题研究入手，开展了大型的政策研究、决策研究、改革典型研究如“不发达地区农村广播电视调查”“沿海开放地区广播电视事业发展战略研究”和“珠江经济台”典型研讨等活动；主持和参与全国性广播电视节目评奖活动，如中国广播电视新闻奖、中国广播剧奖、中国广播文艺奖和中国播音与主持作品奖等。2004 年 12 月，中国广播电视学会更名为中国广播电视协会。

中国广播影视报刊协会成立于 1991 年 12 月，是经新闻出版署和民政部批准成立的全国性社会团体，接受广播电影电视部的指导。该协会设有 4 个专业委员会，自 1992 年起组织全国性广播影视报刊优秀稿件评选活动。

中国电视艺术家协会成立于 1985 年，是中国文学艺术界联合会团体会员之一。中国电视艺术家协会的主要任务是：对会员开展联络、协调、服务工作；组织会员学习政治理论、深入生活、艺术创作和学术研讨等方面活动；通过信息咨询、业务交流、人才培训推优评选及各专业委员会的活动，加强与会员的业务联系；举办“中国金鹰电视艺术节”和“中国电视金鹰奖”“中国百佳电视艺术工作者”评选和颁奖等活动；促进并加强与香港特别行政区、澳门特别行政区和台湾地区及海外侨胞中电视艺术团体和人士的联系与往来；致力于促进国际电视艺术交流，扩大友好往来；依法维护会员的合法权益，发展和繁荣中国的电视艺术事业。

中国广播剧研究会成立于1980年，是全国广播系统成立较早的社团之一。从1982年开始，组织创办了全国广播剧评奖活动，之后每年定期开展评奖、业务研讨、人员培训以及节目交易等活动，并出版专刊，建立了专门的网站，对中国广播剧事业的繁荣和发展起到了推动作用。

三、广播电视研究成果丰硕

改革开放以来，广播电视研究已由过去的分散、个体为主逐步走向有组织、有计划的课题性研究为主；广播电视学术论著的评奖活动已走向制度化、规范化。广播电视研究的丰硕成果，已初步构建起有中国特色的广播电视学框架。

1992年3月，广电部政策法规司和中国广播电视学会在江苏省常州市召开了全国广播电视研究工作会议。召开全国性的专门会议全面讨论广播电视研究工作，这在我国广播电视史上尚属首次。会议的《纪要》强调了“加强广播电视研究工作迫切性”，要求：“必须坚持以马列主义、毛泽东思想为指导，以建立有中国特色的社会主义广播电视理论，发展有中国特色的社会主义广播电视事业为目标”，“应用理论与基础理论、决策研究与业务研究、现状研究与历史研究，要统筹安排、协调发展。在研究任务的落实上，要适当分工。”①

在广播电视研究队伍建设方面，已基本上形成了由几个方面人员组成的研究队伍，其中有以中国传媒大学为代表，包括一批综合大学新闻院系中从事广播电视教学研究的人员（含在读的博士生、硕士生）；有以国家广电总局、中央三台和其他直属单位的有关研究部门为代表的、包括一批省级广电局、台的专兼职研究人员；有以中国广播电视协会及所属专业研究委员会为代表的有关广播电视学

① 刘习良主编：《改革开放中的广播电视（1984—1999）》，中国国际广播出版社2001年版，第240~241页。

术团体的专兼职研究人员；还有正在广播电视第一线从事编、采、播、录、导等工作，积累了丰富实践经验，并有研究能力的人员。此外，在全国社会科学研究系统也有不少研究人员致力于广播电视的研究。

从 1983 年起，我国建立了国家社会科学基金制度。但由于多种因素，在国家社会科学基金项目中，广播电视方面的研究项目多年来一直未能列入。“七五”初期，开始有新闻学方面的课题列入基金项目。“七五”末期，第一个广播电视方面的研究项目——《中国广播电视通史》列入基金项目。1992 年起，国家社科基金项目专门组建了新闻学学科规划评审组，负责草拟新闻学方面的课题指南，评审包括新闻学、传播学、广告学、广播电视学、编辑出版学等方面的申请项目等工作。20 世纪 90 年代起，教育部、广电部（国家广电总局）和北京市的人文社会科学研究基金中都有一批广播电视方面的研究课题获准立项。2000 年 9 月，北京广播学院广播电视研究中心被教育部批准为国家级人文社科重点研究基地，每年可以申报两项广播电视方面的重点科研项目。上述广播电视方面多种科研立项，对于促进广播电视学科建设和提高广播电视研究水平起了积极的作用。

在广播电视基础理论研究方面，阎玉主编的《中国广播电视学》、杨伟光主编的《中国电视论纲》以及张振华主编的《中国广播电视新论》的问世，标志着有中国特色的社会主义广播电视理论体系已初步形成。

在广播电视应用理论研究方面，北京广播学院电视系主编的《中国应用电视学》、张颂主编的《中国播音学》、杨伟光主编的《电视新闻分类与界定》和《中国电视专题节目界定》、张君昌的《应用电视新闻学》、陆锡初等《节目主持艺术通论》和曹璐等《卫星电视传播》等相继出版。

在广播电视与其他学科结合研究取得的成果有：周鸿铎《广播电视经济学》、武子芳等《中国广播电视管理学概论》、宋友权《中国广播受众学》、陆地《中国电视产业发展研究》、张凤铸主编《中国电视文艺学》、胡正荣《媒介管理研究——广播电视管理创新体系》和朱月昌《广播电视广告学》等。

在广播电视史志研究方面，艾知生、刘习良主编的《改革开放辉煌成就十四年·广播电影电视卷》，介绍了 1979—1992 年间中国广播影视事业改革开放的成就和基本经验。艾知生著《广播影视工作谈》收入了他担任广电部部长期间的讲话和文章。中央电视台两度出版了本台台史《中央电视台简史》和《中央电视台发展史》，中央电台也修订再出版了《中央人民广播电台简史》。在此期间出版的广播电视史著作还有吴少琦主编的《东北人民广播史（1945.9—1949.9）》、郭镇之《中国电视史》、陈飞宝等《台湾电视发展史》、钟艺兵主编《中国电视艺术发展史》、吴素玲《中国电视剧发展史纲》、张振东等主编《香港广播电视发展史》和赵玉明主编的《中国广播电视通史》、刘习良主编的《中国电视史》等。80年代开始编纂的地方广播电视志，在20世纪90年代陆续问世的有吉林、陕西、山东、新疆、云南、青海、黑龙江、四川、湖南、安徽、辽宁、山西、广东、江西、贵州、上海、广西和江苏等20多个省、自治区的广播电视志。大批地方广电志的出版，既追述了本地区广播电视发展的历程，又总结了广播电视事业建设和广播电视宣传的经验，对促进广播电视研究的深入开展提供了丰富的第一手资料。此外，中央三台和部分地方台为庆祝本台台庆，相继出版了一批丛书和画册，其中有中央电视台的《电视丛书》《跨世纪电视丛书》、中国国际广播电台的《国际广播丛书》，中央电台的《中央人民广播电台60年》丛书等，这批丛书是综合性研究的成果，既包括基础和应用理论方面的成果，也包括历史经验和改革开放以来实践经验的总结。

这一时期，在广播电视工具书方面，相继问世的有《中外广播电视百科全书》《广播电视辞典》和《中国广播电视人物辞典》等，与此同时还翻译介绍了一批外国的广播电视理论和实务性的著作如《欧美高级广播电视教程》等。

20世纪90年代以来，结合广播电视改革开放创造的新鲜经验和社会主义市场经济条件下广播电视理论方面亟待探索解决的某些重大问题，还举办了许多次全国性的研讨会，对广播电视基础理论、应用理论、发展战略的研究、广播电视的管理决策以及广播电视史志的编纂工作等方面的问题展开了广泛的研讨，取得了不少突破性的进展。

20世纪80年代末到90年代，广播电视科学研究取得的多方面成果，已引起了和国家有关部门和社科学术界的注意。广播电视学作为一门新兴学科的地位已逐步得到社会上的认同。1992年11月，国家技术监督局颁布的国家标准《学科分类与代码》中把“广播与电视”列为“新闻学与传播学”学科范围内的二级学科。在“广播与电视”学科内列入了“广播电视史”“广播电视理论”“广播电视业务（包括广播电视采访、写作、编辑等）”“广播电视播音”和“广播电视其他学科”等三级学科。1997年3月出版的全国哲学社会科学规划办公室主编的《哲学社会科学各学科研究状况与发展趋势》其中《新闻学》章节中论及广播电视研究时称：“90年代以来，广播电视已成为一个独立的学科，研究进展迅速，但由于起步较晚，理论方面还比较薄弱。”2000年1月出版的李铁映主编的《中国人文社会科学前沿》认为，广播电视理论研究也开始进入发展时期，有中国特色的社会主义广播电视理论体系已逐渐形成。与此同时，国家教育主管部门在本科生、研究生的学科、专业目录中已列入了广播电视新闻学、广播电视艺术学等学科、专业。有关学者在回顾20世纪中国新闻学与传播学的建立和发展的专著中，已将广播电视学列为独立学科专门加以论述。

广播电视要为受众服务，而通过受众调查，及时调整节目，正是更好地为听众观众服务的重要手段。我国广播电视的受众调查，主要出于两个目的：一是不断提高节目质量，更好地满足广大受众的精神文化需求；二是通过调查，调整栏目设置，获得更好的经济效益。我国受众调查在刚开始的时候只有第一个目的，而随着社会的发展，第二个目的则从无到有，逐渐加强。

受众调查包括各种形式，如座谈会、来信来电、各种抽样调查等，以了解广播电视节目是否为广大听众观众接受，栏目配置、时间安排是否合理，是否达到最佳的传播效果等。收视收听率是指特定时段收看（收听）某一频道（频率）或某一节目的人数在总体推及人口中的比率。其中总体推及人口是指在调查区域内所有符合条件的个体，例如具体到收视率，总体推及人口一般是指在调查区域内，家中拥有电视机的，4岁以上的所有人，家中没有电视机以及没有收看能力的人（如0—4岁的婴幼儿）均不计算在内。

1986年，中央电视台开始了通过统计方法进行的受众调查，主要方式有收视率统计和受众抽样调查。这次调查是中国首次大范围、大规模、科学的受众调查。1987年，中央电视台会同各省市电视台一起，进行了我国第一次城乡电视观众调查，以后全国性的电视观众调查每隔五年进行一次。

与收视率调查相比，收听率调查在中国起步更晚。从20世纪90年代中期开始才陆续有部分广播电台开始进行听众调查。这些调查大多采用随机抽样、问卷调查等方法，并不是严格意义上的科学的收听率调查。直到90年代中后期，央视—索福瑞、AC尼尔森等专业调查公司成立后，中国广播电视真正科学意义上的受众调查才蓬勃发展起来，促进了广播电视节目质量的提高和广播电视媒体的良性发展。目前，广播电视节目栏目改革的一个主要依据，就是受众调查。

第五节　步入广播电视大国行列

改革开放以来，广播电视事业一直是我国发展最迅速的行业之一。1995 年 12 月 5 日，新华社就对外宣布："我国广播电视受众人口和电视机、收录机、收音机拥有量均居世界前列。"全国已形成了比较完整的广播电视节目传送网和覆盖网。而到 2007 年，全国的广播电台从 1978 年的 93 座增加到 263 座，电视台则由那时的 32 座增加到 287 座，另有广播电视台 1993 座，教育台 44 座，有线电视用户 15118 万户，有线数字电视用户 2616 万户，广播综合人口覆盖率为 95.4%，电视综合人口覆盖率则为 96.6%①，电视机社会拥有量达 4 亿台，电视事业多项指标名列世界第一，成为具有广泛影响的电视大国。②

中华人民共和国的广播电视事业是在技术落后、工业不发达的基础上起步的，很多设备和器材最初都只能依靠进口。但随着国家经济的好转，尤其是 20 世纪 80 年代以来各项改革措施的顺利推行，在广播电视科技工业领域，一方面，我国开始广泛学习和引进国外先进技术成果，重视和加强对本民族科技人才的培养；另一方面也积极鼓励和扶植国内创新性的科技开发与工业建设，使得广播电视的传播环境社会普及得到了长足发展。

首先是在广播电视节目及其他音像制品的制作手段方面，20 世纪 70 年代末期，随着社会政治和经济环境的改善，各广播电视机构开始有计划地引进一些国内急需的先进设备，从而迅速改变了以往设备陈旧、技术落后的状况，拉近了与世界发达国家的差距。

为提高电视新闻时效，简化和加快电视新闻的采集制作过程，自 1978 年 12 月开始，中央电视台《新闻联播》节目开始使用引进的 ENG 电子采访设备，采制声像合一的新闻，从而改写了以往单靠摄影机拍摄电视新闻的历史。ENG（Electric News Gathering 的缩写）电子新闻采访设备是当时国外的最新科技。各地方台也紧随中央电视台之后而陆续使用了这一设备，有些较晚成立的电视台甚至

① 中华人民共和国国家统计局：《2007 年国民经济和社会发展统计公报》，http：//www.stats.gov.cn/tjgb/ndtjgb/qgndtjgb/t20080228_ 402464933.htm。

② 朱虹：《中国电视在转折中——纪念中国电视诞生 50 周年》，载《中国广播电视学刊》2008 年第 9 期。

没有经过摄影机拍片时代，就直接进入了电子新闻采集时代。1996年，中央电视台又开始运用数字卫星新闻采集（DSNG），之后几乎每一项重大节目的转播都应用了该设备。数字卫星新闻采集手段的运用，不仅扩大了电视新闻报道和现场直播的空间，提高了电视视频和音频的传播质量，而且可以实现多路节目传输，保证制作系统的稳定性和抗干扰性。同年，中央电视台《新闻联播》记者开始配备笔记本电脑。利用这一技术手段，记者们在世界各地都可以通过普通电话线路与台内进行网络连接。1997年12月，中央电视台又与全国的各省级电视台初步微机报道网络，有近200台电脑联网，用微机阅稿的方式取代了传统的电话宣传例会，双方可以通过微机互相交流信息，使新闻传递的速度和数量成倍增加。由新闻制作手段进步所带来的巨大变化，不仅提升了广播电视的知名度，也促进了其他节目栏目的技术改良，现场直播、电话采访、电脑合成等新兴手段的综合运用，使广播电视节目栏目的创意空间不断拓展，内容形式日趋多样，从而极大地丰富了广播电视的声屏与荧屏。

其次是在卫星广播、有线电视、数字传输等传播手段方面，20世纪70年代以来，高科技占领传播领域成为世界潮流，有线电视、电视直播卫星、高清晰度电视、多声道立体声伴音电视、各种音像纪录器材以及图文电视等纷纷从实验室步入社会生活。中国在高新技术领域不甘落后，奋起直追，利用自己培养的科技人才，不断研发新技术。这些技术、手段的中国生产、中国制造，不仅为事业的进一步发展节约了成本，也提高了质量和效率。

有线广播电视兴起于20世纪70年代末80年代开始在我国得到蓬勃发展。至1997年年底，我国已建成县以上有线电视系统2000多个，专用光缆干线10万公里，电缆干线40多万公里，入户终端6000多万户，到2000年有线电视用户已发展到8000多万户。以有线广播、调频广播、微波站和卫星地面接收站等多种手段组成的广播电视覆盖网以及共缆传输、共同入户的有线广播电视网，扩大了广播电视的覆盖网络，也使广播电视的频道资源日渐增多，从而相应地使媒介的信息含量不断增加。

作为20世纪70年代发展起来的现代化技术，卫星传送无疑是科学技术对广播电视传播的又一巨大贡献。它不仅从传播手段上更好地保证了广播电视的报道时效，使重大新闻事件可以做到世界范围的同步报道，而且节目信号稳定，传输质量好，是一种投资少、见效快、收益高的现代传播手段。80年代以前，我国的广播电视节目传送主要是通过微波线路进行的，在传送质量和建设成本方面，微波线路都明显落后于卫星传播，自身存在着很多不尽如人意的问题。因此，1983 年，第十一次全国广播电视工作会议确定，今后将主要“采用广播卫星覆盖”。

1984 年 4 月，我国发射的第一颗试验通信卫星上天，成功地进行了多路广播电视节目的传输试验，开创了我国广播电视节目传送的新纪元。1985 年 1 月，我国为传送电视节目租用的国际卫星转发器开始启用；10 月，中央电视台开始利用国际通信卫星 5 号 C 波段向全国传送电视节目。1986 年，中央电台和中央电视台每天分别通过卫星向全国传送多套广播节目和两套电视节目。1988 年，我国自行研制的两颗东二甲实用通讯广播卫星先后发射成功，大大拓展了广播电视传送的范围，改善了节目的传送质量。1990 年，通过卫星向世界各地传送的北京第 11 届亚运会实况，反应良好。1994 年，又购买一颗美国卫星，用于广播电视节目的传送。也正是借助于卫星传播，1991 年 9 月 1 日《新闻联播》走向世界，1996 年 4 月就已覆盖全球。从 1997 年 1 月开始，河南、广东、内蒙古、辽宁、江西、福建等 10 省、自治区采用数字压缩技术，通过亚洲 2 号卫星传送节目。至 1999 年 7 月，全国所有省、自治区、直辖市的第一套电视节目都已通过亚洲 2 号卫星传送，并大多采用了数字压缩技术。

卫星广播电视的应用，使我国广播电视事业进入一个高速发展的时期，它不仅大大提高了广播电视节目的覆盖，给观众以更多的选择，也迅速改变了国内广播电视业传统的按地域划分的竞争格局，对于促进中央和地方广播电视事业的改革和发展发挥了巨大作用。利用卫星传送，浙江电视台一改从前国际新闻需要重播中央电视台节目的局面，而独立使用 CNN 的国际新闻，从而为全国电视新闻改革带来了一股清新的风气。山东电视台在节目上星后，首家推出 24 小时的节目播出方式，带动了全国电视的总体改革。湖南电视台开办的综艺节目《快乐大本营》和兼具情感诉求与婚介服务双重功能的《玫瑰之约》节目，在上星播出后，受到国内观众的广泛关注，甚至一度在全国电视界掀起了“湖南卫视热”和“电视红娘”节目热。1999 年 7 月，所有省、自治区和直辖市电视台的第一套节目都已通过卫星转发全国各地。

在广播方面，1983 年以来，调频广播得到发展，全国增加了 96 座调频广播电台。不少省、自治区采用调频双节目广播技术，利用原有的一部调频发射机同时播出两套节目。之后，新研制的调频立体声广播附加讯道投入使用。短波广播的增多，微波线路的传送，大大提高了广播频道的使用效率，收听率也有了提高。

近年来，数字技术、互联网络迅速崛起，与传统的广播电视传输手段形成既分化又融合的格局，数字化、网络化和信息化技术正迅速进入实用阶段，进一步推动了中国广播电视事业的发展。

1996年，我国开始启动数字音频广播。中央电台、中国国际广播电台等电台率先步入使用数字化音频制作、播出设备的行列。数字技术进入节目制作和播出环节不久，广播节目的传送系统也开始向数字化发展。到20世纪90年代后期，广播节目信号已实现通过数字光缆、数字微波、卫星传送节目。为了推进我国数字广播数字电视的进程，国家广电总局专门制定了中国广播电视数字化“三步走”的战略步骤。2003年5月，国家广电总局发布了《我国有线电视向数字化过渡时间表》，按照东部、中部、西部三个领域，分2005年、2008年、2010年、2015年四个阶段全面实现有线电视数字化。

中央电视台作为国家电视台，在数字化方面一直引领行业的潮流。至2007年，中央电视台已全面实现电视节目采集、制作、播出的数字化，在国内率先试播数字付费电视、交互电视、高清晰度电视，新闻共享系统建成并投入使用。相继开播了包括风云足球、第一剧场、风云剧场、世界地理、风云音乐、怀旧经典、高尔夫·网球、老故事、CCTV-娱乐、CCTV-戏曲、央视精品、国防军事和女性时尚等30多个数字电视付费频道。中国国际广播电台也从1999年10月开始制作并向全国传送国际新闻电视节目。其数字付费频道《环球奇观》于2006年5月8日正式开播。《环球奇观》以其独特的视角向受众24小时滚动播出各类国际资讯、扫描全球奇人奇事。

我国的广播电视网络传播于20世纪90年代后半期悄然兴起。在中央三台中，中央电视台“国际因特网站”建立于1996年，是国内最早成立的提供中文信息服务的著名网站之一。1999年2月，江泽民在全国对外宣传工作会议上提出，我们必须加强信息传播手段的更新和改造，积极掌握和运用现代传播手段。国家领导人这一意见的提出，大大加快了我国广播电视的上网速度。3月，中央电台网站开通。不久，北京、广东、江苏、山东、湖南等省（市）广播电台、电视台也先后开通了自己的网站。从此，我国广播电视媒体的网上广播从只是利用网络的初级功能发展到开始利用其交互功能。

2000年12月20日，中央电视台网站正式命名为“央视国际”网站（www.cctv.com）。2003年，有110多个栏目全新上网，栏目上网率超过55%，同时实现了新闻频道和第四、第九频道 24 小时网上同步视频直播。目前，CCTV-1、CCTV-4、CCTV-9、CCTV-10、CCTV-新闻频道等 12 套节目网上同步视频直播；其中 CCTV-新闻、CCTV-4、CCTV-9 实现网上全球直播，覆盖美、英、法、德等 150 多个国家和地区；CCTV. com 拥有新闻采访、报道和评论的权利，已是 CCTV 多媒体传播不可分割的一部分，并成为重大新闻和事件网络报道的国家主力军。

2000 年 9 月，中央电台网站注册了“中国广播网”“中央新闻网”和“中广在线”三个站点名称。2002 年，更名为“中国广播网”；2003 年出口达 100 兆，实现了 8 套 175 小时节目网上同步直播。点播节目达 100 多个，存储时间为半年，日点击量达 600 万人次，是国内音频广播第一网。2007 年，中国广播网启用新的域名 www. cur. com。

中国国际广播电台网站于 1998 年 12 月 26 日起正式开通，实现了汉语普通话、广州话、英语、德语和西班牙语 5 种广播节目文字和声音的在线阅读和收听。2000 年 3 月，该网站被确定为国家五大重点新闻网络之一，同年 6 月，“国际在线”新版网站正式推出。2005 年 7 月 13 日，“国际在线”正式开播了多语种网络电台 Inet Radio（www. inetradio. cn），使用汉语普通话、英语、德语和日语播出。节目内容由资讯、谈话、音乐和外语教学四大类节目组成。2006 年 7 月 13 日，“国际在线”推出了汉语、英语、日语和朝鲜语国内首家多语种播音。2007 年 9 月 14 日，由 9 种语言组成的 11 个境外网络电台（CRI WebCast）正式开播，标志着以“本土化”为目标的新型多语种境外网络电台全面启动。截至 2007 年年底，“国际在线”已发展成为 53 种语言的世界语种最多的网站，访问者来自世界 160 多个国家和地区，网上节目时长达到每天 221. 5 小时，日均收听人次 70 万。据不完全统计，世界范围内链接“国际在线”各语种网站首页的网站数量已经达到近 1. 5 万个。

除中央三台外，国家广电总局信息网络中心节目信息部还于 1997 年 12 月开办了“国家广播电影电视总局网站”，并在其中设立了“中国广播影视概况”“中国影视节目信息网”“中国有线电视”等栏目。2000 年 2 月 1 日，在上述栏目的基础上正式推出“广电在线”网站。这是一个以影视节目信息服务、有线电视资讯服务、影视娱乐、演职员信息服务为主的、兼顾专业与大众的信息服务网站。

在地方台中，广东珠江经济广播电台于 1996 年 12 月 15 日即开通了网上实时广播。上海人民广播电台在 1997 年年底开始尝试网上直播。据 2001 年的统计，全国已有 120 多家各级广播电台上网，其中近 1/3 的电台开通了网上音频乃至视频直播或点播节目。省级电视台上网的已有 20 多家，未上网的省级电视台中，除青海和西藏外，其他台均有部门或栏目上网。全国已知有电视台（含有线台）网站、网络电视及其他视频网站 145 家，设置的栏目有新闻、体育、文艺、生活、科技、法制、广告和节目预告等 30 余个。北京、上海东方、黑龙江、湖北等台设有栏目 7 个以上。

中央和地方广播电台、电视台开办的网站都与广播电台、电视台一样，积极配合中央和地方各项重大新闻宣传，充分发挥了网络新媒体的优势，成为广播电视宣传的一支生力军。

近年来，网络电视、手机电视和移动电视等新媒体不断涌现，丰富了广播电视的播出形态。2004 年 5 月 20 日，北京天空世纪网络电视技术有限公司创办的依托专业网站平台播放专业电视节目的重庆网络电视开播。5 月 31 日，中央电视台开办了央视网络电视，通过宽带互联网为用户提供视频点播服务。8 月 25 日，上海文广与天天在线合作开通了“上海宽频”网络电视。12 月 24 日，全国第一家由广播媒体创办的网络电视平台“北京网络”频道即北京人民广播电台的广播节目的电视版开播。

手机电视是 2004 年新兴的一种电视形式，广东、上海、北京、四川、江苏、河北等地的联通或移动公司在 2004 年相继向社会推出了手机电视业务。2007 年 4 月和 6 月，CRI 手机广播电视分别在中国联通和中国移动平台顺利上线。CRI 手机广播电视除集成国际台自有的广播、电视、互联网以及多语种信息等优势资源外，还整合了地方电台、电视台的节目内容，致力于打造最具特色的手机广播电视品牌。

移动电视也是近年兴起的一种新载体。2004 年，北京北广传媒移动电视公司进行的公交车载移动电视试播成功后，共在 4000 辆公交车上安装了移动电视接收装置，使乘客在公交车上就能欣赏到精美的电视节目。随后，全国各地的一些城市也纷纷行动起来，开始了移动电视的试播和安装。到 2007 年，武汉、长春、广东、深圳、上海、南京、合肥、成都、太原、大连、西安、郑州、济南等许多城市都相继开通了车载移动电视。

这些新媒体新阵地的发展，开拓了广播电视传播的领域，也为下一步的媒介融合与创新提供了新的技术平台。传统媒体与新媒体相互依赖、相互促进，融合发展，构成了当前中国广播电视传播的基本格局。截至2017年年底，我国已拥有广播电视播出机构2656个，广播电视人口综合覆盖率分别达到98.71%、99.07%。一批新型融媒体正在形成。2016年年底中国国际电视台正式开播以来，逐步构建起包括6个电视频道、3个海外分台、1个新媒体业务集群在内的多语种、多渠道、多终端全媒体业务框架。中央电视台的全球网络覆盖也在稳步扩张，2016年对全球重大事件到达率达97%。① 2018年4月，根据中央决定，重新组建国家广播电视总局，作为国务院直属机构，总局局长聂辰席。同时，整合中央三台，组建中央广播电视总台，作为国务院直属事业单位，总台台长慎海雄。撤销中央三台建制，对内保留原呼号，对外统一呼号为“中国之声”。我国正在从广播电视大国向广播电视强国迈进。

① 数据来源：《张宏森：我国新闻出版广播影视业已形成四个体系》，新华网，http：//news. china. com/focus/19da/zuixin/13001172/20171020/31590113. html。

第十一章 香港、澳门和台湾的广播电视事业

香港、澳门和台湾自古以来就是中国的神圣领土。但由于历史的原因，三地曾长期分别为英国、葡萄牙和日本殖民者所占据。1997 年 7 月 1 日，中国政府收回香港主权；1999 年 12 月 20 日，澳门回归祖国。遵循“一国两制”的方针，按照“互不隶属、互不干涉”的原则，香港、澳门自行规划和发展自身的广播电视事业，同时多方面开展与内地广播电视界的交流与合作。台湾在 1945 年 8 月日本投降后回归中国，1949 年 10 月中华人民共和国成立后又因政治和历史的原因，与大陆长期隔阂，其广播电视事业自行发展。20 世纪 80 年代以来，随着海峡两岸关系趋缓，台湾与大陆的广播电视交流合作日益频繁。

第一节 香港的广播电视事业

一、广播事业的发展

香港地区最早的实验性广播电台出现于 1923 年。当时，一些业余无线电爱好者自发开展业余实验广播活动，播放一些社会新闻并转播歌剧，每周仅播两天，每天两三个小时。1928 年，香港政府接手经营广播，出资兴建电台播音室，于 10 月 8 日在中环旧邮政局二楼启用，呼号是 GOW，1929 年 2 月 1 日改为 ZBW。1929 年 10 月 8 日正式播出。这是香港历史上第一座广播电台。

1934 年，香港电台增设中文台（广州话，下同），台号为 ZEK。1941 年 12

月，日军占领香港后，该台一度停播。次年年初，日军监管的“香岛放送局”开播。1945年日本投降，9月15日香港电台恢复广播。1948年8月，取消ZBW和ZEK呼号，正式命名为“香港广播电台”（Radio Hong Kong，RHK）。

1949年3月21日，有线广播电台“丽的呼声”① 面世，打破了香港地区由香港电台一家独占的历史。开播之初，“丽的呼声”设中文、英文两台，称“银色中文台”（Silver Network）和“蓝色英文台”（Blue Network），每天从早7点到夜里12点连续播音，除自制节目外，还转播香港电台的节目。1956年7月，“丽的呼声”开办了第二个中文台，称“金色中文台”（Gold Network），专门播出广州话、潮州话、上海话等方言节目。与香港电台的无线发送不同，“丽的呼声”采用有线传输方式，听众需按月交纳10元费用，才能接通线路收听。正是因此，“丽的呼声”十分注重节目质量，尽量满足听众需求，节目很受听众喜爱，用户数量直线上升，1950年达4.3万，1959年3月达6.5万。1957年5月，“丽的呼声有限公司”开办了黑白电视，该公司的经营重点转向电视业务。1973年4月，“丽的呼声”有线广播宣布停业。从开播至此，电台前后共运营24年。

1957年，香港5家机构竞投开办无线商业广播电台。10月，香港商业广播有限公司取得唯一的商业牌照，开始筹办电台。1959年8月26日，香港地区的第三家电台——商业电台正式开播，发射功率1000瓦。开播之初，设有中文、英文节目各一套，中文节目称为“商业一台”，英文节目称为“商业英文台”，每天7时至24时播音。开播初期，商台的节目大多都是当时流行的广播剧（即《天空小说》），因此很受市民欢迎。

1971年，英军廓尔喀兵旅从新加坡与马来西亚调驻香港后，人员增多，英军因此在香港筹办了一座广播电台。开播之初，只有尼泊尔语节目，每晚播出两小时，后增办了英语节目。英军广播电台是专为驻香港、文莱、尼泊尔的英军和廓尔喀部队服务的，影响不大。②

1990年5月，香港政府公开招标，开办第二商业广播电台，香港本地及国外十多个财团参加投标。12月4日，港英政府宣布将经营第二商业台的牌照颁发

① 丽的呼声（Rediffusion）是一家英国公司，于20世纪20年代在英国成立，初时名为Broadcast Relay Services，早期为英国一些接收不到电台大气电波信号的偏远地区以电缆作电台转播，后于20世纪50年代兼营电视台、电视机租赁及销售。该公司曾在香港、新加坡、马来西亚等英国殖民地及泰国成立“丽的呼声”电台及在香港成立“丽的映声”有线电视台（香港方面当时是收月费港币25元）。

② 1997年香港回归后，英军电台停播。

给由香港嘉禾、德宝电影、和记通讯三大财团和美国广播集团组成的“高艺广播有限公司”，由该公司组成的新城电台随即开始筹备。1991 年 7 月，新城电台正式开播，推出三个频道，分别称为“新闻台”“劲歌台”和“金曲台”。

至此，香港地区四家电台并存的局面形成。但实际上，长期以来，香港地区的广播业只有香港电台和商业电台两家争雄。两家各自声称是全港听众最多的广播电台。1993 年 8 月到 9 月间，香港电台联合新城电台通过一家研究机构调查收听率，商业电台则通过另一研究机构进行调查，调查结果仍然是同各自声称的一样，难分高下。

在竞争中，香港电台的对象化、专业化节目设置优势明显。早在 20 世纪 70 年代初，香港电台就已开办对象和重点各不相同的中英文台。1978 年 2 月，港台与英国广播公司合作设立了第五台，除播放文化戏曲节目外，着重转播英国广播公司部分对外节目。1980 年 3 月 1 日，香港电台的英文台首创全天 24 小时广播。1986 年春节期间，香港电台与中国国际广播电台等合办“向全球华人贺岁”节目，这是香港电台首次与内地电台合办节目。1989 年年底，香港电台设立了一个专门播放交通信息的交通电台。不久，原附属第五台的英国广播公司英文对外广播节目单独划出该台。至此，香港电台的七个分台均已设置完成。

2007 年，香港电台的七个台每周制作 980 小时不同类型的粤语、普通话和英语节目。第一台为新闻及资讯频道（粤语），全天 24 小时广播，并于网上实时直播。第二台为家庭频道（粤语），着重青年、社区活动及音乐，是全港听众最多的电台之一。第三台是全英语台，全天 24 小时广播本地、邻近地区及国际新闻，并播放专题杂志式节目、专题电话热线、流行音乐及青年节目。同时与教育署联合制作娱乐与资讯并重的青少年傍晚节目《天天学英语》，以鼓励学生多运用英语。第四台是香港唯一的古典音乐台，已开办 20 多年，使用调频技术和中英双语进行广播。近年又推出一系列教育及艺术节目。第五台播送适应年长者、教育、文化及迎合少数人士兴趣的节目，如粤剧、地方戏曲及儿童节目。第六台全天 24 小时以中波转播英国广播公司（BBC）世界台的节目。第七台称普通话台，于 1997 年 3 月 31 日启播，为香港唯一全部使用普通话广播的电台，以中波和调频广播 19 小时，其他时段则与第二台联播。它以播放最新财经资讯及歌曲为主，并在社会各个层面推广普通话。

商业电台最初设有两个中波电台，一个中文台和一个英文台，中文台节目全部自制。广播剧是当时最重要的节目，所制广播剧经常售予其他电台。1963 年 6

月 16 日，为配合业务发展和适应听众需求，商业电台增设了第二中文台。从此，商业电台拥有两个中文台和一个英文台，一直延续至今。商业电台开播后的很长一段时间，新闻节目先后由政府新闻处和香港电台提供。直到 1974 年 10 月，商业电台才正式成立独立的新闻部。从 1977 年开始，该台两个中文台及一个英文台均每半小时报告新闻一次，成为全港报告新闻最频密的广播电台。1982 年 1 月，商业电台的两个中文台同时开始全天 24 小时播音。

1990 年，商业电台更改其两个粤语频道的传送频率，商业一台的频率由 AM864 改为 FM88.1（即日后的雷霆 881，以新闻资讯为主，在香港的收听率一直名列前茅），商业二台的频率由 AM675 改为 FM90.3（即日后的叱咤 903），而原本为商业一台所使用的 AM 频率 AM864 则改为以英语为主要播放语言，播放新闻及音乐。商业电台一台，又称雷霆 881 台，全天 24 小时广播的粤语中文台，主要以 25 岁以上比较成熟的普通话市民为对象，是全港听众最多的电台之一。节目内容以新闻资讯和时事为主，也播出娱乐节目，注重通俗化和大众化。商业第二台，又称叱咤 90.3 兆赫，全天 24 小时广播。该台的对象主要是 24 岁以下的学生和年轻人。主要播放由唱片骑师（DJ）主持的本地和外国流行音乐，同时也播出新闻资讯节目，节目以轻松、活泼和富有创意为特点。商台英文台，又称豁达 864 台，使用英文 24 小时播出，为中波广播，以播放国际流行歌曲为主，收听对象是 25 岁以上、收入较高的商务人员和专业人士及外籍人士等。

新城电台一开播，即采用“专线节目”策略，宣称大众“广”播的时代已经结束，新城台将突破本地电台既有的节目策略，不是“广”播，而是“窄”播，即每一个台都针对某些特定听众，推出了“新闻台”“劲歌台”“金曲台”三个频道。新闻台（英文）为中波发送，全天 24 小时播音，是目前亚洲唯一 24 小时广播的英语新闻台。内容有世界及本地新闻、财经消息、体育消息及各种资讯，每半小时播放一次新闻。该台还设有听众热线节目。劲歌台是调频发送，是以广州话为主的音乐台，以 12—25 岁的青少年为听众对象，以电脑选曲，播放最热门的流行歌曲，包括粤语、“普通话”、英文乃至日文歌曲。每小时还播报一次新闻。金曲台以英语和广州话播音，调频发送，听众对象为受教育程度较高的成年人和新一代家庭主妇，全日不停播放 20 世纪 30 年代至 50 年代的怀旧歌曲以及 50 年代至 80 年代的流行爵士乐曲、金曲和近期流行歌曲。

1996 年，新城电台进行第一次改革，把劲歌台及金曲台分别更名为新城 997 及精选 104，而 Metro News 则改为 Metro Plus 新城采讯台。2001 年，新城电台进行第二次改革，新城 997 更改台号为新城娱乐台，精选 104 更改台号为新城财经台。2004 年下半年，新城电台宣布与内地广东电台结成合作伙伴，联合播放双方部分节目，变相进军珠江三角洲市场，以图突破多年来在香港一直未能超越商业电台的局面。

目前，新城电台旗下频道有新城娱乐台宗旨为“爱好生活，正是娱乐”，每小时除了播放一次新闻报道外，还会播放娱乐新闻；新城财经台宗旨为“全球财经，尽在新城”，该台主要报道香港及外地的股汇行情；新城采讯台则主要播放专为少数族裔而设的节目。

就节目内容而言，香港的广播节目大致分为三种类型：新闻资讯、文化娱乐和教育。新闻资讯节目一向被视为广播电台的生命线。各家电台在这方面的竞争最为激烈。凡遇重大事件发生，各家争先恐后地抢发新闻，凡是条件允许，大都派出记者到现场报道。近年来，三家电台纷纷利用电话热线谈论时政要闻，并开办多个以时事资讯为主要内容的栏目。如香港电台的“千禧年代”，这一栏目开始于 1980 年，当时称为“八十年代”，1990 年改为“九十年代”，进入 2000 年，又改为“千禧年代”。1998 年 3 月 30 日起，这一栏目的播出时间由原来的两小时增至四小时，每星期一至五早上 8 时播出 5 分钟新闻后至中午 12 时。现又恢复上午 8 时至 10 时播出。主要形式是两个节目主持人就当时最热门的新闻事件进行讨论，并通过电话热线由观众参与。而香港电台中文台一、二、五台，每天由早上 6 时至晚上 11 时，每半小时播放新闻摘要，通宵广播时则每小时播一次新闻，即全日共播放新闻 39 次。普通话台的新闻由上述三台提供。香港电台英文台英文新闻及时事组，每天在第三台及第四台播放新闻摘要 23 次，每小时一次，五次详尽的英语新闻报道。在文化娱乐节目中，每年的“十大中文金曲”竞选和颁奖活动已成为香港广播界和音乐界的盛事。

二、电视事业的创办和发展

1. 地面电视

1957 年 5 月，“丽的呼声”有限公司经营的丽的电视台——“丽的映声”（Rediffusion Television，RTV）开播。这是香港历史上第一家电视台，也是全球华人地区的第一座电视台。

“丽的映声”是有线电视台，采用地下电缆输送黑白电视节目，最初只设英文台，1963年9月增开中文台。用户收看节目须按月交纳25元费用。开台初期只有640家租户，之后稳步上升。丽的电视台独家经营香港电视达10年之久。

由于“丽的映声”的节目为有偿收看，25元的月费在当时相当昂贵，一般市民难以负担，所以“电视”在当时的香港是上流社会的奢侈品。这个情况直到1967年才得以扭转。当年9月1日，“电视广播有限公司”（简称“无线电视台”）开始试播免费电视节目，11月19日正式开播。无线电视台是由香港利氏家族的利孝和与邵逸夫等香港知名人士联合英美的一些财团合股创办的，是香港第一家无线发送的电视台。开办之初是黑白电视，设有翡翠（中文台，广州话）和明珠（英文台）两台，1971年开办彩色电视。

无线电视的开播无疑对仍然采用黑白有线传输的“丽的电视”是一个重大挑战，“丽的电视”不得不改弦更张。1973年4月，“丽的电视”有限公司在香港注册设立，其最大股东即香港丽的呼声有限公司。同年12月，“丽的电视”获正式经营无线电视广播15年的牌照。其中文、英文两台也于12月和次年4月改为彩色播出。1982年9月，“丽的电视”股东变化并改名为亚洲电视有限公司，简称“亚视”。

1975年9月7日，香港第三家电视台——由商业电台与多份中文报社合资成立的佳艺电视台开播。佳艺电视台只设一个中文台（这在香港电台、电视台中是仅有的），彩色播映。不过，由于当时的香港政府发牌予“佳视”时规定，“佳视”需让出部分黄金时段作教育性节目的广播，由此形成了先天性的制度缺陷，在面对激烈竞争时，经营更加困难，不到三年即宣告倒闭。香港电视再次形成“无线”和“亚视”两家竞争的格局。

与广播不同，香港电视采取纯私营体制，没有官办电视台。但为了利用电视这一媒介，宣传港英当局各项政策措施，1970年，官办的香港电台成立了电视部，每周制作12小时有关公共事务的节目。分中、英文两种，按政府规定，交由两家商营电视台（亚视和无线）在晚上黄金时间无偿播出。香港电台电视部所制节目内容是根据港英当局政策确定的，其目的是提高公民意识和加强港府与民众的沟通。有时事、戏剧、资讯报道与社会服务、综合表演与游戏服务、青少年与儿童节目以及一般教育节目等类型。1976年，电视部开始制作彩色电视节目。[①] 香港电台电视部所制节目很受观众欢迎，有较高的收视率。多年来，该台有许多优秀电视节目在国际上获奖。

为了争取观众，提高收视率，长期以来，“无线”和“亚视”两台在技术上、节目上展开了激烈竞争。晚间的电视剧、大型晚会、综合节目和电影片等娱乐性内容一向是两家的主打内容。“亚视”制作的多集电视连续剧《大侠霍元甲》《陈真传》《武则天》《成吉思汗》等大受欢迎。“无线”则除制作电视连续剧外，更推出大型综艺节目，在开播的第二天即播出《欢乐今宵》第一期，此节目已连续播放了多年，久盛不衰。此外，一年一度的《香港小姐竞选》《劲歌金曲大奖赛》《新秀歌唱大赛》等大型歌舞综合节目规模宏大，深受观众欢迎，成为“无线”台一年一度的盛事。

时事新闻资讯节目一直是两台竞争的重要领域。新闻节目一直是“无线”电视收视率最高的节目之一。1969 年，“无线”电视首次租用通信卫星直播了美国太阳神飞船登月实况。此后，对于国际上及内地发生的重大事件，两台均通过卫星传播。两台每天早、中、晚都有固定的新闻栏目，尤其是每晚 6：00—7：00，两台安排的新闻节目均有很高收视率。对于世界上的重大体育赛事，如奥运会、世界杯足球赛、亚运会，两台均竞相租用卫星现场直播。

近年来，两台还竞相开拓海外电视市场，朝国际化、多元化发展，纷纷与海外电视台合办节目，并大量外销电视节目。“无线”电视的英文台（明珠台）节目以国际性制作为主，内容包括“超级名片”“精装”连续剧、时事评论以及各类不同的音乐、体育及娱乐盛事等。明珠台还经常用英语现场直播世界各地发生的重大新闻事件。从 1978 年起开办至今的《明珠 930》，每晚 9：30 播出一部世界著名影片，颇受观众欢迎。近年来，明珠台还通过卫星转播英国的新闻节目以及美国哥伦比亚公司（CBS）的《六十分钟时事杂志》节目。

此外，两台经常派摄制组到内地拍摄制作节目，与内地各电视台的合作日趋频繁。两台播放的反映内地生活的节目深受欢迎，如《丝绸之路》《话说长江》《中国人》《大江南北》《龙的家乡》《虾球传》等都有很高的收视率。

在“无线”与“亚视”两台竞争中，“无线”实力雄厚，人才济济，一直保持绝对优势，被舆论称为“强台”；“亚视”则长期处于盈利不佳甚至亏损的状

① 1976 年，香港电台的名称由 RHK 改名为 RTHK（Radio Television Hong Kong），可直译为“香港广播电视台”。

况，被舆论称为“弱台”。从收视率来看，“无线”与“亚视”的收视比常年保持在8∶2；从经营状况看，1973年至1983年“亚视”亏损3.5亿港币，到1993年，“亚视”仍亏损过亿港元，而“无线”在这一年则赢利5亿多港元。

2. 卫星电视和多频道有线电视

20世纪90年代以来，科技发展一日千里，香港电视业告别两家地面电视垄断的时代，进入地面电视、卫星电视并存的时代。

1990年12月22日，李嘉诚的和记黄埔有限公司创办的卫星电视广播（香港）有限公司获港英政府发给为期12年的非专利经营牌照，获准以香港为基地，利用“亚洲卫星一号”向亚洲地区发送电视讯号。牌照规定，该卫星电视服务三年内不得使用广州话播出节目。1991年5月15日，卫星电视开播，起初开办5个频道的节目：体育台、音乐台、中文台（普通话）、新闻台（以转播BBC的新闻节目为主）、合家欢台，全部24小时播出，除中文台外，其余4个台均使用英语播出。1993年7月，和记黄埔公司将“卫星电视”的63.6%的股份出售给澳大利亚默多克的新闻集团，从而使得该集团获取了管理权。1996年3月31日，“卫视中文台”与香港的“今日亚洲”（占45%的股份）及香港“华颖国际公司”（占有10%的股份）等公司重组为“凤凰卫视中文台”。1997年6月，该台口头获准在珠江三角洲落地，进入有线电视网。之后，“凤凰卫视”除原有的中文台外，又开办了电影台。2000年6月，“凤凰卫视”在香港成功上市，集资9.3亿港元。同年11月，“凤凰卫视”购入原欧洲卫视的股份，股权重组，成为凤凰卫视欧洲台。随后凤凰卫视又开办了资讯台和北美台。至此，凤凰卫视共办有5个频道。

1994年10月，港英政府又批准“无线电视台”（TVB）开办区域卫星电视广播，呼号为TVBS，并与台湾的“年代公司”合资，主要在台湾落地。1998年7月，“无线电视台”又获准开办“银河电视广播卫星有限公司”，现办有TVB8和星河两套节目，内容以音乐和娱乐节目为主，以普通话播出。主要市场是亚洲的华人订户。之后，又改为开路卫星电视。

1994年11月，香港《明报》前主席于品海创立香港传讯电视公司（CTN）并获准开办卫星电视，也是以香港为基地的卫星电视公司，提供一条娱乐节目频道及一条新闻频道，名为“中天”和“大地”。由于连年亏损，1997年3月创办人辞职，将其售予台湾的信和集团，1999年该公司将其总部迁至台湾，在香港只留下只有十多人的办事处。

1994 年 12 月 1 日，由新加坡籍的在港资深电视制作人蔡和平创办的华侨娱乐电视广播公司（简称“华娱卫视”）通过“亚洲卫星一号”开始试播，1995 年 3 月 11 日正式播出。该台以娱乐节目为主，“无新闻、无暴力、无色情”，号称为“三无”。该台覆盖中国内地和中国台湾、日本及东南亚一些国家和地区，每天大约有两个小时的节目介绍中国的风土人情。1997 年 10 月该台与内地五家公司签署合同，股权重组，共同办台。但时隔一个月，由于内地五家公司的入股违反国家有关规定，占新股东 32%股份的“中国亚洲电视艺术中心”首先提出撤股，致使这次交易流产。此后，“华娱卫视”到处求支援，并在 1998 年 10 月获准在珠江三角洲地区落地，经历了近一年的股权重组风波终告结束，但是华娱卫视的困境并未解决。经过多次谈判，2000 年 6 月 15 日“华娱卫视”与美国的时代—华纳公司建立“战略性伙伴关系”，经营权易手。

2000 年，香港特区政府发布了新的《广播条例》，进一步放宽在香港开办非本地服务电视的限制，加上内地即将加入世界贸易组织，这一年在香港出现了第二次开办卫星电视的浪潮，它们看准的观众仍然以中国内地为主。8 月 8 日，以内地著名的电视节目主持人杨澜为主席的“阳光卫视”在香港正式启播，该台以播出文化历史及人物传记等记录性节目为主。10 月 1 日，台湾“年代公司”与几家合作伙伴合资开办了“东风卫视”。2001 年 3 月 28 日，以播出电影为主的“美亚卫视”启播。不过，这几家卫星电视公司均被列为“非本地电视节目服务机构”，其服务对象主要是香港以外的地区。

另有李泽楷的“盈科公司”下属的“斯达巴克斯（Starbucks）公司”于 2001 年 1 月取得牌照，并在当年 6 月启播名为 Network of the World（NOW）的新频道，它通过卫星传送未加密的英语节目，供公众免费收看。这项服务属于环球多媒体宽频互动电视服务，创下了结合电讯、电脑及电视科技的先河。不过收视率欠佳，一直酝酿与“电讯盈科互动影院”合并。

此外，香港特区政府于 2000 年批准“亚太卫星公司”下属的“亚太卫星辉煌有限公司”经营卫星电视服务，它传送的第一个电视频道 HALLMARK 始于 2000 年 8 月，是英语加密娱乐节目频道，专供内地观众收看。

目前，在香港有大约 50 万户可以收看卫星电视，但是真正收看卫视节目的观众不多，香港市民更习惯收看传统的地面电视，即收看“无线电视台”和“亚洲电视台”。

1989 年，香港九仓集团以及海外等 5 家公司取得香港有线电视的牌照，但该公司于1990年终止发展计划。1993年6月，香港九仓集团独资成立有线电视公司，并获得为期12年在香港经营有线电视的权利，开创了香港多频道收费电视的先河。创办初期办有8个频道：新闻台、英语新闻台、一级台、体育台、儿童台、电影台、音乐台和动向台。1998年11月该公司更名为香港有线电视公司，开始采用微波传送，之后不断铺设光缆。有线电视每年制作超过一万小时节目，比本港其他电视台的总和制作时间还要多；除成功地将新闻、电影及体育节目发展为极具代表性的旗舰频道外，更不断增添不同类型的节目频道，为观众提供多样化的节目。

根据香港特区政府新的广播电视政策及有关政策指引，1999年10月15日前曾有10家公司提出在香港开办收费电视的申请。根据特区政府有关部门的审定，2000年7月4日，特区政府资讯科技及广播局宣布其中的5家的申请获得批准，他们是：于品海和成龙合办的“香港网络电视有限公司”、“无线电视公司”下属的“银河卫星广播有限公司”、英资的YES TELEVISION（HONG KONG）LIMITED、太平洋数码（香港）有限公司（台资）和新闻集团的HONG KONG DTV（该公司在2000年12月1日又通知政府有关部门决定中止其原有的申请）。同年12月5日，香港特区政府行政长官董建华同行政会议批出4个本地收费电视节目服务牌照给上述的4家公司。根据申请，这4家公司在最初三年将总共投资4.51亿港元，开办共135个收费电视频道。

截至2007年，香港共有2家本地免费电视台、多家卫星电视台和4家本地收费电视台，共提供接近200个频道给观众收看。

香港电视节目大致也是分为三类：新闻资讯、戏剧娱乐和儿童及教育节目。

各家电视台对新闻资讯节目均很重视。“无线”的早间新闻《香港早晨》早6点30分开始，大约半小时一个单元，滚动播出4次，近9点结束；“午间新闻”，13时播出，约半小时。“亚视”的《亚视早间新闻》及《亚洲早晨》也大致如此。中午又有一次主要新闻，“十二点半新闻报告/天气预报/法律天地/亚视评论”，共播出35分钟。晚上，“亚视”的“六点钟新闻/体育快讯/天气报告”，共播出35分钟；“无线”的“六点半新闻报道及天气报告”紧跟其后。“亚视”的“夜间新闻”11时开始播出半小时，“无线”的“晚间新闻”11点45分播出，长约半小时。这是当天最后一次主要新闻。此外，两台还有多次简明新闻，几乎每小时一次。如遇突发新闻，随时插播。许多情况下，如遇重大事件，如每年特首的施政报告，各台均派出采访组亲临现场进行实况播出。自2000年起，

“亚视”还开办了每日一次的《亚视评论》，颇受重视。“亚视”的国际台和“无线”的明珠台虽以英语为主，但新闻节目除每天晚上7点30分的英语新闻外，近年来增加了“普通话新闻”“中国新闻”及“中国新闻快讯”等资讯节目。应香港新闻界的要求，自2000年起，凡遇国家领导人出访外国，香港的新闻界可派出记者随访，并增多了有关这方面的新闻报道。

此外，每遇重大事件或重大题材，各台均制作专题或特别资讯节目。如1997年7月1日香港回归及特区政府成立，香港四大电子传媒：香港电台、无线电视、亚洲电视及有线电视携手组成“电视转播联盟”，由香港电台作技术统筹，连续超过100小时向全球播放交接仪式及各项活动的实况讯号。

电视剧是两家无线电视台争夺观众最为激烈的节目类型，在香港电视剧被称为戏剧类节目。电视剧的播出一般均安排在黄金时段，这是观众最多的时段。在这一时间播出的节目也是广告商投放广告最多的。因此，这一时段播出的电视剧的竞争也最为激烈。“亚视”由于长期亏损，近年来大量削减了自制电视剧的数量，主要依靠外购。两台在2000年更将播出电视剧的时段拉长，从晚7点30分到夜间11点连续播出三部电视剧，每周工作日，天天如此。他们共同聘请的国际知名调查公司AC尼尔森公司进行的收视率调查，也以电视剧为主要对象。

香港广播电视界有一个良好的传统，就是大型综合艺术节目经常与慈善募捐活动相结合。在“无线”过去33年的历史上，它透过其广州话频道——翡翠台，为不同类型的慈善团体筹得善款约17.6亿港元。虽然香港在1999—2000年饱受金融风暴的困扰，但“无线”仍坚持贡献社会的信念，制作了44个筹款节目——即平均约每两周便有一个筹款节目，成功筹得3.43亿港元的善款。在制作筹款节目的概念上，“无线”往往推陈出新，设计出新颖而又吸引观众的节目，以求得更多善款为社会上有需要的人士提供援助。这些独特而又广受欢迎的节目形式包括：马拉松式大型综合晚会、游戏节目、发售节目门券、游戏及纪录片等。“亚视”有时也办这类节目，如1991年7月，“亚视”举办了“爱心献华东”等大型筹款活动。其中，“演艺界总动员忘我大会演”历时7个多小时，500余名内地、港澳台演艺人员同台演出，全港电台、电视台及卫星电视同时联播。

教育电视节目主要由香港电台的电视部制作，由两家电视台播出，同时供教师在教室里用以辅助教学。儿童电视节目两家电视台均安排在上午9时至12时及下午4时至6时之间播出，有动画片，主要是日本生产的节目；另有儿童电视剧及儿童歌曲等。知识性竞赛节目在香港也颇受欢迎。

此外，自20世纪80年代开始，香港的广播电视界开始与内地展开交流合作。双方的合作领域包括业务商谈、考察参观、相互访问、异地采访、联合制作节目、学术研讨、节目推销、技术设备采购等。

三、广播电视政策的变迁

香港对广播电视的管理手段主要通过设立必要机构，并制定相关法规而进行。

1964年，港英政府制订《电视条例》，开始对电视业实施监管。

香港回归前，负责广播电视事务的机构是文康广播科，下设广播处、影视及娱乐事务管理处以及1987年9月成立的广播事务管理局。广播电视的日常监管工作由广播事务管理局（简称“广管局”）负责，它是独立的法定组织。该局由过去的香港总督和现任的行政长官直接委任的12名成员组成，其中9名为社会人士，包括行内资深人士、律师、学者、社会知名人士等，另外三名成员是政府有关的高级公务员，主席由非官方人士出任。其中广播处只管理官方的香港电台，该处处长也就是香港电台首长，影视及娱乐事务管理处兼广播事务管理局的秘书处。

“广管局”根据香港的有关法例规管香港持牌的商业电视与广播机构。它的实际工作包括：就申请及续发广播牌照事宜，向行政长官会同行政会议提交建议；拟备和修订为电视及电台广播制定各项标准的业务守则；执行各类广播牌照的规定，并确保持牌机构遵守广播事务的规管制度；及处理有关广播的投诉，必要时惩处违规机构。“广管局”下属两个委员会，即投诉委员会及业务守则委员会，执行其主要职务，并透过属下咨询委员会收集市民的意见。投诉委员会负责处理有关广播事务的投诉，并就这些投诉向“广管局”提出建议。该委员会由6名广管局成员及3名非公职增选委员组成。业务守则委员会负责定期检讨各项广播标准，并为新增服务发出业务守则。该委员会由5名“广管局”成员及3名非公职增选委员组成。

“广管局”的工作由资讯科技及广播局下属的影视处协助执行。根据《广播事务管理局条例》的规定，影视处处长是“广管局”的行政主管，而影视处则是“广管局”的秘书处，也是“广管局”的行政机关，由辖下广播事务管理科负责执行广管局的各项职能。此外，影视处也负责检讨和执行与每日广播节目有关的规例，以及透过宣传加深市民对该规例的认识。

1989年9月，港英政府将原有的文康广播科升格为文康广播司。文康广播司是当时港英政府在广播电视方面的政策司，负责制定有关的政策。它下设影视及娱乐事务处（简称“影视处”）和广播处，即香港电台（简称“港台”）。

回归前夕，港英政府一方面采取措施加强对商业广播电视的监管，另一方面在计划将政府电台——香港电台公司化未果后，准予该台“编辑自主”。

1997年7月1日香港回归后，港区政府成立时更名为文康广播局，后又改组为资讯科技及广播局，它同样是香港特区政府主管广播电视的政策局。

2000年7月6日，香港特区行政长官董建华签发了香港特别行政区2000年第48号条例——《广播条例》，并在政府《宪报》刊登之日（7月7日）起实施。这个条例代替了原来的《电视条例》，其目的是“促使电视市场开放、规管机制放宽、新科技得以汇流，同时更使香港成为机会之都，令广播行业迈进新纪元”。

《广播条例》就规管拥有权和控制权方面做出了重大的更改，最大的改变是重整过去的规管模式，将电视机构重新分类，并且从技术中立的原则，纯粹根据提供服务性质是否收费及针对区域作界定，以包括不同的传送科技。此外，允许中小型媒介机构发展第四类电视服务网络，令广播业不单局限于全港性，亦可分区发展。为了配合开放广播市场及减少加入市场障碍的目标，《广播条例》大幅放宽有关拥有权及投资的规例。为使广播机构能够更灵活地包装广告，取消了各类牌照的广告限制（本地免费电视牌照除外，因为免费电视服务在未来一段日子仍然会是最主要的资讯及娱乐来源）。最后，《广播条例》加入了禁止反竞争行为及滥用市场支配优势的条义，以确保电视市场的公平竞争。

新颁布的《广播条例》将电视节目服务分为四类，分别是本地免费电视节目服务、本地收费电视节目服务、非本地电视节目服务，以及其他需领牌电视节目服务。

除《广播条例》外，《电讯条例》《商业电视业务守则之节目标准》《收费电视业务守则之节目标准》《节目服务业务守则之节目标准》《卫星电视业务守则之节目标准（主要为香港提供服务）》《卫星电视业务守则之节目及广告标准（主要为香港以外地区提供服务）》《电台业务守则之节目标准》《卫星电台业务守则之节目标准》《商业电视业务守则之广告标准》《收费电视业务守则之广告标准》《节目业务服务守则之广告标准》《卫星电视业务守则之广告标准（主要为香港提供服务）》《电台业务守则之广告标准》及《卫星电台业务守则之广告标准》等，都是“广管局”管理并处置广播电视相关问题的依据。

第二节　澳门的广播电视事业

澳门地处狭小，与香港仅一河之隔，当地居民多有收听收看香港广播电视节目的习惯。因此本地广播电视事业起步晚，发展也受到一定局限。

一、广播事业的发展

最新研究成果显示，澳门的第一座广播电台于1924年7月13日开播。创办人为1923年1月曾在上海开办我国境内第一座广播电台的美国人奥斯邦。该台的广播，香港也可收听到。但不久该台停播。① 此后，1933年8月26日，一些在澳专业人士开办呼号为“CON-MACAU”的电台，每天21点至23点用葡萄牙语播送新闻和音乐，后改为隔天广播一次，是为澳门的第一家广播电台。

1937年，“CON-MACAU”停办，1938年9月恢复。1948年，电台归澳葡当局经营，隶属于新闻旅游处，播出内容只有音乐、粤曲和儿童故事等。1962年，电台改归政府的邮电厅负责管理，播出时间不长，节目很简单，主要是天气预报和音乐等。1980年2月15日，澳门政府同葡国电视台签约，将澳门广播电台交其管理。1981年12月31日签约期满后，澳门政府准备成立一个管理传播事业的机构，并计划将澳门电台归入此机构管理。1982年10月，澳督颁布法令，撤销澳门广播电台，成立澳门广播电视公司。从此，澳门广播电台归入澳门广播电视公司，属电台部（称澳门电台）。

澳门电台分粤语中文和葡萄牙文两台。中文台始于1981年6月。从此，中、葡文分别播出。最初，葡语台用超短波立体声广播，中文台用中波广播。从1985年12月起，中文台也增开了超短波立体声广播。两台均全天24小时播出，节目

① 刘书峰：《澳门第一座广播电台考略》，载《现代传播》2018年第4期。

包括新闻、体育、文化、娱乐、音乐、儿童节目以及文艺剧集等。

澳门电台比较重视新闻报道，每小时整点播送新闻一次，每次约3分钟，每天早、午、晚和夜间播送4次详尽新闻，每次20分钟，新闻除自行采制外，还选用路透社、法新社、葡新社和新华社的稿件。专题节目则多为综合性的杂志型节目，由主持人主持，节目内容广泛，谈话和音乐兼而有之。听众可以电话参与，或点播，或与主持人交谈。此外，还有青年节目、儿童故事、体育节目、广播剧、古典音乐以及港、台和外国流行歌曲等，这些内容大多设有固定栏目，有特定听众对象。澳门电台还经常举办各类有奖竞赛和有奖问答游戏，吸引听众参与。

澳门回归后，澳门电台使用两个频段分别以广州话和葡语广播。中文台每天24小时播音，使用调频和中波播出，可覆盖澳门和珠海两地，中山市和香港的部分地区也能收听到。广州话节目以服务本地社群为宗旨。除新闻节目外，比较有影响的节目有：听众可以参与的“时事评论”热线，这个节目围绕听众关心的时事，邀请政府及有关机构的代表与听众对话；还有多姿多彩的资讯综合和专题探讨节目、针对青少年的娱乐和知识性节目以及教育性节目。音乐节目有古典西乐、传统民乐、粤剧、摇滚乐、风行内地和香港的流行歌曲，节目多种多样，有声有色，深受澳门听众喜爱。

澳门第二家电台——商业广播电台开播于1950年，创办人为澳门名流、英籍葡萄牙人罗保博士。开播之初，只是每天用广州话和葡萄牙语播放音乐节目，后逐渐扩展出音乐、粤曲、广播剧、儿童故事、谐剧、点唱、赛狗消息等多种类型节目。1964年起，该台全部节目改用广州话播出。该台自称“不谈政治”，至今没有自制新闻节目，只在综合节目中由主持人依据报纸加插一些听众感兴趣的社会新闻。电台以商业广告和教会赞助作为主要收入渠道。

二、电视事业的发展

澳门第一家电视台——澳门电视台开办于1984年5月13日，由澳门广播电视公司经营，是迄今为止澳门唯一的地面台。开播之初，每天18点至23点播出，每周播出40小时左右。此前，澳门居民一直收看香港电视节目。电视台开播后，经营不够景气，长期亏损。1989年1月后，澳门电视台开始接受私人股份，成立董事局来管理。虽然广告收入增加不少，但仍未改变亏损局面。这一年澳门电视台的经营赤字达2000万澳元。1989年7月，澳门电视台推出一系列改革措施，包括延长播出时间，由上午7点半一直到晚上12点。其中下午5点半至晚上9点专门播映中文节目，晚上9点以后专播外语节目（葡萄牙语、英语）。新闻报道也受到重视，除本地新闻外，还有海峡两岸新闻、国际新闻以及东南亚各地财经市场消息等。此外，还推出早晨节目，电视连续剧、纪录片精选及周末音乐特辑等。大型节目也纷纷出台，如澳门歌唱比赛、澳门小姐竞选、澳门国际音乐节、电影精选和赛车等。

从1990年10月起，澳门电视台的中文、葡文节目开始分台播出。中文台占用一个频道，每天播出10小时，每周播出67.5小时，其中50%的节目尤其是电视剧集主要依靠购买，自制节目的比重不大。其自制节目主要是新闻、纪录片特辑、座谈会、歌唱比赛和选美活动的现场直播。据1991年10月公众问卷调查，中文台的收视率为88%，中文台占总播出量的24%，有早晨新闻、午间新闻、澳视新闻、新闻提要及晚间新闻。此外，还有每周新闻综合节目CNN寰宇传真、澳视新闻档案、两岸动态、咨询奉告等。澳门电视台用中文播新闻时，配以葡文字幕，播葡文新闻时，配以中文字幕，播放英文电视片时则同时配中文、葡文字幕。葡文台每周播出40小时节目，其中78%靠购买。据1991年10月公众问卷调查，葡文台收视率为62%。

澳门电视台于1989年增大发射功率，香港以及广东一部分地区可收看到其节目。

1989年之后，澳广视虽经多次股权重组，但政府和私人所占的股份比例不变，一直是政府控股的股份公司。为了改善长期亏损的状况，澳葡政府曾于1995年5月宣布增加股本5000万元，其他私人财团亦同时注资。此外，澳葡政府又拨款3000万元用于设备更新等。尽管如此，澳广视仍无法扭转长期亏损的局面。澳门回归前，澳广视私人财团股份由何厚铧、澳门旅游娱乐公司和南光公司持有。回归后股东有所变更，何厚铧及旅游娱乐公司退出，澳门商人、吴福的新韵公司、信诚达公司分别购买了他们原来持有的股份而成为新股东，分别占有15%和19.5%的股份，南光公司仍占15%。尽管如此，由于澳门政府仍控股，在性质上澳广视仍为公营广播电视机构。

澳广视管辖澳门中、葡文电台及中、葡文电视台，并各办有两套节目，共有工作人员400多位。除按照语种设立新闻、节目部外，其余的技术、制作、档案资料等部门均混合设置。

1998年年底，澳广视及澳葡政府统计司联合进行了一次收视调查，97%的被访者有收看香港电视的习惯，其中91%的观众只收看澳广视的七点钟新闻。香港的电视节目对澳门电子传媒的冲击很大。面对这种情况，澳广视在加强新闻节目的同时，开始走节目本地化的道路，一大批反映当地民俗风情的纪实性、娱乐性节目应运而生，如《竞健群英》《生活动感廊》《澳视晨彩》以及新闻性节目《澳视新闻档案》等，这些节目播出后在澳门观众中的影响逐步加深。同时，足球直播、体育报道、旅游览胜、烹饪饮食等节目也获澳门观众欣赏。从1997年起，增加了内地制作的高质量电视连续剧，转播意大利甲级足球联赛和英国超级足球联赛等，同时还面向在澳一万多菲律宾人，每周播出一次菲律宾电视连续剧。

1999年澳门回归，澳广视的电视台都做了大量的采访报道，并制作了一个长达一年的时事特辑《见证回归》，介绍澳门在回归前后的政治和社会民生变化。在澳门回归日，澳广视的电视台分别使用两种语言，连续40个小时全程直播中葡政权交接和各项官方仪式及民间社团的大型庆祝活动，真实地、成功地报道并记录了这一历史性的庆典活动。

在澳门回归前，1998年至1999年，澳门的蔡氏兄弟影业公司和中华海外联谊会、广东有线电视台联合投资，由澳门蔡氏影业公司负责制作，拍摄了30集大型电视系列节目《细说澳门》。在海内外介绍澳门的众多影视作品中，它是迄今篇幅最长、最为详细的介绍澳门从古至今方方面面的电视节目，是集知识性、趣味性和可视性为一体的作品，有一定的思想性和艺术性。

澳门出现的第二家电视台为卫星电视台。1996年1月，澳门卫星电视有限公司成立，1998年1月19日获澳葡政府批准，发给专营牌照，这是一家私营公司，董事会主席是澳门商人吴福。按照澳葡政府的批准文件，澳门卫视可以开办6个频道，将在投入运营的前五年陆续开办4个至6个专业频道，并计划在15年中投资2亿元。

澳门卫视最先开播的是旅游频道。习惯上被称为澳门卫视旅游台，它是全球最早开办的华语卫视旅游台。该台于1999年5月18日试播，同年12月18日正式播出。它是以新闻资讯、娱乐资讯、旅游资讯及其他社会、经济、文化为主要特色的综合性卫星频道，每天播出16小时。该台开播以来，先后进行了《澳门妈祖开光仪式》《澳门特首选举》《澳门回归仪式》等系列报道，策划和开辟了《澳门中国之旅》《开心20》《名城漫游》《茶馆论风骚》《跟我探世界》等有一定影响的节目。

澳门卫视旅游台通过“鑫诺1号”卫星传送节目，其信号可以覆盖亚太地区50多个国家和地区，服务对象以大陆和港澳台地区以及东南亚和南亚的越南、泰国、新加坡、印度、马来西亚、菲律宾等华人聚居较多的国家和地区为重点，同时兼顾日本、朝鲜、韩国等与中国文化广有渊源的国家。其他频道的节目则通过“亚太1号”卫星传送，覆盖面包括中国大陆和港澳台地区以及东南亚地区。2000年，澳门卫视的亚洲台和五星台两个频道都已开播。

澳门卫视亚洲台是内地、澳门及香港三地合资开办，其行政总部及播控中心设在澳门，而制作及网络中心设在北京。它的节目包括影视剧、综合娱乐、新闻、体育、旅游及休闲、寰宇探秘、财经、教育及儿童节目等。

澳门卫视五星台是在澳门回归一周年时正式开播的，它通过“鑫诺1号”卫星、“亚洲三S号”卫星向数十个国家和地区播出，服务对象主要是城市青年，设有财经、网络、假日和时尚等节目。

1999年1月20日，中葡联络小组批准了《澳门有线电视专营合约》，同年4月22日，澳葡政府同澳门有线电视有限公司（Macau Cable TV）签署了有效期为15年的专营合约，根据这份合约，授权澳门有线电视公司在合约签署后15个月，以专营形式开始向澳门居民提供有线电视服务，并免费提供两个频道给澳广视下属的电台、电视台使用。

澳门有线电视公司由葡萄牙电讯公司、澳门广播电视公司、大西洋银行、吴福集团等共同创办。2000年7月8日，澳门有线电视公司开始运营，并向用户提供收费电视服务。截至2007年，澳门有线电视公司有70条频道（包括最新的高清数码广播和高薪购入的英格兰超级联赛），以转播形式播送40个来自不同国家和地区的电视节目，包括新闻、资讯、经济、教育、体育、娱乐、儿童、时装、音乐、大自然、电影及电视剧等。节目以广州话、普通话、英语为主，也有葡萄牙语、德语及意大利语节目。澳门有线电视转播中央电视台四套和九套以及广东、福建、珠海电视台的节目，还转播香港无线电视台、亚洲电视台、凤凰卫视以及美国有线电视新闻（CNN）、英国广播公司世界台（BBC WORLD）、美国全国广播公司财经频道（CNBC）、德国之声、日本广播协会国际频道、法国五频道、意大利广播公司国际频道和葡萄牙广播电视国际台的节目。“然而，无论澳门有线如何推行业务改革、提升服务素质及营运效率，都无法扭转客观存在的不公平经营环境，加上政府就公天问题（公共天线）一拖再拖，令本澳盗播版权频道的行为日趋猖獗。尽管2007年澳门有线的营业额及客户数量录得明显增幅，但全年仍然录得1641万元的亏损，由于政府一直未能兑现专营合约赋予的专营环境，澳门有线至今已累积亏损达1.9亿元。”①

此外，澳门卫视国际商务台（莲花卫视）于2002年10月28日在澳门正式开播。该台系经澳门特别行政区政府批准成立，专业从事中国商务信息推介的卫星电视频道。节目通过“亚洲二号”通信卫星覆盖大陆和港澳台地区以及东南亚等50多个国家和地区。澳门莲花卫视节目定位为全新经济、文化频道，节目以澳门旅游、会展、文化艺术以及介绍中国内地投资环境和香港财经信息为主。是目前澳门唯一定位于提供财经、本土历史文化的专业电视频道。

21世纪以来，科技发展日新月异，澳门的广播电视业积极谋求与互联网等高新技术的融合，如澳广视的电台节目和电视台新闻节目都可以通过其网站收听收看，扩大了节目传播的范围。

第三节　台湾的广播电视事业

台湾的广播事业起步于日本占领时期的20世纪20年代末，是在日本驻台湾总督府的控制下发展起来的。1945年日本战败后，南京国民政府接管了此地由日本人开办的几家电台。1949年12月，南京政府迁台。当时台湾共有5家11座广播电台，总发射功率不到3千瓦，总播音时间约91小时30分，尚无电视台。经过近60年的发展，如今的台湾已成为广播电视业高度发达的地区。

一、“戒严”时期的广播电视事业

1950年1月，台湾当局借口海峡两岸形势紧张，宣布台湾全省实行戒严，并根据所谓《戒严法》对新闻事业实行军事管制，其中也涉及广播电视事业。这种状态持续长达30多年，直到20世纪80年代末才宣告结束。

1. 广播

国民党政府迁台后，台湾地区的广播事业长期延续其在大陆统治时期的格

① 《澳门特别行政区公证署公告及其他公告》，2008年3月25日，http：//bo. io. gov. mo/bo/ii/2008/26/anotariais_ cn. asp。

局，分公营广播电台和民营广播电台两种类型。

台湾最大的公营广播公司为原隶属国民党政府的“中国广播公司”。“中国广播公司”的前身，即1928年成立的国民党中央广播电台，后改名为“中央广播事业管理处”。1947年改组为“中国广播股份有限公司”，简称“中广”（BCC）。首任董事长张道藩，总经理董显光。以后历任董事长有梁寒操、马树礼、潘振球、郭哲、关中，总经理有魏景蒙、黎世芬、蒋孝武、唐盼盼。在调频广播发送、专业电台设置、通信卫星运用等方面，“中国广播公司”均领先于台湾其他广播电台。

“中国广播公司”的节目，可分为对大陆广播、对海外广播和对台湾省内广播三个部分。

“中国广播公司”的对大陆广播始于1950年。为了加强对大陆的所谓“心战”宣传，台湾国民党当局决定，运用“中国广播公司”的一架中波发射机，于当年12月18日正式开始对大陆播音，设置专门节目，使用“中央广播电台”呼号，每天播音6小时。1951年8月6日，为了加强宣传力度，台湾国民党中央改造委员会成立“大陆广播组”，专门负责对大陆广播节目的编播工作。当时的节目内容，除新闻报道外，还设有《每日评论》《想一想》《广播通讯》《综合报道》等栏目。1954年5月20日，“大陆广播组”扩大改组为“大陆广播部”，并启用“中央广播电台”名称。1976年12月，“中央广播电台”正式恢复独立建制，成为对大陆广播的电台，隶属于台湾国民党中央大陆工作委员会（后直属台湾“国防部总政战部”）。“中央广播电台”分为六个部分：第一广播部分以大陆一般民众为听众对象；第二广播部分的听众对象为大陆中、高级干部和知识分子；第三广播部分以大陆军人为对象，以“光华之声”为台名；第四广播部分专播新闻和音乐；第五广播部分用闽南话、广州话、客家话播出；第六广播部分用蒙语、藏语、维语播出。“中央广播电台”有48个节目，可分为新闻性节目、娱乐性节目和知识性节目三个类型。六个广播部分中，均有整点新闻15分钟，新闻性节目达到总播出时间的30%以上。娱乐性节目也比较丰富，有中西古典音乐、现代音乐、歌剧、广播剧、地方戏曲、民谣、小说选播等内容。知识性节目充斥着宣扬“三民主义”、极力诋毁共产主义的内容。

“中国广播公司”对海外广播开始于1949年10月10日，正式以“自由中国之声”呼号，对海外广播。最初只有“国语”（即汉语普通话，下同）和英语两种语言。目前增至15种，计有“国语”、广州话、闽南话、潮州话和客家话5种语言，以及英、法、西班牙、德、日、韩、泰、印尼、阿拉伯、越南等十多种外国语。1979年还开办了“亚洲之声”电台，针对东南亚各国和中国大陆，用中、英、泰、印尼4种语言广播。最初，“中国广播公司”对海外广播只有50千瓦短波发射机一部。1982年1月，“自由中国之声”与美国佛罗里达州的家庭电台合作，由家庭电台转播其节目。不久，由台湾至家庭电台的广播信号又改为通信卫星传送，大大改善了其在欧美地区的信号传输效果。1979年年初，台湾“立法院”通过决议，计划成立一个“国际广播电台”，届时，对海外广播不再委托“中国广播公司”办理。台湾“行政院新闻局”亦积极筹备合并“中央广播电台”和“自由中国之声”，成立一个新的广播机构。为加强与听众的沟通联系，报道节目动态，“自由中国之声”还发行了中文版、日文版以及英、法、德、西班牙、印尼5种外文合版的《自由中国之声月刊》。“亚洲之声”则有中、英、泰、印尼4种外文合版的《亚洲中国之声月刊》。

“中国广播公司”对台湾省内广播通过设在台北、台中、台南、嘉义、高雄、花莲、台东、新竹、宜兰、苗栗等地的广播电台进行，设有若干新闻、农业、交通等专业电台以及调频广播电台。20世纪50年代初开始兴办综艺节目，并建立节目主持人制度。当时开办的一些综艺节目如《早晨公园》《九三俱乐部》《甜蜜家庭》《快乐儿童》等，都脍炙人口，备受欢迎。

除“中国广播公司”“中央广播电台”外，台湾的公营广播电台还有警察、幼狮、教育、台北、复兴、汉声、空军、光华、渔业、高雄市政等。

复兴广播电台为台湾国民党军方主办，1947年8月1日开播，是台湾颇具规模的广播机构之一。复兴广播电台以覆盖台湾全省为目的，建台之初，只有台北一个台使用中、短波播音，后增设遍布台湾全省的29个分台（其中包括3个调频台），是台湾发展最快的广播电台之一。该台目前拥有发射机169部，总功率达652千瓦。各电台播出时间每日平均22个多小时。复兴广播电台以“巩固心防，宣扬主义，报道政令，推展空中教育及社会服务”为宗旨，有新闻、教育文化、服务、娱乐等节目类型。

汉声广播电台的前身是“军中播音总队”，1942年成立于重庆，以“军中之声”为呼号播音。1949年迁往台湾，隶属台湾当局国防部门。除在台北设总台外，还在台中、花莲、高雄等地开办5个播音台。1961年又开办了“国光台”。该台1949年曾在金门建立广播电台和喊话站。1988年6月，“军中播音总队”

改名为汉声广播电台。目前，汉声台下辖 6 个播音台，10 个转播台，1 个中继站，每天以调频、调幅两个广播网，21 个波段，全天 24 小时播音。汉声广播电台的节目多次获台湾广播电视金钟奖。

警察广播电台隶属台湾省政府警务处，1954 年 3 月 1 日正式开播。该台节目内容以警政宣传、警察教育、法律常识为主，最初以警察人员为听众对象，后拓展至社会大众。台北设总台，其他地区设若干分台。1971 年，警察广播电台开办台北交通专业电台，后又增设高雄、台中交通专业电台。

台湾主要的民营台有台北的民本、民声、正声、中华天南，基隆的益世，台中的中声、民天，台南的建国、电声、胜利，高雄的成功等。这些民营电台大都开办于台湾，只有民本、益世、凤鸣几家是从大陆搬迁至台的。其中，民本广播公司前身民本广播电台，1946 年 9 月在上海开播，1949 年随国民党政府迁至台湾，1980 年 7 月改为公司建制，分一、二两台，全天 24 小时播音。益世广播公司的前身为天主教总主教于斌 1946 年在南京创办的益世广播电台。1949 年迁台，1952 年 3 月在基隆恢复播音。该台是台湾唯一的宗教性广播电台。1966 年改为公司建制。凤鸣广播公司的前身为 1934 年在上海开播的凤鸣社广播电台。1949 年迁台，1950 年 12 月在高雄开播。1957 年 8 月改为公司建制。

民营台虽然数量不少，但大多数台发射功率在 1 千瓦左右，56 座广播电台的总发射功率才 295 千瓦，与公营台相比相差甚远。民营台大多实行全天 24 小时播音，节目突出娱乐性、服务性，千方百计吸引听众，满足听众需求。其经费除少量政府津贴（以联播节目时间费名义支付）外，绝大多数来源于广告，因此，广告成为各民营广播电台的生存基础。民营台之间，乃至民营台与公营台之间，围绕广告展开激烈竞争，手段层出不穷。竞争促进民营台想方设法改进节目编排，提高节目质量，一些民营台的节目多次获得大小金钟奖等奖项。同时，一味追求收听率和广告收入也带来一些消极后果。

新闻是广播的一大支柱，台湾各广播电台十分注重新闻节目。各台新闻报道形式丰富多样，除定时定点播报新闻外，各台还广泛采用录音访问、电视访问、实况转播、新闻特写等形式报道新闻。新闻性的谈话节目在台湾经久不衰，而且形式富于创新。在新闻来源方面，早期各台多依赖剪报，广播新闻时效落后于报纸。后来，各广播电台加强采访阵容，并且订购省内外各大通讯社的新闻电讯稿，拓宽新闻来源，增强时效。1967 年 8 月 1 日，“中国广播公司”的“第一广播部分”实行全天 24 小时播音，成为台湾第一座全天播音的广播电台。20 世纪

80 年代后，台湾的广播电台大都实行全天 24 小时不间断播音。为广播电台随时播报新闻，增强时效，提供了保证。

文艺节目也是各电台的主要节目类型。1957 年 10 月，“中国广播公司”一次推出 10 个“综艺节目”。其他各台纷纷仿效，从此，“综艺节目”开始在台湾广播界盛行。所谓“综艺节目”，亦称“明星制节目”，就是在一个较长的广播时间段内，分为许多小单元，每个小单元包括一项内容。所谓“明星制”，是指节目的主持人以其个人声望、气质、个性来吸引听众。电台为每一位节目主持人配置幕后工作人员，以塑造主持人的个人声望。“综艺节目”的盛行，扩大了广播节目的影响，也提高了广播从业人员的社会地位。经过多年的努力，台湾广播界涌现了一批广播明星，许多广播节目主持人成为社会知名人士，妇孺皆知。

台湾各公营和民营广播电台比较重视利用广播开展“空中教学”。一些电台设有专门机构从事教学节目制作，与“中国广播公司”合作播出国文、中国历史、中国地理等文史节目。1960 年 3 月，台湾“教育部”创办了专门从事教学的教育广播电台。1966 年 10 月，“教育部”还指定台北商职试办空中商业职业实习学校，以广播讲课为主，定期面授为辅，通过考试，承认学历。

2. 电视

1961 年 10 月，为迎接电视时代的来临，台湾当局通过了《电视广播电台设置暂行规则》《黑白电视广播技术标准规范》和《电视广播接收机登记规则》三个法规，确立台湾电视采用 NTSC 制。

此后台湾相继建立了“台视”“中视”和“华视”三座电视台。

1962 年 2 月 14 日，台湾“教育电视实验广播电台”开播，这是台湾第一座电视台，是在台湾教育相关部门有关人士倡议下，由教育资料馆具体筹建的。因发射功率小，覆盖范围仅 10 公里。教育电视实验广播电台最初每月播出 2—3 小时节目，内容包括教学和社会教育两个方面。1963 年 12 月 1 日改名为“教育电视广播电台”，发射功率扩充到 1000 瓦。1964 年改装美国无线电公司制造的 2000 瓦发射机，可覆盖台湾北部地区。在改组扩建为“中华电视台”之前，教育电视广播电台一直发送黑白电视信号。

1961 年 2 月 28 日，“台湾省政府委员会议”决定，由“省政府新闻处”设立台湾电视广播事业股份有限公司，并成立了“台湾电视事业筹备委员会”，由“省政府”聘派委员若干。经商议，委员会决定寻求国际资金与技术合作，后选定日本 4 家电器公司——富士、日立、日电、东芝为合作对象，并于 1962 年 2

月签订了合作协议书。1962 年 4 月 28 日，台湾电视事业股份有限公司（简称“台视”，英文缩写 TTV）正式成立。台址设于台北市八德路。在 3000 万元新台币的资本额中，日本 4 家公司共同投资 1210 万元，其余部分由台湾“省政府”以及台湾水泥公司等民间企业投资。10 月 3 日起，“台视”开始试播一周，每日下午 6 时起播出 2 小时。10 月 10 日，“台视”正式开播，每日中午和晚上两次播出。“台视”是台湾第一家商业电视台。开播初期发射功率 5000 瓦，覆盖台湾北部、黑白信号发送；每周播出节目 35 小时。1965 年完成台湾中南部中继工程，1969 年完成花莲中继站，1971 年完成台东中继站。至此，“台视”覆盖全省。

“台视”成立之初，以报道新闻、宣导政令、推广社会教育、发扬中华文化、提供公共服务及高尚娱乐为办台宗旨。与以教学节目为主的教育电视台相比，节目丰富不少，因而深受观众喜爱。1963 年后，日方技术人员陆续撤回，“台视”的工程技术事宜开始由中方人员自行处理。1964 年 5 月 16 日，“台视”股东常会决定，增加新台币 3000 万元投资，建立苗栗、彰化、台南、高雄中继站，新增投资全部由中方认股，日方投资比例随之减为 20%。1968 年 4 月 30 日，“台视”股东常会再次通过增资计划，新增新台币 4000 万元，用来建立彩电中心，使资本总额达 1 亿元新台币。1969 年 9 月 7 日，“台视”发射了台湾第一个彩电信号，开始不定期试播外国彩色影片。9 月 25 日，台视试播彩色节目成功。当年的“台视”赢利高达 1.2 亿元，纯利为 120%。到 1972 年“台视”成立 10 周年时，其彩色节目已占总播出节目的 80%。

“台视”开播后 7 年时间，台湾地区的电视事业可谓“一台独霸”。当时，虽然已有教育电视台，但其收视范围限于台湾北部地区，无法与“台视”相抗衡。这种局面直到实力强大的“中视”开播方才结束。

“台视”开播后一年即有盈余，各方人士见有利可图，纷纷申请开办电视。应各界呼吁，台湾当局决定在“台视”完成全省联播网后就开放第二家民营电视台。鉴于申请开办者达数十家之多（其中包括“中国广播公司”“中国无线电协进会”等），无法应允，最后决定：以“中国广播公司”为中心，结合各民营广播电台及部分有志于电视事业之工商文化界人士，共同集资创办。1967 年 10 月 17 日，由上述三方面代表组成的筹备委员会成立。经筹委会反复商议决定：在新台币 1 亿元的资本总额中，由“中国广播公司”投资 50%；各民营广播电台共同投资 28%；工商文化界人士投资 22%。

1968 年 9 月 3 日，“中国电视事业股份有限公司”（简称“中视”，英文缩写

CTV）在台北市中山堂成立。公司成立之初，租用“中国广播公司”新建的广播电视大厦作为台址。1969 年 10 月 9 日，“中视”开始试播，10 月 31 日正式播出。1986 年 9 月，“中视”迁入南港自建的电视大厦。该大厦历时五年才竣工，为台湾设备最完善的电视中心。

“中视”一开始即全部播出彩色电视信号，并谋求发展卫星电视转播。1970 年 2 月，“中视”完成中南部中继站；1974 年 9 月完成台东中继站；1975 年 3 月完成全省电视联播网。

当“台视”和“中视”相继开播特别是播出彩色电视节目后，教育电视台深感难以为继。1968 年 12 月，台湾“国防部”和“教育部”为加强军中政治教育以及社会教育，经协商决定，双方合作扩展教育电视台，并开始研讨筹备事宜。1969 年 8 月，“两部”派员成立了“筹备指导委员会”，开展筹划工作。9 月，拟订完成扩建计划，将教育电视台改组扩建成“中华电视台”，以“弘扬中华文化，扩大社会教育，团结民心，鼓舞士气”为办台宗旨；采取财团法人组织形态，以企业方式经营；预计投资为 1 亿元新台币，除“国防部”承担一部分以及教育电视台以原有机器设备折价作为投资外，还吸收部分民间资本，共同经营；采用彩色电视发射，预定功率为 12 千瓦，并建立全省播映系统。上述计划经“行政院”通过后，1970 年 8 月，正式成立“中华电视台筹备委员会”，负责各项筹备工作。经过一年多的筹备，“财团法人中华电视台”（简称“华视”，英文缩写 CTS）于 1971 年 10 月 10 日试播成功，10 月 31 日正式开播。该台初创时属财团法人组织。1972 年 1 月，“华视”改组为“华视文化事业股份有限公司”，由“国防部”和“教育部”共同投资 49%，余下部分由热心文化教育的商界人士投资，以民营公司经营。1988 年 11 月 25 日，“华视文化事业股份有限公司”更名为“中华电视股份有限公司”，下属若干子公司和基金会，而中华电视台是其主营项目。

“华视”成立后，台湾电视事业进入了“台视”“中视”“华视”三台鼎立时期。

“台视”“中视”“华视”都采取股份制，而且官股占有很大比重，因此，三台虽都称“民营”，实质并非纯属民营企业。但是，三台完全采用商业电视的经营方式，收入有“播映收入”“服务收入”“利息收入”“杂项收入”四个方面，其中“播映收入”即广告收入占全部收入的 97% 左右，其他三项总计为 3% 左右。因此，广告收入是三台生存发展的基础。三台十分注重广告并以此展开激烈竞争。

台湾经济的发展为广告的兴盛奠定了基础。1950 年，台湾地区全年广告量是新台币 1.6 亿多元，到 1990 年，高达 400 亿元以上。多年来，报纸一直占据榜首，占 45%上下，电视居第二，在 35%上下浮动。但是，由于电视媒介仅三家，报纸数则高于电视 10 倍以上。因此，就单个媒介的广告占有量来说，除少数一二家报纸可与电视抗衡外，其他均不能相提并论。

20 世纪 80 年代，台湾电视广告收入突飞猛进。1981 年，三台电视广告收入为新台币 26 亿多元，以后历年均大幅增长，到 1990 年，达到 157 亿多元新台币，增长速度十分可观。由于竞争，电视广告费在三台的分配比例差异不大。1982 年，“华视”为 38.83%，“台视”为 33.47%，“中视”为 27.7%。从 1983 年到 1990 年，广告收入均以“台视”最高，“华视”次之，“中视”最低，但彼此差异进一步缩小。同时，各电视媒介和广告制作商也十分注重电视广告质量，投资充足，常赴欧美拍摄外景，制作考究。此外，“广播电视金钟奖”也将电视广告作为评选项目，以促进电视广告提高质量。

广告是以收视率为依据的。为提高收视率，吸引大量观众，商业电视往往尽量使其节目大众化、通俗化乃至倾向低俗，其具体表现就是娱乐性节目比例偏高，教育节目、公共服务节目偏少，节目比例失衡。台湾学者 1972 年 4 月 15 日至 4 月 21 日对三台一周节目调查显示：一、娱乐性节目太多，“台视”占 78.56%，“中视”占 77.47%，“华视”占 50.37%，而且，在每晚 7：00 后的“黄金时间”，各台均为娱乐节目。内容有“国语”、闽南话电视剧，猜谜、现代舞、流行歌曲等。二、教育节目不受重视，“华视”比率最高，占 32.92%，其余两台太少，“中视”只占 4.97%，“台视”只占 6.76%。而且三台均以“丙级”或“乙级”时段播出。三、公共服务节目太少，“台视”为 4.89%，“华视”5.49%，“中视”为 7.44%，而且有的节目属于广告性质，为“广告节目化”的典型。1978 年 1 月、2 月间的调查结果也大体如此。①

对于台湾电视的商业化倾向，台湾各界忧心忡忡，上至党政要员，下至普通电视观众，均对电视节目的日趋低俗予以严厉批评，并呼吁彻底改革。为扭转局面，台湾一些人士多次建议开办公共电视，负责制作没有广告的社会教育节目，以配合政策与教育的需要。由于经费缺乏，设立公共电视台的计划被搁置。1983

① 以上调查数据均引自李瞻著：《电视》，台湾允晨文化实业股份有限公司 1984 年第 1 版。

年10月，“第一阶段公共电视节目制播计划”出台，它规定：以两年作为试办时期，每年制播国内外节目650小时，为减轻播出费用支出，先运用三家电视台频道播出。针对当前商业电视的缺失，公共电视节目应注重“教育性、选择性、平衡性、示范性和公益性”。1984年2月，正式成立了“公共电视节目制播小组”，（简称“公视制播组”）负责制作或向海外购买公共电视节目，征用各台每周5小时播出，不另支付时段费和播映费用。播出时，严禁在节目中插播广告，广告可在节目前后播出，广告费归三台收取。1984年5月20日，“中视”播出了台湾第一个公共电视节目《大家来读〈三字经〉》。此后，三台均按规定每天在特定的时间段播出公共电视节目。公共电视节目来源有三：一是委托各传播公司制作，由“公视制播组”审核并支付全部费用；二是“公视制播组”自制；三是向英、美等西方电视发达国家购买。20世纪80年代，公共电视每周播出15小时节目，内容十分广泛，包括科技、休闲、旅游、体育、儿童、社会服务、卫生保健、文化民俗、戏剧、艺术、新闻、财经等各个方面。公共电视节目屡次获“金钟奖”的最佳主持人、教育文化节目奖、最佳电视摄影、最佳电视音效、最佳儿童节目、新闻节目、最佳剪辑等各项奖励，有的节目还在海外各类电视奖中当选。

除了在广告经营上竭力拼争外，新闻报道也成为三台激烈竞争的领地，三台新闻收视率难分上下，亦成鼎足之势。台湾学者在研究调查“台湾地区民众接触大众传播行为”时发现，在各类媒介中，台湾地区民众接触最多的是电视，有64.8%的民众每天看电视，平均每人每天收看电视的时间是2小时40分，是接触报纸、广播时间的两倍。台湾人获取新闻信息，主要通过电视。观众非常关注电视新闻，尤其是晚间的电视新闻。三台的晚间新闻总收视率常年保持在80%左右。为争取观众，三台在新闻报道方面均使出浑身解数，明争暗斗，奇招迭出，互不相让。

为拓展新闻来源，台湾各电视台纷纷通过通信卫星收转海外电视新闻。1969年8月，“中国广播公司”的广播网曾租用国际通信卫星实况转播了在美国举行的一场体育比赛。1969年年底，台湾第一座卫星地面站启用。11月19日，“台视”“中视”第一次租用美国卫星转播了美国阿波罗号登月成功的彩色电视实况。此后，台湾各电视公司竞相耗资订购海外一些电视新闻通讯社的卫星电视节目。20世纪80年代末，台湾各电视台开始向海外输出电视节目，通过通信卫星或航寄，向美、英、日、加、新加坡、马来西亚等国以及香港、澳门地区的电视机构输送台湾电视新闻。

20世纪80年代中期以后，日本相继发射“百合二号A”“百合二号B”“百合二号”等几颗广播电视直播卫星。这几颗卫星均覆盖台湾，台湾观众利用小型卫星接收天线即可收到日本NHK的卫星电视节目。随着世界各大卫星电视公司纷纷涌入亚洲市场，台湾民众看海外直播卫星电视节目套数急增，台湾三大电视公司已受到海外卫星电视节目的冲击。

二、解除“戒严”后的广播电视事业

1987年7月，迫于岛内外压力，台湾当局宣布解除“戒严令”，开放台湾民众赴大陆探亲。1988年，当局首先开放台湾民众接收直播卫星信号，主要是日本广播协会的直播卫星电视节目，继而又开放经营者租购卫星转频器、自行上下链，其后进一步开放卫星节目中继业务的转频器经营和地面站经营。1989年又允许台湾广播电视从业人员赴大陆制作广播电视节目，为海峡两岸广播电视交流逐步消除了障碍。1993年，迫于民众的压力，又开放广播频率，为台湾广播电视事业的进一步发展带来了契机。特别是“天空开放”政策，使境外卫星电视长驱直入，加上有线电视合法化，星网联手，使台湾广播电视业的竞争如火如荼，传统电视遭受致命冲击。20世纪90年代后期，民视、公视又相继开播，台湾广播电视业步入了名副其实的“战国时代”。

第一是应民众要求开放了广播频率。

随着报纸开禁，台湾民众要求开放广播频率以开办电台的愿望日益强烈。1993年台湾当局决定“分梯次”开放广播频率，以便民众申请开设新的广播电台。2000年3月26日，26家中功率或小功率电台取得频率经营权。同年6月，又有6家获准取得广播频率执照权。至2000年年底，连同原有的电台，台湾共有广播电台176家。而频率开放以前，台湾仅有33家广播电台，这种局面延续了40多年。现在的台湾可以说是广播电台林立，百台夺斗。其中有覆盖台湾全省的“中国广播公司”“中央广播电台”、警察广播电台、汉声广播电台、教育电台等；也有覆盖台湾北区的飞碟、正声、台北之音、人人电台、亚洲电台及北爱乐电台；还有覆盖中区的真善美电台、台广、“全国电台”及大苗栗电台；也包括覆盖南区的南台湾之声、港都电台、高屏电台及大众电台等。

进入20世纪90年代后，原有的“中广”发生了一些变化。主要是它原来受政府委托经办的“自由中国之声”和“亚洲之声”的海外业务，自1998年起移交给“财团法人中央广播电台”接管，但“中广”仍通过因特网和卫星传送向全球播送它经营的覆盖全岛的六大广播网节目：调频部分的流行网、宝岛网和音乐网，以及调幅部分的新闻网、乡亲网和信息网。新改建成立的“财团法人中央广播电台”，于1998年1月1日正式改制开播，以“台北国际之声”及“亚洲之声”两个呼号，对大陆与海外播音。目前每天以13种语言对全球广播。

在台湾，不同的族群、不同的党派、相左的观点、各种言论各有市场，节目形态也从单向传播转为侧重与听众间互动的多元传播。

自从1968年“中国广播公司”开始调频广播以来，调频广播已成为广播界的主流，随后申请开放的电台多以调频电台为主。新建的电台采用新技术、新观念，清晰的音质，新的节目策略及经营理念，对传统的调幅中波电台一再造成冲击，其他新的媒体也分食着广告市场。

第二是有线电视获得蓬勃发展。

台湾的有线电视事业起步于20世纪70年代。这种电视系统初期被民间称作“第四台”。所谓“第四台”，是指在“台视”“中视”“华视”之外，利用录像设备播放录像带，经由电缆输入到订户家庭，并收取费用的闭路电视系统。因“第四台”属于“非法”，其开始时间和数量难以确切统计①。由于台湾当局对所谓的“第四台”采取取缔政策，“第四台”一度有所收敛。但1988年“报禁”开放后，“第四台”又重整旗鼓，再度活跃起来。同时，台湾当局加紧制订《有线电视法》，发展有线电视事业已提到议事日程上来。

1993年8月11日，台湾第一部《有线电视法》公布施行，使“共同天线”及“第四台”纳入管理，由地下非法经营转到地上合法经营，台湾有线电视事业从此走上蓬勃、有序的发展之路。三个月后，即11月9日，原有的“共同天线”及“第四台”均被依法纳入管理，两者被统称为“有线电视节目播送系统”（简称有线播送系统），同年年底注册登记者达600余家。同时，辅导业者成立了台湾“有线播送系统联合会”，该会多次召开自律会。根据《有线电视法》及相关规定，台闽地区划分为51个有线电视经营区，每区准设5家有线播送系统。1996年获准核发筹设许可证者126家，期限为三年，届时未能完成筹设者，将被撤销许可。2007年年底，台湾有156家公司获得有线电视筹设许可。

① 据台湾的一般说法，这种电视系统1972年开始在基隆市出现。

在台湾，有线电视是与卫星电视相依为命，共同发展的，目前和信公司与卫视公司、东森公司与太电公司、太设公司与卡莱尔公司分别携手组成三大有线电视集团。有线电视在台湾的入户率近90%，一般可收看60—100个频道的节目。

第三是卫星电视发展迅速。

20世纪80年代，部分台湾民众安装卫星接收天线，收看日本广播协会（NHK）开办的卫星电视节目。90年代后，香港卫星电视（Star TV）向台湾地区传送四套卫星电视节目。随着卫星技术的不断发展及境外卫星电视的增多，台湾的卫星电视如日中天。原来依靠人工跑送录像带的“第四台”及“共同天线”即有线电视播送系统，大都改用卫星技术传送节目，这是台湾卫星电视的第一阶段。

“第四台”合法后，节目需求量大幅度增加，同时促进了广播电视节目供应业的发展。这也就是卫星与有线电视结合的新时代，也是卫星电视在台湾发展的第二阶段。在台湾，卫星电视被称为“卫星广播电视节目供应者”，顾名思义，它们的主要目的是为有线电视系统经营者供应节目。

20世纪90年代末，台湾进入直播卫星电视阶段。为规范管理直播卫星电视，1999年2月3日，公布施行《卫星广播电视法》，有关的施行细则亦于同年6月10日发布生效。台湾“行政院新闻局”又于同年7月成立了第一届“卫星广播电视审议委员会”，受理卫星广播电视事业供应者与服务经营者的各项申请。截至2007年年底，直播卫星电视服务经营者有7家获得许可，其中4家为境内，3家为境外。

鉴于海外广大侨胞大多数安装了卫星电视接收设备，台湾当局于2000年2月9日签约开办专门为海外侨胞服务的“宏观卫星电视”。“宏观卫视”开办初期，每天播出6个小时的节目，轮播4次，以24小时全频道方式向海外各地侨区播出。节目来源分别是以委托制作、外购与重新剪辑。同时，由各部门提供文化与宣传当局形象的节目，加强跨部门合作，整合现有的文化资源。该频道的节目构成主要有新闻杂志、财经节目、戏剧节目、电视电影、综艺节目、儿童节目、专题节目以及生活信息等。

第四是相继开办“民视”“公视”。

在台湾，自1962年“台视”开播到“中视”“华视”先后开办，三足鼎立的局面一直延续了30多年。在广播频率开放后，民间又不断强烈要求开放无线电视频道。台湾当局主管部门从经营效益、媒体特性等各层面研究后，在1993

年12月29日宣布开放一家覆盖全台湾的无线电视台，并在1994年1月29日公告开放申请，经过一年的审议，“民间全民联合无线电视台筹备处”获得第四家无线电视台的筹备许可，该台在1997年6月11日正式开播营运。自此结束了台湾无线电视三足鼎立的局面。

“民视”台一成立就宣布其宗旨为“关怀本土、秉持公义、专业理念”，该台除了设备更新、结合网路外，有线新闻台亦延长即时新闻播出时间。该台在节目制播方面采取多样播报语言，服务不同族群，它还根据不同时段收视族群的需要，规划许多另类的新闻性节目供观众选择。它开办的新闻资讯类栏目达20多个。

另外，“民视”在黄金时段的电视剧方面也颇下了一番功夫，并取得了显著成效。“民视”戏剧节目每周播出七天，天天无休，表现突出，屡居同时段第一名，并明显提升了“民视”周六、周日节目的收视率。

为平衡商业电视台可能造成的负面影响，实践广播电视台公共服务的目的，1990年6月，台湾当局正式成立了“公共电视台筹备委员会”。筹委会的任务有二：一是拟订《公共电视法》，以规定未来的公共电视台的定位、节目政策、经费来源等；二是筹划建立公共电视台。1998年7月1日公共电视台开播。

公共电视台由依法成立的“财团法人公共电视文化事业基金会”经营管理。经费由主管机关编列预算，同时由依法从有线电视播送系统收取的年度经营额的1%拨付“公视基金”使用。“公视”不得播出广告。

“民视”和“公视”先后开播后，打破了台湾无线电视30多年三足鼎立的局面，从此台湾的无线电视市场形成了五台竞争的态势。加上卫星电视与有线电视的结合，台湾电视观众分流的现象日趋严重，无线电视所占的市场份额大幅度减少。

面对卫星、有线电视以及民视、公视的激烈竞争，原有的三台也纷纷采取对应措施。

首先是“台视”在2000年8月18日召开股东会，选出15位董事，由赖国洲任董事长，胡元辉为总经理，9月聘请李远（笔名小野）为节目部经理，11月聘陈清喜为新闻部总监。至此，新团队入主“台视”，提出了“打造优质新台视，开创台湾新价值”的口号，赖国洲又提出“多媒体、多频道、多通路”的创新理念。为实现上述目标，“台视”进行了大幅度的组织改造，改变组织架构，降低营运成本。

“中视”也紧锣密鼓，采取各种措施，加强企业管理，迎接各种挑战。首先是进行企业再造，实行精简政策，遇缺不补；另外加强员工培训，利用种子教师与线上在职培训。启用新主播、新主持人，以便使观众耳目一新。同时，鼓励创新与研究发展，为采用数位（数字）电视技术铺好路，还积极发展“中视”媒体集团。

“华视”采取的主要发展措施有：实施“华视再造工程”，企图以最精锐的组织架构及合理化的人力配置，推动各项变革，达到降低人事成本和提高竞争力的目标。

近年来，随着两岸关系趋于缓和，海峡两岸的广播电视交流也日益频繁。

海峡两岸的广播电视交流开始于19世纪80年代。起初是大陆电视台从台湾引进电视剧，进而迫使台湾当局开放台湾电视台首先播放有关大陆的风光节目，继而允许台湾电视制作业赴大陆制作包括电视剧在内的节目，在大陆有关方面的一再施加压力以后，才允许台湾相关机构邀请大陆广播电视从业人员到台湾访问，制作电视节目。直到1996年，台湾当局允许台湾三家电视台播出大陆制作的戏剧性节目。

海峡两岸广播电视交流在促进两岸相互了解，消除误解，特别是增进台湾同胞对祖国的认同感方面起到了不可替代的作用。

1987年9月2日，为满足台湾同胞赴祖国大陆探亲的需要，台湾三家电视台开始播报大陆主要城市的天气概况。1988年9月2日，台湾当局公布了《现阶段电视台播出大陆风光片及奥运会转播尺度的处理原则》。规定指出：大陆风光部分每台每周不得超过两小时；大陆城市气象预报正式准许播出；奥运会可以整场转播台湾与大陆选手的赛程及大陆队争夺冠军的比赛。同年9月12日，“华视”开始在每周一至四晚9点30分至10点播出从日本广播协会拍摄的《大黄河》和《丝绸之路》剪辑而成的大陆风光片《锦绣山河》。这是台湾在电视上正式放映的第一部大陆风光片，不过是剪辑外国人在大陆摄制的节目，这是台湾当局开放大陆电视节目的第一步。

第二步是允许台湾电视节目制作人赴大陆摄制的节目在台湾电视台播出。1989年6月，台湾三家电视台同时播放反映大陆风土人情的电视片《八千里路云和月》和《放眼看大陆》，并同时重播《锦绣山河》。《八千里路云和月》是台湾艺人凌峰在当局开放赴大陆摄制节目之前拍摄的，他是冒着风险来大陆拍摄电视节目的第一人。这部节目播出初期，收视率高达30%，历时五年之久，1994年9月停播。1989年11月14日，“华视”开辟大陆新闻特别报道，“台视”“中视”也在有关栏目中播出部分大陆的报道。

迫于形势压力，1989年5月18日，台湾当局颁布了《现阶段电影事业、广播电视事业、广播电视节目供应事业赴大陆地区拍片及制作节目报备作业实施要项》。此后，台湾影视界来大陆拍片急剧增加，掀起了一股“大陆热”。1991年，除《八千里路云和月》继续在台播出外，“中视”“华视”分别在大陆摄制的多集风光片《蓦然回首——海棠风情》《万里江山大陆行》也在黄金时段播出。上述三部风光片被列为当年台湾电视文教资讯节目类“金钟奖”提名之首。特别值得一提的是台湾“长乐传播公司”在内地摄制的《万里江山——大陆寻奇》，自1990年8月11日起开始在“中视”每周六、周日晚上播出各一集（半小时），其收视率多年保持在25%左右，颇受台湾中上层人士的欢迎，连续三年被评为最受电视观众喜欢的节目第一名，并几次获得文教资讯节目类“金钟奖”。这个节目已经连续制作播出10年，经久不衰，可谓长寿节目之一。

在电视剧制作方面，最突出的当属台湾知名作家琼瑶在湖南电视台的协助下，历时四个多月在大陆各地实景摄制的电视剧《六个梦》的《婉君》《哑妻》和《三朵花》，这几部戏共38集，1990年3月19日起在“华视”播出后，引起极大反响，唤起了许多台湾观众的思乡情感。这部剧集的播出还引发了一场风波，其结果是促使台湾当局做出有利于两岸广播电视交流的决定。当年，“华视”根据规定向有关当局送审《婉君》第一集，有关部门以剧中大陆小演员的比例超出当局规定为由要求修改，“华视”及琼瑶一再陈诉理由，加上政界人士也为此呼吁，最后此剧未剪一刀原样播出。

从1989年下半年起，台湾每年来大陆摄制电视节目的团组都在二三十个左右，而直到1992年7月福建电视台摄制组获准赴台拍片，双方的所谓交流基本上是单向的。为实现双向交流，双方从业人员经过了艰苦的努力和多方奔走。福建电视台摄制组一行7人，在台采访了15天，走遍了台湾的21个县、市，制作了一部反映闽台渊源关系和台湾传统文化的纪实专题节目《台湾行》，先后在福建电视台和中央电视台播出，反映很好。对福建电视摄制组赴台采访，台湾媒体作了不少报道。1993年5月下旬，中央电台对台湾广播部主任王汝峰应台湾“中国广播公司”的邀请，率广播记者团赴台访问。团内的两位记者共发回口头或文字报道13.5万字，对台播出后，反响很大。台湾同胞从广播节目中获知主持人“徐曼小姐”正在台湾访问，纷纷致电问候，登门拜访者络绎不绝，在台湾岛掀起了一股“徐曼热”。两岸广播电视交流从此由基本单向变成双向，这是两岸广播电视交流的第三步。

随着两岸广播电视交流，特别是互赴对方制作节目日益增多，中国广播电视主管部门于1993年12月在北京主持召开了“海峡两岸广播电视交流研讨会”，大陆的中华广播影视交流协会和台北广播电视商业同业公会双方均派出约20位代表共同研讨双方交流中的问题和改进建议，以便使这种交流向互利双赢的方向发展。1995年双方的第二次研讨会在台北举行，大陆方面由中华广播影视交流协会理事长马庆雄为团长。在研讨会上大陆代表重点讲明大陆各级电视台已经播放了台湾3000部（集）电视剧，而台湾当局仍然不开放大陆制作的电视剧在台播放，这种3000∶1的局面不能再继续下去了。这一呼吁得到了台湾电视同行的热烈响应，当年年底台湾当局决定从1996年起修改有关规定，台湾三家电视台可以播放大陆电视剧。此口一开，势如破竹，台湾三家电视台纷纷购买并播放大陆制作的电视剧，如《末代皇帝》《唐明皇》《宰相刘罗锅》《三国演义》以及《渴望》等。而这些电视剧播出后，收视率屡创新高。由于同族同文，大凡是在大陆收视率较高的历史题材的电视剧，在台湾播出的收视率也同样不低。这是两岸广播电视交流迈出的第四步。

自1992年10月1日中央电视台第四套节目开播以来，台湾有线电视台一直转播。自1993年9月28日起，台湾年代公司与香港无线电视台合办的TVBS卫星电视台每天转录中央电视台第四套的新闻节目，改编后播出。1995年9月27日19点20分至25分，中央电视台第四套的《中国新闻》在TVBS的新闻中直播了5分钟，这是《中国新闻》首次在该台直播，也是两岸电视界的一次成功合作。TVBS还曾一度作为中央电视台第四套节目在台湾的落地代理。1997年9月16日（农历中秋节），台湾电视公司、台湾《中国时报》与上海东方电视台、中央电视台成功地进行了“千里共婵娟——中秋夜·两岸情”中秋特别节目报道，通过卫星双向传送，在上海外滩和台北歌剧院音乐厅广场同时举办，并于当晚10时正同步在上海东方电视台和“台视”播出，引起强烈反响。这是两岸电视交流迈出的第五步。

为进一步规范台湾电视从业人员来大陆制作电视节目，沟通海峡两岸人民之间的相互了解，更好地开展对台湾的电视交流，1994年1月21日，广播电影电视部、国务院台湾事务办公室联合发布《关于台湾电视从业人员来大陆摄制节目的管理办法》，指出：“在大陆摄制节目的台湾电视从业人员，受国家法律保护；同时必须遵守国家的法律、法令和有关规定，并严格按照经批准的摄制计划（包括主要内容、有效期、拍摄地点等）进行拍摄。”1996 年 12 月 1 日，国务院台湾事务办公室发布了《关于台湾记者来祖国大陆采访的规定》，其中包括台湾广播电视记者来大陆采访。从此，两岸广播电视交流进入常规作业阶段。

在开放竞争的过程中，台湾广播电视的开放程度和舆论自由度也不断提高。但在民进党执政后，由于其不承认“九二共识”，导致两岸政治关系遇冷。即使这样，各广播电台和电视台与大陆的交流依旧持续进行，而且只要不违法违规，电台电视台还可以自由讨论和播出涉及大陆的内容。如若有失公允，则接受公众的批评和监督，违规行为则由“国家通讯传播委员会”（简称 NCC）处罚，直至吊销营业执照。但由于近年来岛内政党林立，各电视台老板或赞助商所属的政治派别不同，多数电视台也都不同程度存在一定的政治偏向，如国民党、亲民党、中华统一促进党等亲大陆的派别被称为“蓝营”，受蓝营支持的电视台对大陆较为友好；以民进党为主的“台独”派别被称为“绿营”，偏向绿营的电视台则在报道涉及大陆议题时较为负面。

思考题：

1. 香港广播电视业在回归前后有何变化？
2. 简述澳门广播业的发展。
3. 比较台湾广播电视业在解禁前后的不同。

主要参考书目

1. 北京广播学院新闻系选编：《中国人民广播回忆录》及其续集，第三集，第四集，中国广播电视出版社 1983—1995 年版
2. 中央人民广播电台研究室、北京广播学院新闻系编：《解放区广播历史资料选编（1940—1949）》，中国广播电视出版社 1985 年版
3. 上海档案史料丛编：《旧中国的上海广播事业》，档案出版社、中国广播电视出版社 1985 年版
4. 《当代中国广播电视回忆录（1~3 集）》，中国广播电视出版社 1987 年版
5. 当代中国的广播电视编辑部编：《中国广播电视大事记》，北京广播学院出版社 1987 年版
6. 左漠野主编：《当代中国的广播电视》（上、下），中国社会科学出版社 1987 年版
7. 汪学起、是翰生编：《第四战线——国民党中央广播电台揆实》，中国文史出版社 1988 年版
8. 徐光春主编：《中华人民共和国广播电视简史》，中国广播电视出版社 2003 年版
9. 赵玉明主编：《中国广播电视通史》（新一版），中国广播电视出版社 2014 年版
10. 赵玉明主编：《中国现代广播史料选编》，汕头大学出版社 2007 年版
11. 刘习良主编：《中国电视史》，中国广播电视出版社 2007 年版
12. 刘习良主编：《中国广播电视改革发展十年回眸（2001—2010 年）》，中国国际广播出版社 2012 年版
13. 中国广播电视年鉴编辑部编：《中国广播电视年鉴》，1986—2017 年版

修订版后记

1987 年 12 月，拙著《中国现代广播简史》（以下简称《简史》）一书由中国广播电视出版社出版，此后曾多次再版重印，发行甚广，成为各大专院校新闻院系相关专业使用的基本教材或参考书之一。多年来，由于该书下限截止到 1949 年 10 月中华人民共和国成立之际，而中华人民共和国成立几十年来，特别是改革开放以来迅猛发展、成绩斐然的中国广播电视事业却未能写入书中，因此出版社曾多次向我提出补充《简史》一书的要求，以全面反映中国广播电视发展历程。但由于二十年来，我先是担任北京广播学院（今中国传媒大学）副院长一职九年之久，忙于教学、研究的行政事务，1998 年卸职后又集中力量主持国家社科基金项目《中国广播电视通史》一书的撰写，同时又倾力指导新招收广播电视史方向的博士生，所以一直未能顾及补写《简史》之事。

去年，出版社再次提出补写《简史》的要求，以方便日益兴盛的新闻传播学和广播电视学的教学以及广播电视业界培训的需要。然而，《简史》一书完成于我天命之年，如今光阴荏苒，我已年届古稀，限于个人精力难以短期完成。经慎重考虑，并与艾红红副教授商议，决定由我们二人共同完成撰事。艾红红副教授是我指导的第一位广播电视史方向的博士生，此后又有幸成为我的老师——中国人民大学方汉奇教授指导的第一位博士后，目前已到中国传媒大学任教，专门从事中国新闻史和广播电视史的教学与研究工作。多年来，她虚心好学，勤于笔耕，已有多部专著、合著出版；同时，她曾参与我所主编的《中国广播电视通史》一书的部分写作任务，后又作为副主编参与了我主编的《中国广播电视图史》一书的统稿工作。这些，都为她参与补写《简史》一书奠定了基础。

撰写过程中，先由我们二人共同拟定章节、大纲、基本布局和主要观点，然后由艾红红执笔完成初稿，最后由我统改、审定全书。前后历时两年，终于完成。需要说明的是，本书大部分系在《中国广播电视通史》一书（该书下限截至2000年）基础上删节、补充而成。为与“中国传媒大学广播电视新闻系列教材”中其他书目名称一致，故定名为《中国广播电视史教程》。

期盼广大新闻院系师生及各界读者的批评、指正，以便进一步修订、完善。

赵玉明

2008年初秋于北京

修订三版后记

此次修订作为第三版，保持了与此前版本的整体结构一致，同时在以下几方面做了一些增删与修改：

一是修改了个别章节的标题，并对部分内容有所增删，以使相关表述更加完善。

二是考虑到高校教学之需，在每章之后增设了“思考题”，供学生学习参考。

三是吸收了近年来广播电视业发展及相关研究的最新资料，将涉及广播电视业的数据更新至2018年春，并增加了参考书目。

四是订正了原书中的一些错漏之处。

不足之处，还请读者不吝赐教。

赵玉明　艾红红

2018年春于北京